supply chain management

サプライチェーン・マネジメント

企業間連携の理論と実際

編著
黒田　充　　Mitsuru Kuroda

著
三村優美子　Yumiko Mimura
藤野直明　　Naoaki Fujino
天坂格郎　　Kakuro Amasaka
飯塚佳代　　Kayo Iizuka
坂元克博　　Katsuhiro Sakamoto
西岡靖之　　Yasuyuki Nishioka
竹田　賢　　Ken Takeda

朝倉書店

執筆者一覧

黒田　充[*]　青山学院大学理工学部経営システム工学科・教授
三村優美子　青山学院大学経営学部経営学科・教授
藤野　直明　㈱野村総合研究所SCMコンサルティンググループGM・上席コンサルト
天坂　格郎　青山学院大学理工学部経営システム工学科・教授
飯塚　佳代　㈱野村総合研究所情報技術本部・主任研究員
坂元　克博　青山学院大学理工学部経営システム工学科・助教授
西岡　靖之　法政大学工学部経営工学科・教授
竹田　賢　青山学院大学経営学部経営学科・助教授

（*は編著者，執筆順）

まえがき

　本書は，2000年4月から2年間にわたって行われた青山学院大学総合研究所学際プロジェクト「サプライチェーン・マネジメントの学際的研究」の成果をまとめたものである．プロジェクトの研究対象であるサプライチェーン・マネジメントは，マーケティング，ロジスティクス，生産管理，品質管理，システム論，組織科学，オペレーションズ・リサーチ，生産技術，情報技術などが関わる学際的研究領域としての性質を本来もったものである．そのため，サプライチェーン・マネジメントの本質を探るには，異なった分野の専門家による横断的な取組みの必要性が強く認識され，本プロジェクトの企画をみることとなった．幸いにも，さまざまな領域の研究実績や実務経験をもった方々に研究員あるいは研究会の講師として参加していただくことができ，十分とはいえなくても当初予定したものにほぼ近い研究活動が行われた．

　本書に収録された論文や報文は，本プロジェクトの実施に先立ってあるいは同時期に行われた調査・研究の成果に基づいて本書刊行のために執筆され，寄稿されたものである．必然的に，多くのサプライチェーン・マネジメントの書籍のように当該領域の知識を網羅し，体系化することは目的としておらず，取り上げたテーマについて掘り下げた論述が行われている点に大きな特徴がある．本書を通して，サプライチェーン・マネジメントとは実際のところ何を意味するのか，その実施にあたって何が障害になるのか，どのような場合にそれは実施できるのか，実施にあたって利用できる概念や方法とはいかなるものか，今後サプライチェーン・マネジメントはどのように展開するのか，またサプライチェーン・マネジメントに関する研究において今後何が望まれるかなどについて考える機会をもっていただければ幸いである．

　副題として「企業間連携の理論と実際」を書名の「サプライチェーン・マネ

ジメント」につけた．企業間連携はサプライチェーン・マネジメントにとって重要な意味をもっており，多くの場合その実施の成否は連携の実現しだいによるといえるからである．この意識はほとんどの著者にとって共通のものであり，実際のところそれぞれの論文や報文において企業間連携を中心に論述が展開されているといってよい．サプライチェーン・マネジメントについて今後行われる研究の多くは，企業間連携や本質的にそれに類似している部門間連携を取り上げたものになるに違いないという予感がする．本書が「企業間連携論序説」としての役割を担うことになるならば，著者一同これ以上の喜びはない．

以下において，読者の便宜を考えて各章の概要について述べておく．

第1章「全体最適とサプライチェーン・マネジメント」 本書の総論としての役割を兼ね備えるように書かれている．サプライチェーン・マネジメント概念の発祥とその特質についての論述がまず行われ，引き続いて全体最適の意味をどのように解釈するべきかについて，またわが国における全体最適概念の起源について考察が行われている．さらに，全体最適のための思考フレームワークとしての「構造的最適化」が紹介され，部門間連携や企業間連携は問題解決の新しい枠組みを提起するものであって，従来の問題解決におけるコンストレインが新しい問題解決の枠組みの下で除去あるいは緩和され，その結果としてよりよい解決が導かれることが連携事例の分析を通して解説されている．

第2章「消費財流通変化とサプライチェーン・マネジメント」 まず1990年代におけるわが国の物流問題が紹介されている．非関税障壁として指摘された大店法，販売免許制，リベートなどの流通取引慣行，多頻度小口配送，国際物流と国内物流の接続の悪さといった日本独特の問題である．とりわけ，多頻度小口配送には経営の効率化，新製品数の急増，POS利用のような流通情報化の三つの要素が複合的に作用しており，一部の企業の成功は例外として総合スーパーや納入業者にとっては大きな負担となったことが指摘されている．これらを背景として卸業の再編成が展開され，また製配販統合とよばれる垂直的な企業間連携が注目されるようになる．具体例として米国でのECR誕生の背景が述べられた後，日本のそれとが比較され，日本におけるECRの頓挫の理由が示されている．最後に，日本の流通事情にあった新しい展開が紹介され，さ

らに消費財マーケティングについて述べられ，流通のあり方とその再構築の関連性が指摘されている．

　第3章「百貨店チャネルのアパレル流通におけるSCM改革の動向」　アパレル流通における改革例として新しいビジネスモデルであるFBAコラボレーション取引が紹介されている．ケース編では，新ビジネスモデル検討の経緯とその内容が述べられている．このモデルはSPA（製造小売）形態の企業で採用され，すでに効果をあげているものに近いという．つまり，1シーズン中に多段階で生産を行うことを前提とし，シーズンに入ってからより精度の高い需要予測に基づいて生地生産や縫製生産の各生産量が決定され，製造が行われるというものである．しかし，現行の取引形態の下では百貨店にとってもアパレルにとっても負担が大きく，魅力の乏しいビジネスモデルとなるため，両者の取引形態を緊密なコラボレーションの下で行う改革の構想が提案されている．分析編では，「統合オペレーション戦略」とよばれるフレームワークに基づくその優位性に関する分析内容と分析結果の解釈が示されている．

　第4章「戦略的品質経営とSCMの新展開―トヨタとNOKの協創タスクチームを例として」　トヨタと系列外企業との品質保証のための協働プロジェクトが紹介されている．トランスアクスルユニットのオイルシールの信頼性改善を目的として系列外の部品メーカーNOKと協創タスクチームが結成され，それまで原因が不明とされていた油漏れのメカニズムを要因分析などによって解明を行うプロセスの詳細とタスクチームの組織について報告されている．トランスアクスル歯車装置内部に生じる磨耗粉が比較的大きな粒子に成長してそれが油漏れの原因となるという因果関係が明らかにされた．その事実に基づき歯車表面硬度の増大とシールリップのゴム硬度の平均値の増加や設計公差幅の縮小などの設計変更が行われ，品質変動の管理によって高品質が確保されるにいたったという．

　第5章「サプライチェーン・マネジメントに関わる情報技術と業務改革」まず，SCMにおける情報技術の位置づけについて論じられ，ITツールを計画系のSCP，実行系のSCE，統合業務パッケージERPに分けて，それらの関係を述べた後，それぞれのパッケージが説明され，さらに構造の違いによるパッケージの分類が示されている．また，SCMに欠かせない業務改革を支援する

ITツールであるBPMとBPMツールついての説明があり，BPMツールにはシステム連携機能，業務パフォーマンスモニタリング機能，新業務設計機能があることが述べられている．最後に業務改革の先進企業の取組みが紹介され，さらに今後の課題として企業間連携における情報精度問題の存在，また情報の可視化に関連して正しい精度と鮮度が必要であることが指摘されている．

第6章「サプライチェーン・マネジメントとシステム間連携技術」　まずSCMシステムをネットワークアプリケーションの分散システムとして位置づけ，システム構築をエージェント技術の利用によって行うという視点が紹介される．その視点に立ったSCM観が提示され，数値情報だけでなく知識情報も含む広い領域にわたる情報の共有が必要となることを指摘している．つぎに，現在のシステム間連携技術としてのEAIやEDIについて触れ，システム接続に関する柔軟性の不足から，XMLをベースとしたウェブサービス技術に対しての期待が述べられている．また，サプライヤーの生産管理システムから発注計画情報を取得できるようSCMシステムをウェブサービス化した事例が紹介され，ウェブサービス技術の詳細について説明が行われている．つぎに，エージェント技術が取り上げられ，自立性，成長性，協調性の点でSCMシステムにとって最適なものとし，二つの研究プロジェクトPACTとISCMが紹介されている．最後に，エージェントシステムの設計・開発・運用を支援するエージェント・フレームワークについて述べている．

第7章「サプライチェーン・マネジメントにおけるプランニング/スケジューリング統合技術」　生産計画と生産スケジューリングを統合した技術であるAPSについて解説されている．PSLXコンソーシアムが提案しているAPSの概念はサプライチェーンとエンジニアリングチェーンの交差点にあるシステムとして位置づけられ，設計変更の生産計画・生産スケジューリングとの同期化を可能とするSCMの最新動向を捉えたものとなっている．また，SCPとAPSとの関連性やAPSを実装した企業においてどのような企業間連携の形態が想定できるかについて述べられている．さらに企業間での情報の交換についての統一仕様を取り上げたPSLX技術仕様書についての説明があり，5部の構成のそれぞれの内容が紹介されている．

第8章「モジュール化戦略と延期・投機の原理に基づいたサプライチェーン

在庫モデル」　まず，モジュール化戦略を用いた生産方式，つまり，モジュール生産方式の五つの特徴が述べられている．続いて，それぞれが単一種のモジュールを生産している複数のサプライヤーから各モジュールが補充され，多数の顧客の注文に応じて複数のモジュールを組み立てて出荷する工場の生産在庫モデルが紹介される．投機の原理は見込生産に延期の原理は受注生産に対応し，製品とモジュールの在庫のそれぞれの量によってこの生産在庫モデルは二つの生産方式のいずれかに，あるいはそれらの中間的な生産方式になることが指摘されている．ここでは，一定のサービス率の実現を前提として，できるだけ上流の在庫の保持に重点をおいた在庫ネットワークの最適化が論じられ，モジュールA，B，Cと製品ABC，AB，BC（製品名は構成モジュールを示す）を取り扱う場合のサービス率95％の条件下での最適在庫構成が計算例として示されている．

　読者は広範囲の内容に当惑されるかもしれない．しかし，サプライチェーン・マネジメントの研究は冒頭に述べた理由により，全体としての学際性が必要である．より正しいサプライチェーン・マネジメントの理解は，いろいろな観点から行われてはじめて可能になると思われるからである．編者としてお断りしなければならないのは，各著者の概念や言葉の意味は必ずしも同じではないという点である．たとえば，サプライチェーン・マネジメントの定義は著者それぞれによって異なるし，全体最適という言葉の意味も違っている．このような多様性や今後予想される可変性はサプライチェーン・マネジメント研究の世界ではむしろ歓迎されることとしてご理解いただければ幸いである．

　最後に，研究プロジェクトの実施ならびにその成果である本書の出版にあたって青山学院大学総合研究所より助成を受けたことをここに記し，併せて感謝の意を表する．また，朝倉書店には本書の出版の趣旨をご理解いただき，多大のご助力をいただいた．心から御礼を申し上げたい．

2004年2月

編著者　黒田　充

目　次

1. **全体最適とサプライチェーン・マネジメント** ……………[黒田　充]… 1
   - 1.1　はじめに …………………………………………………………… 1
   - 1.2　サプライチェーン・マネジメントの概念形成 ……………………… 2
     - 1.2.1　サプライチェーン・マネジメントの発祥 ………………… 2
     - 1.2.2　サプライチェーン・マネジメントの定義と指標 ………… 4
     - 1.2.3　サプライチェーン・マネジメントのベストプラクティス …… 5
   - 1.3　全体最適思考 ……………………………………………………… 8
     - 1.3.1　全体最適の意味 ……………………………………………… 8
     - 1.3.2　全体最適思考の起源 ……………………………………… 12
     - 1.3.3　全体最適化の方法論としての構造的最適化 ……………… 15
   - 1.4　サプライチェーン・マネジメントにおける全体最適 …………… 19
     - 1.4.1　連携と情報の共有 ………………………………………… 19
     - 1.4.2　サプライチェーン・マネジメントにおける情報共有の事例 …… 20
     - 1.4.3　情報共有と構造的最適化 ………………………………… 22
   - 1.5　まとめ ……………………………………………………………… 23
   - 参考文献 ………………………………………………………………… 24

2. **消費財流通変化とサプライチェーン・マネジメント** ……[三村優美子]… 27
   - 2.1　はじめに ……………………………………………………………… 27
   - 2.2　1990年代に生じた物流問題──商流・情報流と物流の離齬と不適合 28
     - 2.2.1　大型小売業をめぐる物流問題の発生 ……………………… 28
     - 2.2.2　一括配送への要請と卸流通再編成 ………………………… 32
   - 2.3　製配販提携の試みとその意味──日米流通比較の視点からの検討 … 35

2.3.1　ECR（効率的消費者対応）登場の背景 ……………………… 35
　　2.3.2　日本におけるECRへの関心の高まりと試行…………………… 39
　　2.3.3　製配販提携の日本的展開 ……………………………………… 42
　2.4　サプライチェーン・マネジメントによる消費財マーケティング再構築
　　　　………………………………………………………………………… 44
　　2.4.1　消費財マーケティングの変質 ………………………………… 44
　　2.4.2　物流・営業システム改革の必要 ……………………………… 46
　2.5　需要起点流通システムの可能性 …………………………………… 49
　参 考 文 献 ……………………………………………………………… 50

3. 百貨店チャネルのアパレル流通におけるサプライチェーン・マネジメント改革の動向……………………………………………[藤野直明]… 53

　3.1　はじめに ……………………………………………………………… 53
　3.2　ケース編：百貨店チャネルのアパレル流通における取引改革の概要　54
　　3.2.1　FBAコラボレーション取引検討の経緯 ……………………… 54
　　3.2.2　FBA委員会の目的 ……………………………………………… 55
　　3.2.3　FBAコラボレーション取引の内容 …………………………… 55
　　＜参考資料＞　FBAフォーラムにおける各種発言要旨 …………… 63
　3.3　分析編：統合オペレーション戦略のフレームワークを活用した分析　65
　　3.3.1　分析の基本的な考え方 ………………………………………… 65
　　3.3.2　統合オペレーション戦略の成立条件定理の分析フレームワークとしての整理 ……………………………………………………… 66
　　3.3.3　百貨店チャネルのアパレル流通における統合オペレーション戦略の分析 …………………………………………………………… 69
　3.4　おわりに ……………………………………………………………… 76
　参 考 文 献 ……………………………………………………………… 77

4. 戦略的品質経営とSCMの新展開――トヨタとNOKの協創タスクチームを例として ………………………………………………[天坂格郎]… 79

　4.1　はじめに ……………………………………………………………… 79

 4.2 企業における協創活動の意義 ………………………………… 80
  4.2.1 製造業を中心とした組織的活動とその効果 ……………… 80
  4.2.2 車両メーカーとサプライヤーの協創活動の重要性 ……… 82
 4.3 日本車はこれからもトップクラスの品質を確保できるか …… 83
  4.3.1 米調査で「レクサス」が6年連続で信頼性トップ ……… 83
  4.3.2 米調査で日本車が14カテゴリー中12カテゴリーでトップ …… 84
  4.3.3 戦略的品質経営と新たなSCM展開が必要 ……………… 86
 4.4 トランスアクスル用オイルシールの信頼性──トヨタとNOKの協創タスクチーム活動 ……………………………………………………… 86
  4.4.1 品質管理原論"サイエンスSQC" ………………………… 87
  4.4.2 オイルシール ………………………………………………… 88
  4.4.3 トヨタにおける信頼性改善：協創タスクチームのアプローチ … 91
  4.4.4 オイルシールの信頼性改善 ………………………………… 94
  4.4.5 ま　と　め ……………………………………………………… 105
 4.5 結　　　論 ……………………………………………………………… 106
 参　考　文　献 …………………………………………………………………… 107

5. サプライチェーン・マネジメントに関わる情報技術と業務改革
 ………………………………………………………………[飯塚佳代]… 111
 5.1 は　じ　め　に …………………………………………………………… 111
  5.1.1 ここ数年のSCMの特徴──Bowersoxによる ………… 111
  5.1.2 競争優位のための，SCMによる12のドライバー──Mentzerによる ……………………………………………………………… 112
  5.1.3 SCMにおけるITの位置づけ ……………………………… 113
 5.2 SCM改革実現に関わるITツール ………………………………… 114
  5.2.1 業務機能による分類──計画系機能と実行系機能 ………… 114
  5.2.2 パッケージの構造による分類──パラメータ主体型と機能テンプレート主体型 ……………………………………………………… 116
  5.2.3 パッケージを利用することのメリットと考慮点 ………… 119
  5.2.4 ITツール導入に関する最近の傾向──より広範囲の最適化をなる

　　　　　　　　　　　目　　次

べく短期間で …………………………………………… 120
5.3　IT活用を意識した業務改革 ………………………………… 121
　5.3.1　業務改革の視点からのレファレンスモデル ……………… 121
　5.3.2　SCMのもう一つの難しさ──関わる組織の多さ ……… 122
　5.3.3　ITを活用した業務改革のためのアプローチ …………… 123
5.4　ITを活用した業務改革の新たな可能性 …………………… 125
　5.4.1　業務プロセスマネジメント/モデリング（BPM）……… 125
　5.4.2　BPMツールの機能 ………………………………………… 126
　5.4.3　先進企業の取り組み ………………………………………… 131
5.5　今後の課題 ………………………………………………………… 132
　5.5.1　企業間関係の問題 …………………………………………… 132
　5.5.2　本当の意味での可視化 ……………………………………… 133
参　考　文　献 ……………………………………………………………… 134

6. サプライチェーン・マネジメントとシステム間連携技術［坂元克博］… 137
6.1　は じ め に ………………………………………………………… 137
6.2　SCMの目標 ……………………………………………………… 139
6.3　ウェブサービスとシステム連携 ………………………………… 142
6.4　エージェント技術 ………………………………………………… 146
　6.4.1　エージェントの特色 ………………………………………… 146
　6.4.2　研　究　例 …………………………………………………… 147
　6.4.3　エージェントの設計・開発・利用環境 …………………… 153
6.5　ま　と　め ………………………………………………………… 155
参　考　文　献 ……………………………………………………………… 156

7. サプライチェーン・マネジメントにおけるプランニング/スケジューリング統合技術 ……………………………………［西岡靖之］… 159
7.1　は じ め に ………………………………………………………… 159
7.2　APSとは ………………………………………………………… 160
7.3　SCPとAPS ……………………………………………………… 164

7.4　企業間連携の方式 …………………………………………………… 166
7.5　PSLX による計画連携 ………………………………………………… 168
7.6　企業間連携の具体例 …………………………………………………… 171
7.7　おわりに ………………………………………………………………… 174
　　参考文献 …………………………………………………………………… 175

8. モジュール化戦略と延期・投機の原理に基づいたサプライチェーン在庫モデル ……………………………………………[竹田　賢]… 177

8.1　はじめに ………………………………………………………………… 177
8.2　モジュール化戦略とモジュール生産 ………………………………… 179
　　8.2.1　モジュール化戦略 ……………………………………………… 179
　　8.2.2　モジュール生産 ………………………………………………… 180
8.3　サプライチェーン在庫モデル ………………………………………… 183
　　8.3.1　前提条件 ………………………………………………………… 183
　　8.3.2　モデルの説明 …………………………………………………… 185
　　8.3.3　最適在庫構成のための定式化 ………………………………… 188
　　8.3.4　仮想負荷変化率による平均生産速度の調整 ………………… 189
　　8.3.5　ハイブリッドアプローチによる平均生産速度の見積り …… 190
8.4　数値例 …………………………………………………………………… 191
　　8.4.1　実験条件 ………………………………………………………… 191
　　8.4.2　実験結果 ………………………………………………………… 193
8.5　まとめ …………………………………………………………………… 194
　　付録　シミュレーティド・アニーリング法 ………………………… 194
　　参考文献 …………………………………………………………………… 197

索　引 ………………………………………………………………………… 199

1 全体最適とサプライチェーン・マネジメント ——————— 黒田　充

1.1　は　じ　め　に

　1990年代は企業経営のためのさまざまな活動を統合することの意義をサプライチェーン・マネジメントという観点から改めて問い直した時代であった．このような経営における諸活動の統合という概念は，それに先立って産業界で注目を集めたTQC，JIT，CIM，CE[*1]においてみられたし，現在発展中のプロダクトライフサイクル・マネジメントとよばれる環境問題を重視した経営・管理概念においても認められる．この統合は多くの場合に情報の共有とその利用を意味するが，サプライチェーン・マネジメントのそれは部門間を含めた組織間の情報共有，とりわけ企業間の情報共有によって特徴づけられるものであるといえる．このような情報共有が企業経営の効率化の手段として広く理解されるようになった背景に，情報技術の進歩によってその実現性が高まったという現状の認識に基づいているのはいうまでもない．しかし，それとともに情報共有を実現するために行われる組織間の連携を企業経営の方法論として捉える考え方が形成されたことに負うところが大きい．この考え方は，間違いなくサプライチェーン・マネジメントを構成する諸概念のなかでその中枢に位置づけられるものであろう．

　一方，わが国でサプライチェーン・マネジメントへの関心が高まり始めた1990年代後半に，それとは本来独立した概念である制約条件の理論（theory of constraints, TOC）が紹介され，そのなかにみられる全体最適思考とサプラ

---

*1　それぞれは total quality control, just in time, computer integrated manufacturing, concurrent engineering の略語である．

イチェーン・マネジメントとの概念上の類似性が注目され，両者を関連して論述する試みがみられるようになった[1][2]*2．

本章では，全体最適思考についての考察を行うとともに，部門間・企業間の連携によってもたらされる情報共有とその全体最適思考との関連性についての論述を通して，サプライチェーン・マネジメントとよばれる経営・管理の本質を探ることにしたい．そのために，まずサプライチェーン・マネジメント概念の形成に関して歴史的な考察を試み，引き続き全体最適思考の意味と方法について筆者が考えていることを述べる．

1.2 サプライチェーン・マネジメントの概念形成

1.2.1 サプライチェーン・マネジメントの発祥

サプライチェーン・マネジメントという言葉が厳密にいつから用いられるようになったかは定かではない．ただし，筆者が行った調査によれば，書物の表題にサプライチェーン・マネジメントという言葉が初めて現れたのは 1990 年代の初頭であるから[3]，そのおおよその時期は，80 年代後半かもう少し早いとしてもせいぜい 80 年代と想像することは難くない．

表 1.1 には「サプライチェーン・マネジメント」を表題に掲げている書物で比較的初期に刊行されたものの表題と出版の年が示されている．表が示すように 1992 年に 2 冊の著書が英国で出版されている．その 1 冊である *Partnership Sourcing — An Integrated Supply Chain Management*[4] の共著者の 1 人 Macbeth は，グラスゴー大学のマーケティングとロジスティクスの教授であり，サプライチェーン・マネジメントグループのディレクターであることが記されている．もう 1 冊の書物 *Logistics and Supply Chain Management* の著者 Christopher はクランフィールド・マネジメントスクール (Cranfield School of Management) のやはりマーケティングとロジスティクスの教授であって，ロジスティクス分野における教育への貢献により Sir Robert Laurence Gold Medal を受

---

*2　制約条件の理論の考え方は，E.M. Goldratt: *The Goal – A Process of Ongoing Improvement* (First Edition), The North River Press, 1984 において紹介された．ただし，用語としての「制約条件の理論」は Goldratt 自身によってその考え方を示す名称として後年（1992 年発刊の *Second Revised Edition* において）つけられたものである．この改訂版については邦訳書（三本木亮訳：「ザ・ゴール」，ダイアモンド社，2001）が出版されている．

1.2 サプライチェーン・マネジメントの概念形成

表 1.1　比較的初期に刊行されたサプライチェーン・マジメントを表題にあげている書籍

発行年	書籍名
1992	D.K. Macbeth and N. Ferguson: *Partnership Sourcing — An Integrated Supply Chain Management Approach*, Pitman Publishing, London
1992	M. Christopher: *Logistics and Supply Chain Management*, Financial Times / Pitman Publishing, London
1996	T. Underhill: *Strategic Alliances — Managing the Supply Chain*, Penn Well Publishing Company, Tulsa
1996	C.C. Poirier and S.H. Reiter: *Supply Chain Optimization*, Berrett-Koehler Publishers, San Francisco
1997	W.C. Copacino: *Supply Chain Management*, St. Lucie Press, Boca Raton
1997	D.A. Riggs and S.L. Robbins: *The Executive's Guide to Supply Management Strategies — Building Supply Chain Thinking into all Business Processes*, American Management Association, New York
1998	J.L. Gattorna (Edited by): *Strategic Supply Chain Alignment — Best Practice in Supply Chain Management*, Gower, Aldershot
1999	C.C. Poirier: *Advanced Supply Chain Management*, Berrett-Kehler Publishers, Inc. San Francisco
1999	R.B. Handfield and E.L. Nichols, Jr.: *Introduction to Supply Chain Management*, Prentice-Hall, Upper Saddle River

賞したことが著者の紹介欄に記されている[5]．また Christopher は自著 *Marketing Logistics* [6] のなかでロジスティクスとマーケティングとの結合によって，ロジスティクスの新しい発展がもたらされ得ると指摘している．以上に示した事柄から，サプライチェーン・マネジメント概念の発祥は，英国においてロジスティクスとマーケティングに通じた学者によって行われたこれらの二つの分野を融合する試みにあったことが想像できる．

表 1.1 に示される通り，その後しばらくはサプライチェーン・マネジメントを表題にした書籍は出版されず，90 年代の後半になってようやく米国を中心にサプライチェーン・マネジメントを取り上げた書物が出版されるようになる．それまでは，ロジスティクスとサプライチェーン・マネジメントの区別は明白でなかったが，この時期になるとサプライチェーン・マネジメントを従来のロジスティクスと一線を画する現代企業の新しい課題として取り扱うことが一般的になってきたように思われる．

1.2.2 サプライチェーン・マネジメントの定義と指標

APICS リソースマネジメント・シリーズの 1 巻である *Supply Chain Management*[7] において，著者の Copacino はロジスティクスとサプライチェーン・マネジメントを区別せずに以下のように定義している[*3]．

「調達先からユーザーにいたる資材と製品の流れを管理する方法」

さらに，「ロジスティクスシステムには，原材料の調達から製品を最終ユーザーまで届ける資材と製品のすべての流れ，それに加えて資材の流れをコントロールする，また資材の流れを記録した情報の流れが含まれる」と述べ，「それには，調達と購入；能力計画，作業管理，技術的問題解決，生産スケジューリング，資材計画（MRP II）などの製造；配送計画，倉庫の作業管理，在庫量の管理，工場外の輸送；顧客サービス，販売，販売促進，マーケティングが含まれる」と書き加え，生産管理もロジスティクスシステムの一部とみなすという取り扱い方が行われている．しかし，実際にはロジスティクスの専門家が「ロジスティクス」という言葉を用いるとき，輸送，倉庫管理，最終製品の在庫管理を指すのがふつうであると述べ，その定義には世間の認識より広い意味が与えられていることを断っている．これより後に示された定義も示しておく．Handfield と Nichols は 1999 年刊行の自著のなかでつぎの定義を与えている[8]．

「サプライチェーンは原材料の段階（抽出）から最終ユーザーにいたるまでの品物の流れと変形およびそれに関わる情報の流れに関するすべての活動を含む．資材はサプライチェーン中を下流に向かって流れ，情報は上流に向かって流れる．しかし，情報が下流に向かって流れ，資材が上流に向かって流れることもある．サプライチェーン・マネジメントは，継続した競争力の保持を目的として改善されたサプライチェーン関係を通じて，これらの活動を統合することである．」

二つの定義を比較すると，10 年の歳月を経てサプライチェーン・マネジメントに対する理解は深まっていることがわかる．これらの定義が示すように，サプライチェーン・マネジメントの特徴はサプライチェーン全体を視野に入れて管理することにあり，Christopher は総括的な管理指標として顧客価値を取

[*3] Copacino がこの定義を記したのは，*Management Logistics* 誌に連載していたロジスティクス戦略のコラムにおいてであり，1989 年 2 月のことであった．

り上げ，サプライチェーン上の各活動が顧客価値の増大に寄与しているかどうかという視点をもつことの重要性を指摘し，原材料の調達から製品の納入までの全体の時間を意味するパイプライン時間の短縮に*4，企業の競争戦略の焦点が絞られるようになってきたと述べている[5]．

1.2.3　サプライチェーン・マネジメントのベストプラクティス

　サプライチェーン・マネジメントの具体的な方法や概念の多くは，過去において実際にその有効性が示されたさまざまの事例（以下においてそれらを「ベストプラクティス」とよぶ）に基づいている．つまり，サプライチェーン・マネジメントの概念構成の方法論とよべるものがあるとすれば，それは過去のさまざまのベストプラクティスからサプライチェーン・マネジメントの目的に合った方法や概念を摘出し，それらを一般化することであるといえる．このような一つの管理技術をさまざまな方法や概念の集合体と考える見方はもともとTQCやJITのものであり，サプライチェーン・マネジメントの概念形成にあたってそれらの影響を受けたことは明らかである*5．ここでは，サプライチェーン・マネジメントの説明では欠かせない三つのベストプラクティスであるJIT，QR（quick response），ECR（efficient customer response）について述べる．

　JITはトヨタ自動車で戦後数十年をかけてつくられた管理技術の体系であり，トヨタが掲げる目標としての「ジャストインタイム」に役立つさまざまな方法の集合体である．ここでは海外でよく知られているかんばん方式について述べよう．一言でいえば，生産ラインの下流の要求に基づいて行う資材の運搬と製造の指示方式であり，これを用いるかぎり，需要に基づいて運搬と製造が行われるために不要な製品や半製品の生産が行われることはなくなるはずであ

---

*4　顧客価値（customer value）を一般に定量化することは難しい．Christopherが総括的な管理尺度としてパイプライン時間を取り上げたのは，リードタイムや応答時間の短縮とともに，その結果もたらされる在庫費用の削減などによるコスト低減が顧客にとって大きな価値があると考えたからである．

*5　1980年代に実施された日本の優良企業を訪問する"ベストプラクティス・プラントツアー"を通して，欧米の産業界はTQC，JIT，Kaizen，ロボット，CIMのみならず，産業文化，産業政策，意思決定，産業構造などの多くを学び，それらの知識が新産業の誕生と雇用の創造に役立ったことが記されている[4]．

る．かんばん方式はより一般的にプル生産方式とよばれ，それまで欧米で広く使用されてきたプッシュ生産方式としばしば対比される．

　製造現場における運搬・製造の指示が，"かんばん" とよばれるカードによって行われるために，この名称が用いられている．一定数のカードが連続する二つの工程間を循環し，カードが資材につけられると運搬あるいは製造が行われる．それらの作業が終了するとカードは資材からはずされ，何枚かのカードが溜まると上流の工程に戻される．資材が手元にあっても，カードがない場合は運搬も製造もできないため，前述したプル生産が可能になる．このカードの枚数は二つの工程の特性によって決められ，それらの管理状態（加工時間が安定しているなど）がよければかんばんの枚数を減らすことができる．

　自動車の生産ラインは，最終組立ラインから上流に遡るにつれてボディの組立ライン，エンジンの組立ラインというように枝分かれが進み，その数は増えて行く．かんばん方式はそれらの数多くのパイプラインを，工場の境界あるいは企業の境界をこえて一貫した方法によって管理し，ライン中に仕掛品として滞留する資材の増大を抑える働きをする．つまり，途方もない種類と量のそれぞれの資材に関するパイプライン時間を極限まで短縮する働きをする．サプライチェーン・マネジメントにおいては，製造会社の資材の入り口側をインバウンド，出口側をアウトバウンドとよんで区別するが，かんばん方式は自動車メーカーのインバウンド・サプライチェーンを取り扱ったマネジメントのベストプラクティスであったといえる．パイプライン時間の短縮は，在庫の削減でもあり，その一般的概念である "プル方式" は製造のみならず，流通，販売において普遍的な価値をもつ方法として広く受け入れられるにいたった．

　ファッション産業・アパレル産業では，予測に基づいて製品をつくり，市場に出荷するプッシュ生産が長年にわたって行われ，その結果，膨大な製品在庫とその一方では製品の品切れに悩まされていた．QR はファッション産業・アパレル産業へのプル生産の取り込みを情報技術，つまり EDI，バーコード，POS 端末，レーザースキャナーの利用によって実現した合理化運動であった．そのベストプラクティスとしてよく知られているものが，P&G 社と米国最大の小売業であるウォルマートとの連携である．P&G 社はウォルマートの店頭にあるレジスターから販売データを受け取って，商品補充のための生産計画と

配送スケジュールを作成することにより，製品在庫を削減する一方，製品の品切れを抑えることに成功を収めた．P&G 社がウォルマートから取得した情報は，売上げの早期の予告として役立ち，それによって市場の動向にいち早く対応することが可能になった．その結果として，ウォルマートの売上げは大幅に増大し，店頭に情報機器を配置するための膨大な投資の回収も当初の予定であった2年を待つことなく終えることができた[5]．

これは，製品在庫を保有しなくても情報があれば顧客満足を達成できるという"情報の在庫置換性"の原則を意味し，在庫の保持費用に比べると情報投資の変動費は格段に小さく，その経済性が確認されている．さらに，従来小売業によって行われていた在庫管理と発注作業をベンダー（供給側）が肩代わりして行い，小売はただ情報を提供するという従来とは逆の関係が成り立つビジネスモデルが有効であることが実証された．このモデルは，その後，VMI（vendor managed inventory）とよばれ，サプライチェーン・マネジメントの一つの方法として広く用いられるようになった．

JITはもちろんのこと，QRもサプライチェーン・マネジメントとよばれる概念が確立する前に実施された活動であり，その概念形成に大きな影響を及ぼした．それに対し，ECRは1993年に米国で始まり，1990年代の中ほどまでに米国と欧州に広がった食料雑貨業界を対象とした合理化運動であった．したがって，ECRの活動の展開はサプライチェーン・マネジメントの概念形成の時期と重複して行われ，食料雑貨業界におけるサプライチェーン・マネジメントとしての見方が当時行われていたといってよい．ECRにおいては，JIT，TQC，QRなどにみられたさまざまの方法が取り込まれ，過去のベストプラクティスの統合体としての特徴があるとされている．

米国の食料雑貨業界の競争はもともと激烈であり，かつてメーカーどうしの争いにあった焦点が，1990年代までにパワーバランスが小売に移り，競争はメーカーと小売間のものへと変わっていた．その結果，サプライチェーン上のプレイヤーのコストの押しつけ合いが慢性化し，消費者の利益は排除される傾向が生じた．さらに，量販店の出現や外食産業の普及により，スーパーマーケット業界は大打撃を受け，サプライヤーもメーカーも利益が減少する一途であった．このように業界全体が硬直状態に陥り，そのうえに伝統的な取引形態が

このような米国の食料雑貨業界において ECR が成し遂げたものは業界の構造改革であり，消費者に最大の価値を提供するという共通の目的をもってサプライチェーン上のプレイヤーが協調し，情報や専門性を共有して統合的な活動をすることが行われた．ECR は文字通り効率的な消費者対応（efficient customer response）を新製品導入，販売促進，品揃え，製品補充という四つのコアプロセスの活動ごとに展開したものであり，カテゴリーマネジメントの効率化を POS 端末から得た消費者データの活用を通して実現した．とくに，以前重視されていたブランドや商品という視点から，カテゴリーや消費者という全体的な視点へ焦点を移すことによって業界としての成功がもたらされた点に留意すべきである．ECR は業界を挙げての系統的・組織的活動であって，狭い意味でのベストプラクティスとは趣が異なるが，新しい意味での，あるいはより現代的なサプライチェーン・マネジメントのベストプラクティスとして理解することができる[13]．

もたらす高コスト構造は従来のままであり，業界は危機に瀕していた．

現代では，サプライチェーン・マネジメントは情報技術の応用によって実現されるという捉え方が一般的である．しかし，前述のベストプラクティスは，パートナー企業間の連携によって実現されたものであって，情報技術の利用に先立つその利用環境の形成が重要であることを示している．

1.3 全体最適思考

1.3.1 全体最適の意味

「サプライチェーン・マネジメントは全体最適化の方法論である」という表現にみられるように，サプライチェーン・マネジメントはしばしば全体最適化と関連づけられる．そこで，本節では改めて全体最適とは何かについて考えよう．

全体最適という言葉は日本で好んで用いられる．これは，欧米において全体最適の概念があまり語られないという意味ではなく，欧米の人々はさまざまな言葉を用いて日本人が用いる全体最適という用語が示す概念を表すことをいっ

---

*6　E.M. Goldratt: *The Haystack Syndrome - Sifting Information out of the Data Ocean*, North River Press, p.51, 1990

ているのである．たとえば，「制約条件の理論」の提唱者である Goldratt は全体最適に関してつぎのような表現をしている*6．

"Local optima do not add up to the optimum of the total."

「部分最適を積み重ねても全体最適にはならない」という内容の一文であるが，全体最適に対応する global optimum という言葉は用いられていない．別の例として，製品設計に関するつぎの文を示そう*7．

"The lack of such softness in conventional manufactured products is due largely to the uncoordinated use of knowledge, resulting in conceptual blind spots-local optimization but global inconsistencies."

文中の終わりの部分「結果として，概念上の盲点つまり部分最適であっても全体として一貫性に欠けた状態に気づかないうちに陥っている」という文節の原文で使われていてもおかしくない global optimization という語句がここにはなく，その逆の意味を表す global inconsistencies が用いられている．もう一つの文例を示そう．ここに引用したものは，サプライチェーン・マネジメントの教材としてよく知られている書籍から抜粋した文*8であり，翻訳書が出版されているので対応する箇所の和訳*9を示しておく．

"ECR is a strategic cross-functional initiative, which, to be successful, requires sustained sponsorship at the chief executive officer level. Without this sponsorship, there remains a risk that historical functional attitudes will override the difficult trade-off decisions that will need to be made."

「ECR はきわめて戦略的な機能横断型コンセプトであり，成功には CEO レベルの継続的な支援が不可欠である．この支援がないかぎり，必ず，旧来の機能最適思考が本来達成すべき全体最適に打ち勝ってしまうというリスクが絶えず存在するのである．」

この和訳の全体最適に対応する英語は difficult trade-off decisions であって，

---

*7　M. Pallot and V. Sandovol: *Concurrent Enterprising — Toward the Concurrent Enterprise in the Era of Internet and Electronic Commerce*, Kluwer Academic Publishers, p.45, 1998

*8　John Gattorna (Edited by): *Strategic Supply Chain Alignment* (Chapter 7 Efficient Consumer Response), Gower, p.110, 1998

*9　ジョン・ガトーナ編（前田健蔵，田村誠一訳）:「サプライチェーン戦略」，東洋経済出版社，p.110, 1999

ここでも global optimization という言葉は見当たらない．いったい，この事実は何を意味するのだろうか．

欧米で global optimization という言葉がマネジメント領域の文章のなかで使われないのは，それが数理計画の用語であるということが考えられる．つまり，global optimization という用語には厳密な意味があり，その意味を考えるとマネジメント関係の文中でこれを用いるのはふさわしくないというのがその理由である．しかし，global optimization という言葉の使用法についてそのような暗黙の約束が英語文化圏でなされているということは想像し難い．日本語の場合，数理計画の用語としての global optimization の訳は「大域的最適化」にほとんどかぎられており，語感の異なる「全体最適化」を用いてもそれと混同されることはないという安心感が最初にこの言葉を用いた人たちの心中にあったかもしれない．欧米ではそうではなかったと想像する以外に適当な理由は見つからない．それでは，local optimization や local optima は，数理計画の用語であるにもかかわらず，なぜマネジメント関係の文中で頻繁に用いられるのかという疑問が生じる．しかし，これらの数理計画用語としての意味は，マネジメント関係の用語として私たちが「部分最適」や「部分最適化」を用いるさいのそれらが意味するものと本質的な違いがあるとは思えない．つまり，欧米人も私たちと同様に local optima や local optimization をマネジメント用語として使うことに違和感を抱かなかったという推測は不自然ではない．

いま述べたような「大域的最適化」と「全体最適化」の二つの用語の使い分けが行われているという仮説が正しいとすれば，全体最適の意味は，数理計画における大域的最適の意味とそれとの識別を通しておのずから明らかになる．そのために，ここで数理計画における大域的最適化の概念を確認しよう．図1.1 は応答曲面とよばれるもので，曲線のそれぞれは同一の関数値 f を示している．いま，点 A，B，C の関数値が 0，2.5，2.0 であるとしよう．関数値が最小の点を求める問題を取り上げている場合，点 A が大域的最適点であり，点 B，C は局所的最適点となる．この問題の場合，大域的最適化を行うことは複雑な地形の丘陵を散策するハイカーがもっとも低い窪地がどこにあるかを探すのに似ている．探索経路の選び方しだいでは，窪地の底の点である B あるいは C に到達して，目的を達成したとハイカーが考えることはおおいにあり

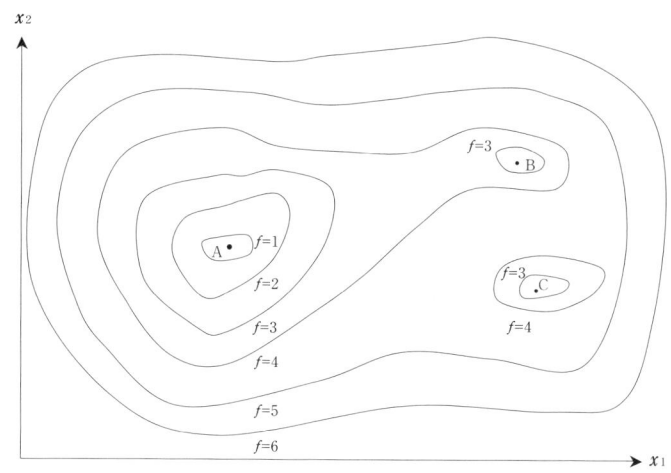

図 1.1 数学的概念としての大域的最適化と局所的最適化

える．現在到達している点の近傍の関数値のみを頼りに数学的最適化の計算をする場合，まったく同じことがいえる．これが局所的最適化であり，大域的最適点 A に到達するためにはさまざまの出発点を選んで，探索をくり返す必要がある．

　数理計画問題において大域的最適点は，探索に先立ってそれがどこにあるかはわからないが，もっとも低い窪地の位置のように明確に定義できるものでなくてはならない．数学的概念としての大域的最適化では，ある方法を用いれば大域的最適点が探索可能なことを保証する論理が必要である．それが不可能な場合には，論理的に保証ができなくても大域的最適点の近傍に到達できると考えられるアルゴリズム（計算手順）を用意する必要がある．つまり，数学的最適化では大域的最適点の存在が前提となっている．一方，数学的モデルではなく現実世界を対象にする最適化では，何が全体最適であるかを論理的に定義すること自体が通常困難である．しかし，現在求めようとしている解あるいは求められた解が部分最適であるという認識をもつことは不可能でなく，むしろ全体最適化における焦点は部分最適化をいかにして回避するかということにある．

　ところで，数理計画の世界では魅力の乏しい部分最適（つまり局所最適）の

回避を全体最適化とよぶ意義がはたしてあるだろうか．部分最適の回避に意義があると考える理由は二つあるように思われる．通常，部分最適を避けるということは，問題の取り上げ方の変更，いい換えれば取り上げる問題の構造を変えることを意味しており，その結果，新しい問題を解くことによって元問題の解をはるかに凌ぐ解がもたらされるということにある．数理計画におけるように目的関数値を改良する解，しかも顕著な改良を望めない解を探索することとは，本質的に異なる問題解決がその過程において試みられるのである．

　もう一つの理由は，実社会において部分最適化がくり返して行われており，しかもその多くは無意識のうちに行われるということにある．人間の行動の選択はしばしば制度，慣行，慣習，あるいは思い込みという枠組みのなかで行われ，そのことが行動の選択を制限するからである．ほとんどの場合に，部分最適化は時間の無駄，費用の増大，予算の膨張，さまざまな機会損失の発生などの経済的損失を招くため，社会全体で部分最適化がくり返されることによってもたらされる損失や機会損失は，はかりしれない大きさになる．つまり，部分最適を回避するという意味の全体最適化には，さまざまの損失の排除がもたらす経済的価値を一般に伴う．そればかりか，部分最適の回避という概念は，社会のさまざまの決定の場面における合理的思考や広い視野に立った考え方を肯定するため，意思決定のあり方の規範を示すという意味もそれに備わっている．

1.3.2　全体最適思考の起源

　部分最適の回避という概念は，おそらく人類が自然に身につけたものであろ

---

*10　広辞苑（第3版，岩波書店）には，「最適化」は見当たらず，「最適」のみあげられている．その用例として，「彼に最適の役」，「行楽に最適のシーズン」が記されている．
*11　日本能率協会発行のIE誌1970年12月号において「経営効率化をねらう全体最適化への多面的アプローチ」のテーマで特集が行われ，その趣旨がつぎのように記されている．
「たとえば，運搬の改善と言う課題を与えられると，すぐいろいろな運搬機器を使った"運搬作業"の改善に飛びついてしまう．その前に，運搬という工程は，コストを高めることにはなっても，付加価値を高めることにはつながらないことを考えて，なぜ，運搬工程を減らすなり，なくすなり，その方向での努力をしないのだろうかと思う．（省略）　全体最適化を進めるには，部分最適化の積み重ねによらねばならない．しかし，ここで問題なのは，その最適化の方向が，すべての部分について本質的に統一されているであろうかと言うことである．」

う．これは多分に合理的な考え方であり，optimization という言葉が西洋で日常的に使われることを考え合わせると，もともと西洋のものであって東洋の概念でないことが想像される[*10]．しかし，全体最適という言葉は前述したように欧米では用いられないのに対し，日本では数理計画の大域的最適化と異なる意味をもつ全体最適化が1970年にすでに用いられており[*11]，全体最適概念がそのころすでに存在していたことを記すとともに数理的最適化との違いについて述べた文章が残されている[*12]．

ところで，1960年代は Optner のシステム論[18]や Nadler のワークデザイン[19]が日本に紹介され，システム概念に関心が寄せられた時代であった．それらに触発されて全体最適思考が当時の日本の学界や産業界で知られるようになったことは十分考えられる．Optner のシステム論はシステム分析の説明に詳しいために分析手法として一般に理解されているが，これは本来システム設計を最終目的としたものであり，「システムという言葉はトータルシステムの意味で多くの場合使われている」という著者自身の解説と重ね合わせれば，おのずからシステム設計に当たってはトータルシステムを対象とすることが要件になる．それゆえ，Optner のシステム論を母胎として脚注*12に示した「トータルシステムの最適化」という言葉が生まれ，それが全体最適化を意味する専門用語として用いられていたという推測をすることができる．

他方，Nadler のワークデザインでは主題としてシステム設計を取り上げ，その方法論を詳しく述べている．ワークデザインを特徴づける概念になっているのが理想システムである．理想システムには，①理論上の理想システム，②最終的な理想システム，③技術的に実現可能な理想システムの三つのものがあ

---

*12 黒田充著，システムの設計（日本経営研究会，p.36，1970.6）のなかに全体最適に関するつぎの一文がある．
「最適化という言葉が示す意味は，厳密に言えばそれが用いられている状況によって変化する．たとえば経営関係の話の中で用いられるトータル・システムの最適化という言葉に含まれる最適化と，何らかの数学的に定義された問題を最適化するという場合のそれとでは，それぞれの意味する内容にはかなり大きな隔たりがある．（省略）その場合における最適化（トータル・システムの最適化）の意味する内容は，種々の解を提出し，比較・検討したところ，設定した評価尺度あるいは目的関数をある一つの解以上により良く満足する解が見出せないということである．そして，比較検討される種々の解は，通常システムを決定する数値の値が異なるという関係にあるのではなく，（提案された）システムの構造自体に大きな相違が見られるという関係にある．」

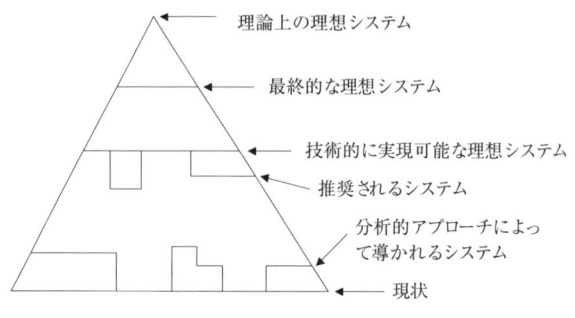

図 1.2 ワークデザインにおける理想システムの概念

る．①はたとえばコストやリードタイムがゼロになるというような理念上のシステムであり，実現不能であるが進んで行く方向を示すシステムをいう．②は研究開発の結果到達可能なシステムをいい，③は費用，心理的要因，危険性などの理由により実際に実現されていないシステムであって，ワークデザインで実現目標となるシステムをさす．これらの3種類の理想システムと現状の関係は図1.2によって示され，理想システムを描くことから始め，最終的な理想システム，さらに技術的に実現可能な理想システムと下って，最終的に推奨されるシステムを導くことによって，現実システムを改善してシステムを設計する分析的アプローチより優れた結果が得られると述べ，その展開方法を提案している．また，「いかなるシステムもより高いレベルのシステムからみればサブシステムである」というシステムレベルに関する論述があり，ワークシステムの設計にあたっては，より高いシステムレベルでの設計を企てることの重要性を指摘し，これによって部分的最適化が避けられると述べている．

　ワークデザインは，理想システムを念頭におくことによってシステム設計の一貫性を保証し，システムレベルの概念をもつことによって部分最適の危険から回避できることを示した全体最適の方法論であったといえる．だが，「全体最適」に対応する言葉は用いられておらず，また全体最適化を行うことの意義についての論述もみられなかったため，ワークデザインは分析的アプローチに替わる設計的アプローチとして理解されるにとどまった．

　しかし，これらのシステム概念を通して学界・産業界で全体最適概念が理解され，それを「トータルシステムの最適化」あるいは「全体最適化」とよび，

それらがマネジメント用語として60年代末には定着するまでに及んだということが想像できる．

JITには全体最適の思考が豊富に含まれている．JITの意味を示している「必要な品物を必要なときに必要な量だけ手に入れる」という標語自体がシステムの設計とその運用の目標を示すばかりでなくシステムを構成する各サブシステムの設計に一貫性を与える働きがある．これだけでも，JITには全体最適概念が備わっていることは明らかであるが，部分最適の排除を述べたものとして「ラインストップを恐れるな！」という言葉がある[20]．この意味は，生産ラインの停止は莫大な損失をまねくため，それを恐れて，場当たり的な対策を講じると問題点を隠すだけのことに終わってしまう．生産ラインを止めてもその原因を究明して本質的な対策を講じ，生産ライン停止の再発を防止することが必要だというものである．いうまでもなく，部分最適は本質的な対策を考えないで場当たり的にラインストップを避ける手段を講じることをさし，全体最適は問題点をよく検討して理にかなった方策を講じて再発を防止することをさしている．

JITはトヨタ独自のものであることを考えると，全体最適思考がトヨタにおいてなぜみられるかはおのずから明らかになる．それは，システムの設計あるいは運用にあたり，創造性と合理性の追求に忠実であれば，全体最適思考はその過程で生まれるということであろう．これは全体最適思考の重要な特質なのである．

1.3.3　全体最適化の方法論としての構造的最適化

全体最適化を志向するさいに思考の拠りどころとするものが望まれるならば，構造的最適化とよんでいる思考のフレームワークを奨めたい．思考フレームワークは問題解決の過程における部分最適の排除と全体最適性の観点に立ったその計画の妥当性を保証し，問題解決者が確信をもって計画の実現に従事できるようにするためのものである[2][21]．この思考フレームワークは，互いに関連するつぎの四つのステップから構成されている．

(1)　問 題 の 構 造

解決を迫られている問題は通常単独に存在するものでなく，階層的な構造を

もっているものである．当面する問題あるいは問題群を包含する問題が存在するかどうかを調べる．そのために，当面する問題にとってコンストレインとなるものを変数化できる，より大きな問題が存在するかどうかの認識に努める．それができる場合，コンストレインを変数化できる問題と当面する問題のあいだには階層関係があり，前者を上位問題，後者を下位問題とよぶ（図 1.3 の「構造」を参照）．

たとえば，鋼板を製造している製鋼会社を考えてみよう．現在，鋼板の生産は，顧客の注文に基づいてオーダーごとに仕様，生産量，納期が定められるため，製品である鋼板の多様化が進み，多品種少量生産・受注生産の形態をとるにようになっている．生産工程は鉄鉱石や古鉄を溶解して鋼の塊であるインゴットをつくる上流工程とインゴットを加熱して圧延し，鋼板をつくる下流工程からなっている．インゴット自体が材質の違いによって多様化しているため，多仕様のインゴットの在庫を取り揃えておかないかぎり，それぞれの顧客の注

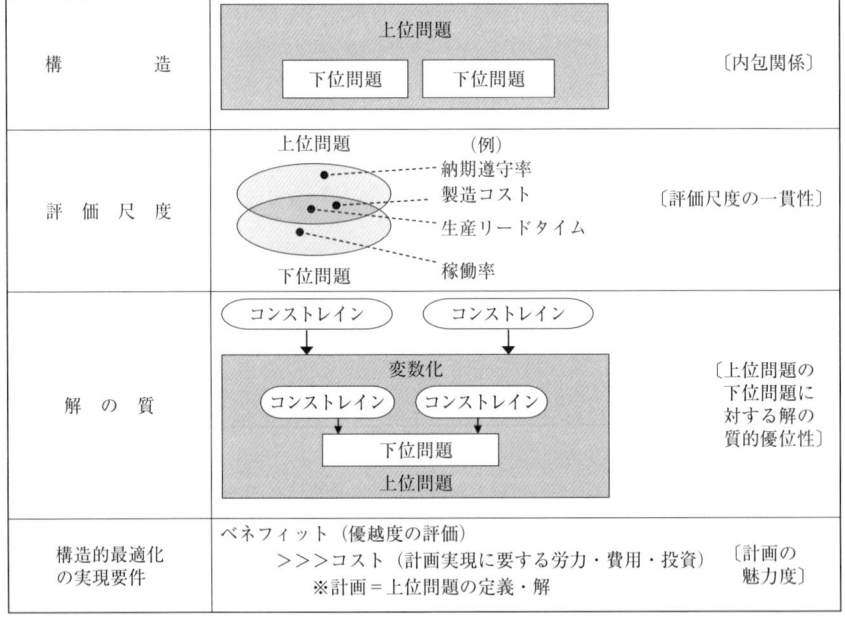

図 1.3 構造的最適化の概念

（出典：黒田充，製造業の全体最適化概念とその方法，経営システム，9(3), pp.126-131, 1999）

文に短納期で応じることが難しい．短納期を実現することは，顧客の獲得と維持のために不可欠であり，上流工程と下流工程の生産スケジュールを従来のように独立して作成することはもはや許されなくなってきた．しかし，上流工程と下流工程の性質から生じる生産方式の違いは改めることはできず，両工程の生産スケジューリングに従属関係をもたせて，生産リードタイムの短縮をはかり，短納期を実現することになった．つまり，従来行ってきた両工程をそれぞれ独立したものと考えてスケジューリングを行う下位問題の解決から，それらに従属関係をもたせて望ましい全体スケジュールを作成する上位問題の解決に転換する必要があると判断された．

(2) 評価尺度の一貫性

上位問題の定義ができれば，下位問題とのあいだで評価尺度に違いがないかを検討する．それぞれの問題の評価尺度の集合を S_U，S_L とし，上位問題の評価尺度の集合 S_U が下位問題の評価尺度の集合 S_L を包含するか，S_U と S_L の共通部分中に重要度の高い評価尺度が入っているならば，評価尺度に一貫性があると考え，上位問題の設定に成功したと判断する（図1.3の「評価尺度」を参照）．

前述の製鋼会社の例では，スケジューリングの評価尺度としては上流工程と下流工程はその特徴の違いから同じではない．しかし，重要度のもっとも高い下流工程の評価尺度である生産リードタイムの短縮と納期遵守は，両工程を考慮したスケジューリングを扱う上位問題において評価尺度として取り上げられるため，S_U と S_L の共通部分中に下位問題の重要度の高い評価尺度が含まれるという基準が満たされ，評価尺度の一貫性の存在が判定でき，上位問題の設定に成功したことになる（ただし，図1.3の「評価尺度」に示した集合図はこの関係を表したものではない）．

(3) 上位問題の下位問題に対する解の質的優越性

前述の構造をもっている上位問題と下位問題に関しては，S_U と S_L の共通部分中にある評価尺度に関して上位問題の解は下位問題の解に優越する．これは下位問題のコンストレインの除去あるいは緩和ができるために，解の探索領域が拡大する結果生じる．両者のあいだに認められる性質を上位問題の下位問題に対する解の質的優越性とよぶ（図1.3の「解の質」を参照）．

取り上げた例では，コンストレインはインゴットの在庫であり，上流工程と下流工程のスケジューリングが独立していたため，下流工程のスケジューリングにとって大きな制約となり，望ましいスケジュールの作成を妨げていた．上位問題では両工程のスケジューリングのあいだに従属関係があるため，インゴットの在庫が下流工程に及ぼす制約は緩和され，この結果として上位問題の下位問題に対する解の質的優越性の存在が保証される．

(4) 構造的最適化の実現要件

下位問題の解決を上位問題の枠組みのなかで行うのが構造的最適化である．これを実現するためには，問題解決の構想が必要であり，上位問題の定義と併せて計画とよぶ．計画は通常，労力，時間，投資を伴うが，それらを総称してコストとよび，コストの各項目について見積りを行う．一方，構造的最適化が従来の解決に比べてどのように優れているかをいろいろな項目について表したものをベネフィットとよぶ．ベネフィットは項目によって，定量的なものと定性的なものがあるが，それらをすべて列挙する．項目によっては，コストとベネフィットが対応し，比較ができる．たとえば，コストとして投資費用とベネフィットとして従来の方法によって発生した費用の削減額があげられよう．投資が数年間の経費削減額の累計によって回収できることやそのほかにもいくつかのベネフィットの存在が明らかになったとする．総合的に判断して構造的最適化の明らかな優位性が確認できれば，提案された計画は魅力があり，実現に値すると考える．明白な優位性が確認できない場合は，計画が不適切であると判断して計画の練り直しをする必要がある（図1.3の「構造的最適化の実現要件」を参照）．

前述の例については，主要なコストとしてスケジューリングシステムの開発費を中心とした情報化投資があげられる．一方，ベネフィットとしては，生産リードタイムの短縮と納期遵守率の向上があげられる．それらは定量化できるが，その結果として生じる顧客の確保と新規獲得がより重要である．しかし，事前の評価としてそれらについては定性的な表現に留め，定量的な評価が可能なインゴット在庫の減少がもたらす在庫費用の削減額を取り上げる．年間の在庫費用の削減額と情報化投資額を対応させることによって，投資の回収期間が見積もられ，その期間の長さから計画推進の適切性を保証する大きな根拠が得

られよう．

1.4 サプライチェーン・マネジメントにおける全体最適

1.4.1 連携と情報の共有

　サプライチェーン・マネジメントにおいて行われる連携は組織間の情報共有を目的として行われるといってよい．しかし，情報共有は必ずしも異なった組織が情報を共有して，それらを同じように使うことを意味するものではない．小売業とメーカーの連携例では，POS 端末を通して得た販売情報が小売業から商品のメーカーに送信され，そのデータに基づいてメーカーが生産計画を立てることはよく行われる．メーカーは市場の動向をリアルタイムに把握することができるため，近い将来どの製品をどれだけつくることが望ましいかが予測でき，実需に応じた製品の生産と供給を行うことが可能になる．その結果として，小売業にとっては，商品の品切れや在庫が減少して，売上げが増大するとともに各店舗の販売効率が向上するというメリットがもたらされる．一方，メーカーにとっても売上げは増大し，製品在庫は減少し，生産設備の効率的な利用が可能になり，いわゆる Win‒Win 関係が両者間で成立する．

　小売業が POS 端末を通して得た販売情報を仕入れに利用しなければ，実際には情報を共有したとはいえない．たとえば，店舗ごとに地域固有の情報を加えて，商品の仕入れのためのきめ細かい計画を立てるならば，この場合の連携には情報の共有という言葉が当てはまる．しかし，通常はいかなる場合でも異なる組織から得たデータを別の組織が利用することを情報共有とよんでいる．

　近年，関心を集めている APS（advanced planning and scheduling）とよばれる生産管理領域のパッケージはメーカーと顧客との連携を実現する機能をもっている[22]．これは，通常，納期見積りとよばれており，実際の作業はメーカーの営業部門が行うことがあるとしても，顧客は購入を希望する製品の量と時期に関する実現可能性を仮の生産のスケジュールをつくることによってほぼリアルタイムに知ることができる．希望が満たされない場合には，製品の量を分割してそれぞれ異なった納入希望日を設定してメーカーに見積りを要求することができるし，メーカーもほかの顧客からのオーダーに影響がなければ，すでにつくられている生産スケジュールを変更してその顧客の希望に応じることも

できる．この場合は，生産スケジュールが共有する情報であり，ただ共有するだけでなく，生産スケジュールという情報を顧客とメーカーが共同してつくるという見方もできる．これも一般に情報共有とよばれている連携の一つの形態である．

1.4.2 サプライチェーン・マネジメントにおける情報共有の事例

サプライチェーン・マネジメントにおいて課題となるものは，協働（collaboration）を通して実現する情報共有である．それは，メーカーと小売業，サプライヤーとメーカーというような，もともと取引が行われているサプライチェーン上のプレイヤーがお互いの利益の増大を目的として人的資源や資金を投入して入手にする情報共有を指している．

協働を通して実現する情報共有の理解に役立つ企業間の連携事例を示そう[23]．この連携の発端は，自動車メーカーから鋼板の購入先である鉄鋼メーカーに伝えられた突然の申し出にあった．それは，自動車メーカーの増産計画に基づくもので，資材（コイル）の流通の増大を資材置場の拡張を伴わずに情報技術の利用による資材在庫の低減によって行うとともに，その実現のために協力を要請するという内容のものであった．ここで，管理の対象として取り上げる資材（コイル）について説明する必要がある．

乗用車のボディは通常自動車メーカーが社内で生産し，その材料になる鋼板は鉄鋼メーカーが供給する．ボディをつくる材料になる鋼板は薄板であり，輸送や在庫の段階では巻き取られてコイル状になっているため，それらはコイルとよばれている．一つ一つのコイルはかさばるだけでなく相当な重量があり，それらの運搬には労力と時間を要する．またコイルは，ボディのどの部分に用いる資材であるかによって，たとえばボンネット用か，ドア用かによって，鋼鈑の幅つまりコイルの幅が異なる．また，車種によって鋼板の厚みや材質が異なるので，自動車メーカーが資材として保管するコイルは何種類にもなり，それらを保管する資材置き場のスペースは広くなくてはならない．

乗用車の増産は，自動車メーカーでのコイルの消費速度の増加を意味するから，従来通りの周期で鉄鋼メーカーがコイルを納入するならば，コイルの在庫量が増える（図 1.4(a) 参照：縦軸は在庫量，横軸は時間を表し，a, b は在庫

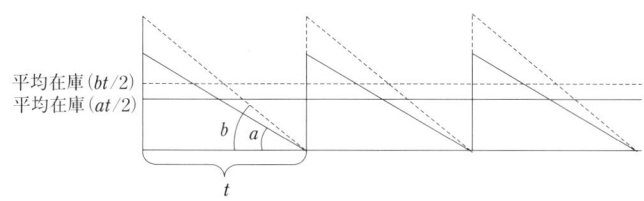

(a) 消費速度の増加による平均在庫の増大

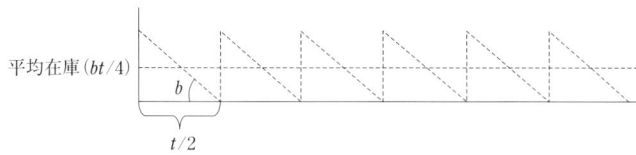

(b) 納入周期の短縮による平均在庫の減少

図 1.4　消費速度，納入周期，平均在庫の関係

の消費速度を，t は納入周期を示している）．在庫量の増加を抑えるには納入頻度を増やし，納入周期を短縮する必要がある（図 1.4(b) 参照：この図では周期が $t/2$ に減少し，平均在庫も (a) の場合に比べて半減している）．自動車メーカーの申し出を鉄鋼メーカーがそのまま受け入れるならば，まず出荷業務の作業負担が増大し，そのうえ，生産管理・在庫管理，出荷管理をきめ細かく行うために管理業務の量が増大する．さらに，コイルを出荷する頻度が増えるためにトラックの積載率が低下し，その結果として輸送費の増加が懸念される．これらの変化は，鉄鋼メーカーにとって到底受け入れられるものではないと思われた．

そこで，両社によってコイルの出荷と受け入れに関する業務の詳細な分析が行われ，さらに分析結果に基づく業務プロセスの再設計が試みられた．引き続き，システム化を目的とした情報収集・伝達の電子化，各種の情報共有のあり方が検討され，自動車メーカー側のコイル在庫，発注予定，コイル置場の空きスペースが発注内容の予測に用いる情報として鉄鋼メーカーに提供されることが決まった．鉄鋼メーカー側でそれらの情報を利用した出荷業務の効率化と迅速化が検討され，コイルの引当処理と出荷計画・トラック積載計画立案の自動化が行われることになった．

自動車メーカーにおいても関連業務のシステム化が並行して実施され，要望通りにコイルの納入頻度の倍増，リードタイムの半減が達成でき，資材倉庫の従来のスペースを用いてコイルの保管ができることになった．一方，鉄鋼メーカーにおいては1時間を要した製品在庫の引当業務が5分でできるようになるなど管理業務の省力化が実現したほか，トラックの積載効率の低下を抑えることによって輸送費の増加を避けることができた．また，製品在庫の増加や偏在の抑制が可能なことも確認されており，さらに製品在庫の削減と生産管理の効率化を目標にして業務改革の検討が進められている．

1.4.3 情報共有と構造的最適化

いま述べた連携事例では，各種の予測情報の共有によってコイルの納入業務が効率化し，懸念された各種の費用の増大を避けることができた．受注・納入といういままで行われていた業務が，納入頻度の増大とリードタイムの半減という新たに提示された条件の下で，どうして効率的に行うことができたかについていま一度考えてみよう．自動車メーカーの要求する条件の下で受注・納入の業務を効率的に行うことは，解決が容易でない問題が鉄鋼メーカーに課せられたことを意味している．いま紹介した問題解決の過程を構造的最適化の思考フレームワークに合わせて見直すことにしたい．

かりに，自動車メーカーとの連携の道が選ばれず，自社だけの業務のシステム化によって問題の解決をはかったとすれば，それは下位問題の解決を試みたことになり，その結果は惨めなものであったに違いない．幸いにも，鉄鋼メーカーと自動車メーカーの関係者はサプライチェーン・マネジメントの知識をもっていたと思われ，両社の連携，つまり情報共有による問題解決の道が選ばれた．これは上位問題の解決をはかったことを意味し，この二つの問題の捉え方には情報共有の有無によってもたらされる問題の構造的な違いが存在している．

ここで，少し詳しい分析を試みよう．自動車メーカーから申し出があるまでは，鉄鋼メーカーが出荷内容を決定する根拠は受注内容のみであったが，2周期後の出荷内容に反映すればよかった．つまり，出荷の準備は2周期の時間をかけて行うことができた．ところが，自動車メーカーの申し出は出荷頻度を増

やし，リードタイムを半減してほしいということであるから，周期を2分の1にするならば，2周期後に出荷するという従来の出荷規則を継承すればリードタイムは半減する．出荷の準備期間はいままでと同じ2周期であっても実際の時間の長さは従来の時間の半分にすぎない．これが，新しい条件下で従来のやり方に従って出荷をする場合にコンストレインとなる．自社単独の努力によって解決をはかる下位問題の枠組みではこのコンストレインは取り除くことができない．

しかし，2社の連携によって問題の解決をはかる上位問題の枠組みでは情報共有という奥の手が利用でき，このコンストレインの除去，少なくともその緩和が可能になった．つまり，受注に先立って入手できる予測情報を利用して早い時期から準備にかかれるようになった．時間が短いという制約が情報の取得によって実質的に取り除かれたということになる．

この困難な問題においても，上位問題解決の優越性の原則が成立している．また情報共有の効用の普遍性も認められる．1.2.3項で用いた事例においては，上流工程と下流工程のあいだに設けられる中間在庫の内容がコンストレインとなったが，両工程のスケジューリングを従属させるという上位問題のフレームワークの設定により，そのコンストレインは実質的に取り除かれた．この場合も両工程のスケジューリングの従属という部門間の情報共有が作用したことを確認してほしい．これらの事例から，サプライチェーン・マネジメントにおける組織間連携とそれによる情報共有の意義が理解できよう．

1.5 ま と め

全体最適思考は部分最適の排除の重要性を意識した組織の行動決定に関する普遍的な概念であることを述べた．本章におけるもう一つの主題であるサプライチェーン・マネジメントは社会で期待されている経営管理の概念であり，それが適切に実施されれば，産業界のみならず社会に大きな福利がもたらされる．このサプライチェーン・マネジメントと全体最適がしばしば重ね合わされて論じられるのは，サプライチェーン・マネジメントの方法論の多くが全体最適思考に基づいているからにほかならない．その方法論の代表的なものとして組織間の連携があげられるが，とりわけ企業間連携はサプライチェーン・マネジメ

ントをもっとも特徴づけるものであろう．

全体最適概念の思考フレームワークとして筆者が提案している構造的最適化は問題解決において全体最適化を導く方法である．問題解決における問題構造の捉え方の違いを重視しており，所与の問題のコンストレインに着目することによって新しい問題解決の枠組みが導かれる．組織間連携は新しい枠組みの典型的な例であり，その組織間連携がもたらす情報共有の意義は問題が抱えるコンストレインの除去や緩和を行うという点にある．コンストレインの除去・緩和は共有された情報の働きによって行われることを事例の分析を通して確認できた．この意味で，構造的最適化は組織間連携の理論として位置づけることができるものであるといえる．

参 考 文 献

[1] 圓川隆夫："制約条件の理論が可能にするサプライチェーンの全体最適,"ハーバート・ビジネス, 11, pp.22-32, ダイヤモンド社, 1998
[2] 黒田充："製造業の全体最適化概念とその方法,"経営システム, 9, No.3, pp.126-131, 1999
[3] J. Cooper (Edited by): *Strategy Planning in Logistics and Transportation*, Kogan Page, 1993
[4] D.K. Macbeth and N. Ferguson: *Partnership Sourcing - An Integrated Supply Chain Management Approach*, Pitman Publishing, 1992
[5] M. Christopher: *Logistics and Supply Chain Management* (Second Edition), Financial Times/Pitman Publishing, 1998
[6] M. Christopher: *Marketing Logistics*, Butterworth Henemann, 1997
[7] W.C. Copacino: *Supply Chain Management*, St. Lucie Press, pp.6-8, 1997
[8] R.B. Handfield and E.L. Nichols Jr.: *Introduction to Supply Chain Management*, Prentice-Hall, 1999
[9] J.L. Gattorna and D.W. Walters: *Managing the Supply Chain - A Strategic Perspective*, Macmillan Business, 1996
[10] T. Underhill: *Strategic Alliances - Managing the Supply Chain*, Penn Well Publishing Company, 1996
[11] C.C. Poirier and S.H. Reiter: *Supply Chain Optimization,* Berrett-Koehler Publishers, 1996
[12] D.A. Riggs and S.L. Robbins: *The Executive's Guide to Supply Management Strategies - Building Supply Chain Thinking into All Business Processes*, American Management Association, 1998
[13] J.L. Gattorna (Edited by): *Strategic Supply Chain Alignment - Best Practice in Supply*

Chain Management, Gower, 1998（前田健蔵, 田村誠一訳：サプライチェーン戦略, 東洋経済新報社, 1999）

[14] C.C. Poirier: *Advanced Supply Chain Management – How to Build a Sustained Competitive Advantage,* Berrett–Koehler Publishers, 1999

[15] E.M. Goldratt: *The Haystack Syndrome – Shifting Information Out of the Data Ocean,* North River Press, 1990

[16] M.Pallot and V. Sandovol: *Concurrent Enterprising – Toward the Concurrent Enterprising in the Era of Internet and Electric Commerce,* Kluwer Academic Publishers, 1998

[17] 黒田充：システムの設計, 日本経営研究会, p.36, 1970

[18] S.L. Optner: *Systems Analysis for Business and Industrial Problem Solving,* Prentice-Hall, 1965（石田武雄訳：経営問題解決のためのシステム論, 同文館, 1966）

[19] G. Nadler: *Work Design,* Richard D. Irvin, 1962（村松林太郎ほか訳, ワーク・デザイン, 建白社, 1966）

[20] 大野耐一：トヨタ生産方式―脱規模の経営をめざして―, ダイヤモンド社, 1978

[21] 黒田充："構造的最適化のすすめ," マテリアルフロー, 1997年7月号, pp.10-12, 流通研究社, 1997

[22] 黒田充："MRPからAPSへ―新しい生産管理概念の形成とその論理構造について―,"「APSの調査と研究」報告書, pp.2-20, 日本オペレーションズ・リサーチ学会, 2003

[23] 後川隆文："自動車・鉄鋼間におけるSCMの適用," 第44回全国IE年次大会資料, pp.153-164, 2003

2 消費財流通変化とサプライチェーン・マネジメント
― 三村優美子

2.1 はじめに

　消費財流通において物流活動が重要な意味をもつようになったのは，消費の成熟化現象に伴い量産量販体制に限界がみえ始めた1980年代である．とくに，1980年代前半のコンビニエンスストア・チェーン（セブン-イレブン・ジャパン）を先駆とするPOSシステムの急速な普及は，単品ごとの即時的な販売分析を通して収益を圧迫する無駄な在庫（低回転品目）の存在を大きく表面化させた．そして，大型小売業を中心として，店頭在庫の極小化を可能にする"多頻度小口配送"という従来とは異なる物流システムの設計と運営を納入業者（メーカー，卸）に求めることになったのである．

　当初，納入業者がこのような大型小売業からの要求に戸惑い混乱したのは事実である．それは，大型小売業の要求のなかに，根拠のあいまいな物流センターフィーや欠品ペナルティ要求など一種の購買力（バイイングパワー）の行使に類似した要素が含まれている場合も多くみられたからである．したがって，多頻度小口配送は納入業者にとって高コストの物流サービス（ただし取引関係継続のためにやむなく提供）としてかなり否定的に受けとめられていた．それが，「量」ではなく「時間（速度）」を軸とした新しい物流マネジメント手法の展開として具体化したのは1990年代の初めである．QRやECR，製販同盟などさまざまな試みが紹介されるとともに，物流業務を全体システムとして捉え分析することで，具体的な問題点（受発注ミスの発生，欠品，検品や納品作業の非効率など）がよくみえてきたことが大きい．そして，これらの問題解決には，生産時点（調達を含む）から最終販売時点までの商品の流れ（付加価値連

鎖）に関与する取引企業間の協力と協働作業が必要ということが理解されることで，物流業務改善の次元をこえて取引関係のあり方（商流）まで変える力をもち始めたのである．また，物流問題には営業や販売促進活動のあり方が大きく関係していることから，マーケティングの（需要起点への）基軸移動を現実のものとしたといえる．

ここでは，まず物流問題を，商流および情報流との不適合の観点から捉えている．そして，その問題解決のために試みられた ECR の導入と（ある意味での）挫折の過程から，日本と米国の物流問題の本質的違いと日本の流通風土に適合したサプライチェーン・マネジメント手法の確立の可能性を論じている．さらに，1990 年代に吹き荒れた価格破壊の嵐の背景に流通在庫の偏在や営業の暴走（無理な売り込み）があり，物流システム改善が営業体制の再構築を必然化したことでマーケティング改革につながったことに触れている．多品種少量化そして情報化を媒介とした取引速度の速さが，従来手法での流通在庫の統制を困難にしたことが原点といえるが，物流問題がマーケティングの根本的なあり方を変えたといっても過言ではない．

2.2 1990 年代に生じた物流問題──
商流・情報流と物流の齟齬と不適合

2.2.1 大型小売業をめぐる物流問題の発生

1990 年代ほど消費財流通において「物流」が関心を集めた時代はない．

消費財流通では，従来，いかに取引活動を円滑に遂行し価格など有利な取引条件を獲得するかという商流が中心的な課題であり，物流の位置づけは相対的に低かったといえる．それは，消費の伸びが比較的順調であったことと，小売段階の価格競争が現在ほど激しくなかったことが反映している．しかし，1980年代後半から，物流活動が企業の収益を侵食するだけでなく，企業の競争力を規定する重要な要因であるとの認識が広まったのである．

物流問題に社会的関心を集めた重要なきっかけは，1989 年の日米構造協議である．ここでは，欧米企業の日本市場進出を阻む非関税障壁に焦点が当てられたが，大店法や販売免許制などとともに建値制やリベートなどの流通取引慣行も議論の俎上に上っている．それとともに，当時急速に広がりつつあった

「多頻度小口配送」が物流コスト負担を大きく増加させ，海外企業にとって不利と指摘されたのである．とりわけ多頻度小口配送が輸入品取扱業者にとって厄介であったのは，物流の非効率さだけでなく，時間短縮と機動的配送の要請に国境をこえて対応することが困難なためであった[*1]．

　1985年9月のプラザ合意を契機とする円高の進行は完成品輸入を急増させたが，それは，港湾や空港における国際物流と国内物流の接続の悪さ，国内トラック輸送のコスト高，交通混雑と騒音や環境汚染など，物流をめぐるさまざまな問題を浮上させた．そのため1990年以降，物流二法（貨物自動車運送事業法，貨物運送取扱事業法）によるトラック業の規制緩和と競争促進，モーダルシフトなど一貫物流システム構築への試み，電子化による税関や輸入手続きの迅速化などさまざまな政策対応が進められてきた．日本の空港や港湾の国際競争力の低さという問題は依然として大きいが，国際物流との「接続点」に関しては相当に改善されてきたといえよう．

　ただし，多頻度小口配送をめぐる国内物流の問題は流通のあり方そのものと強く関連するため，規制緩和や物流基盤整備だけでは解決できない．それは，単に物流効率という次元をこえて，納入業者と小売業の交渉力や在庫リスク負担のあり方など流通取引の根幹に関わるさまざまな問題を秘めているためである．多頻度小口配送問題の複雑さは，環境への悪影響の懸念とともに，不公正な商取引問題（購買力の一部）の可能性もあるとして公正取引委員会が強い関心を寄せたことに象徴されている．商取引慣行改善（商流）と情報システム化促進（情報流）を流通政策の二本柱としてきた(旧)通商産業省であるが，多頻度小口配送問題の重大さを無視できず『物流ビジョン』(1991)を報告している．まさに1990年代は「物流の時代」であったといってよい[*2]．

　消費財流通における多頻度小口配送は，日米構造協議で取り上げられたように，日本の商取引風土を背景に生まれた独特の流通活動といえる．これには，大きく三つの要素が複合的に作用している．

[*1] 日米構造協議にさいして(旧)通産省が検討した商慣行改善では，従来からのリベートや返品，派遣店員などに加えて，多頻度小口配送をめぐる問題が大きな比重を占めていた．とくに，交通渋滞などの外部不経済とともに，納入業者の負担増が問題とされている．通商産業省産業政策局：商慣行改善指針，1990年6月．

その第一は，1980年代後半における大型小売業（スーパー企業）の仕入れ行動の変化である．1980～1982年頃にかけて，日本を代表する総合スーパー企業の多くは，大店法改正（1978年，規制対象面積の引き下げ）と出店規制強化を見越して1970年代後半に激しい出店活動を展開させていた．その結果，各地で売場面積過剰と既存店業績不振という現象が広がったのである．(社)流通問題研究協会『わが国スーパー企業の企業行動と経営実態に関する調査』(1982) によるならば，差はあるものの売上げ減少店が過半を占める有力企業がかなり存在していた．これは，それまで急速な拡大成長を続けてきた総合スーパー企業の成長屈折現象として注目され，"スーパー冬の時代"という言葉を生んでいる．

このような厳しい経営状況に対処するため，ダイエーやイトーヨーカ堂などの総合スーパー企業は売上げ主義から利益主義への転換という方針のもと，積極的なコスト削減に取り組んだ．V革や業革とよばれる試みである．コスト削減は，まず正社員をパート化するという人件費削減や販促費削減から進められている．資金運用の効率化をはかるため，土地・店舗保有をやめリース化するようになったのもこのころである．そして，粗利益率改善のため不良在庫の見直しも進められたが，このことが，在庫期間を短縮できるだけ商品回転率を高めたいとの方針の下で，いわゆる"必要な量を必要な時に"の仕入れ行動を定着させたのである．

もちろん，物流・在庫期間の短縮と商品回転率の向上は，いわゆる効率重視経営という時代の流れを反映しており，その方向性は間違いではない．ただし，"適時適量"という明快な表現とは裏腹に，在庫負担と品切れを恐れる大型小

＊2　通商産業省産業政策局商政課編：物流ビジョン（物流等検討分科会報告書），1991年8月．
　　通商産業省産業政策局流通産業課編：90年代の物流効率化ビジョン——社会システムとしての物流の構築に向けて，1992年4月．
　　通産省の調査によれば，1984年には週2.9回であった平均配送頻度は1987年に週3.7回に増加している．また卸売業の取扱い商品品目は，1984年21431種から1987年28094種に増加している．この時期，多品目・小口・多頻度の傾向が強まっていた．
　　多頻度小口配送問題は物流問題の次元をこえている．その理由を中田信哉は，多頻度小口物流は労働集約的作業であること，都市部の末端で起こり都市の交通問題の重要な部分を構成していること，物流条件が取引条件となることとしている．
　　中田信哉：多頻度小口物流，中央経済社，p.102, 1992.

売業が無原則に要求する"多頻度小口"配送によって納入業者はその体力を消耗させていた．かぎりない小口化，納入時間指定や欠品ペナルティ要求など，納入業者を悩ませる要求の厳しさが伝えられている．物流機能は納入業者に依存しつつ根拠のあいまいな物流センター使用料を要求するという「物流センターフィー」をめぐる問題が浮上したのもこのころである．納入業者との連携による共同の問題解決を重視した大型小売業はあるものの，多くの場合，大型小売業の仕入れ行動が物流システムを混乱させ，その負担が納入業者にしわ寄せされたことは否定できない．

　第二は，1980 年代後半から新製品数が急増していることである．これは，一つには消費者ニーズの個性化・多様化への対応と説明されているが，大ヒット商品が登場しにくい状況のなかで，需要刺激を求めて類似新製品と製品ライン拡張による品目数増加が顕著になっていた．もちろん，日本だけでなく米国でも同様の現象が生じているが，後述するように，この消費財マーケティングの変質が，1990 年代の「製販統合」の試みを促進させた要因の一つである．そして，日本においては，新製品と品目数の急増がかぎられた売場スペース獲得競争を熾烈なものとさせ，多頻度小口配送を必然化させたといえる．

　第三は，流通情報化の進展である．

　日本において POS（販売時点情報管理）システムが普及したのは 1980 年代であり，1983 年にセブン-イレブン・ジャパンが全店導入したことが重要な契機となっている．POS システムは米国においては店内管理のための手段にすぎなかったが，セブン-イレブン・ジャパンは POS システムの単品管理の特性を活かし，無駄な在庫と仕入れの徹底した削減に成功している．この結果，在庫日数と商品回転率において大幅な改善が実現しているが，POS システムを駆使したセブン-イレブンの情報戦略は日本の流通に大きな刺激を与えることになった．

　経営者の先見性とともに，セブン-イレブンが POS システムをもっとも効果的に活用しえた理由は，徹底したチェーンオペレーションと小型店舗で品揃え品目数限定という業態特性にある．そして，店舗の品揃えと販売動向に合わせて納入業者の物流活動を適合させる仕組みを構築したことが，今日のセブン-イレブンの競争力に結びついたのである．ただし，セブン-イレブンの成功に

触発されながらも，大型店舗で規模のばらつきが大きく品揃えの標準化がされていない総合スーパーでは，POSシステムの効果は限定的となる．また，物流は納入業者依存という経営体質が定着しており，セブン-イレブンのように店頭販売と物流システムとを連携させるという発想は生まれにくい．多頻度小口配送をトータルシステムとして構築しようとしたセブン-イレブンと，その外形だけを模倣した多くの大型小売業といういい方ができる．しかし，POSシステムの普及は単品ベースの仕入れ行動を可能にするゆえに，物流との連携が欠如したままで情報システム化が進められると納入業者の物流活動に過重な負担をかけることになるのである．

　以上のことは，多頻度小口配送が，情報流と物流，そして物流と商流とのあいだに大きな乖離を生じさせていたことを示している．これが1990年代の物流問題の本質である．

2.2.2　一括配送への要請と卸流通再編成

　多頻度小口配送は，多様な品揃えや鮮度重視でかぎりなく小口購入をする消費者，効率重視で在庫リスク負担回避を求める小売業，そして取引先の要求にきめ細かく応える物流サービスを競争力と考える卸売業，といった要素が重なって，極端な水準にまで進められた．その非効率さやコスト高を指摘する声はあるが，日本の流通風土に根ざしたものであるため，この流れを逆転させることは容易でない．むしろ，多頻度小口化を必然の流れと割り切っていかにそれに効率的に対応できるかが，メーカーや卸売業の基本的課題となった．

　1980年代後半の物流の混乱と物流コスト上昇が既存物流体制の限界点をこえたことで，最初に大きな変化を生じさせたのは卸流通である．

　1960年代に巷間を賑わせた"問屋無用論"にもかかわらず，日本の消費財卸は総じて順調に成長してきた．その理由は，メーカーの特約店・代理店制の下で地域営業圏が保証され，建値制やリベート制によって卸売業の収益の安定化がはかられていたことに加えて，スーパー企業が基本的にその物流業務を卸売業に依存していたことが大きい．メーカーのマーケティングの枠組みのなかで卸売業の主体的な営業機能は低下していたが，物流機能の発揮にその生存領域を求めることが可能であった．

しかし，多頻度小口配送，欠品のペナルティ化や配送時間指定など取引先からの物流サービス高度化の要請は，卸売業の物流コストを上昇させ，1980年代後半から卸売業の収益は悪化していた．さらに，仕入れコストの削減を意図して大型小売業による納入業者の選別が進められるようになった．このときの選別基準はまず納品の正確さであり，"納品率"が卸売業の競争力を象徴する言葉となったのである．

ただし，この物流をめぐる問題は，卸売業を苦しめると同時に，そこに新しい成長機会を見出し積極的に取り組む卸売業を登場させたことは注目すべきである．1990年から"新物流"の名のもとに，全国を網羅するRDC（広域物流センター）網の構築を進めた菱食はその代表的な企業である．

日本の有力卸は，1980年代にアメリカの卸売業の経営に強い関心を寄せていた．とくに，チェーンストアが優勢ななかで強い基盤を確保しえたボランタリー卸（小売支援機能を中心とする卸）のあり方に自らの将来の可能性をみようとしたのである．ただし，小売支援機能を中心とする卸経営を展開するためには，いくつかの関門があった．その最大のものは，日本の卸流通が業種（商品）別に編成されており，同じ食品分野でも，生鮮品，加工食品，菓子，酒類は異なる業界を構成していることである．これは，第二次大戦中の統制経済を経て伝統的な商品別流通システムが存続したこと，そして，メーカーの流通系列化政策がこれをいっそう強化したためといえる．

中小小売業が中心であるかぎり業種別卸流通に問題は生じない．しかし，総合スーパーや食品スーパーなどカテゴリー横断的な品揃えを行う小売業（小売業態）が登場してくるにつれて，当然，小売売場のあり方と商品供給システムとのあいだにずれが生じてくる．このずれをもっとも鋭く生じさせたのがコンビニエンスストアである．コンビニエンスストアとスーパーマーケットでは，売れ筋商品はもとより，発注・納品単位，要求されるリードタイム，配送頻度と納品時間，納品作業などの物流特性が大きく異なり，前者にはよりきめ細かい対応が必要になる．そのため，コンビニエンスストアに対しては，その業態特性に適応した物流の仕組みづくりが求められたのである．さらに，トラックの積載効率を高め配送作業の効率化を進めるには，売場の品揃えに合わせた一括配送の必要性が大きい．セブン-イレブンでは1976年頃から，業種およびメ

ーカー帳合の壁をこえて,エリアごとに配送の一本化が進められている.そして,この配送一本化による物流効率と精度の高さに刺激されて,ほかの大型小売業も同様の一括配送の要請を行うようになったのである.

ただし,イトーヨーカ堂の"窓口問屋制(帳合とは別に物流業務のみを特定の卸に一本化)"に象徴されるように,配送一本化は,メーカーの販売網を壊さずかつ各卸売業の営業権を守るために,商的流通機能と物的流通機能を分離(商物分離)するというかたちで進められた.このことは,物流機能に特化する卸売業や専門業者への物流外部化の可能性を示唆している.しかし,卸売業の多くは,この商物分離を一括配送実現のための便宜的手段であり,最終的には一卸売業の下に商的流通機能と物的流通機能は統合されると考えている.つまり,業種別・メーカー別に分断された卸流通が小売店頭に合わせた仕組みに転換していく過渡的段階と捉えているのである.商流と物流とが完全に分離できない理由は,日本では在庫危険負担が納入業者の重要な役割となっているためである.

以上のことを背景として,1990年代,一括配送への対応を当面の目的として卸売業の再編成が活発に展開されるようになった.1960年代から1970年代にかけてメーカーが自社の販売網の整備・強化を目指して進めた卸再編成に対して,1990年代の再編成は,卸売業の主体的意図の下で進められたものであり,前者を第一次再編成,後者を第二次再編成とよぶことができる.

消費財流通において卸再編成の中心軸となったのは,国分や菱食に代表される加工食品卸(総合食品卸)である.スーパーマーケットへのフルラインの品揃え提供を目指して,米穀,菓子,酒といった異業種卸との提携や合併が進められた.とくに,米穀や酒類については,販売免許制の緩和ないし廃止により販路が大きく変わりつつあることが作用している.また,卸市場制度を基盤として独自の商品供給体制が構築されている生鮮食品分野においても,直接買いつけや市場外流通の比重が上昇しており,異業種からの参入の機会は増えている.生鮮品の取扱いで食品卸のフルライン化は完成することになる.

一方,業種内の再編成が進んでいるのは,トイレタリー商品や雑貨を扱う日用雑貨卸である.この業界は,有力メーカーの下で緩やかな流通系列化が行われていたが,1990年頃から,地方の地域卸どうしがブロックごとに合併し広

域卸としての基盤づくりをはかる動きが目立つようになった．また，それに触発されるかたちで東京や大阪に拠点をもつ有力卸も合併を進めている．ここでの再編成の狙いは規模拡大による交渉力強化と広域物流体制の構築であり，ウォルマートやカルフールなどメーカー直取引を要求する海外小売業の日本市場進出を警戒し，卸売業の地位強化をはかっておきたいとの意図がある．

消費財卸の再編成は現在も進行中であるが，物流の変化が商流（取引関係）を変えるという構図をみることができる．

2.3 製配販提携の試みとその意味——日米流通比較の視点からの検討

2.3.1 ECR（効率的消費者対応）登場の背景

1990年代は，物流が企業間取引関係（商流）のあり方を変え始めた時期である．とくに，多頻度小口配送が生じさせた歪みの大きさは，一企業だけの対応では限界があることを強く認識させた．そこで，従来の取引関係とは異なる新しい垂直的な企業間連携の可能性が注目されたのである．製販統合あるいは製配販提携とよばれる試みである．

そのなかでもっとも注目を集めたのが，1993年1月アメリカ FMI (Food Marketing Institute) の総会で発表された ECR(efficient consumer response，効率的消費者対応) とよばれる野心的プロジェクトである．この ECR についてはさまざまな紹介文献があり，現在ではさらに新しいプロジェクトに改編されているため，ECR そのものについて触れる必要はないと思われる[*3]．したがって，ここでは，なぜ 1990 年代の米国の消費財流通において ECR 的試みが生まれたのかということと，この ECR を通してみるとき，日本と米国の消費財流

[*3] 1990年代後半から，米国消費財流通では CPFR (collaborative planning, forecasting and replenishment) とよばれるサプライチェーン・マネジメントの共同事業が進められている．取引企業どうしがウェブ上で，メーカーの生産計画，卸の在庫量，小売業の店頭在庫量や販促計画に関する情報を共有するもので，需要予測の精緻化と在庫補充の適正化をはかろうとするものである．1996年6月からウォルマートとワーナー・ランバートのあいだで開始され，導入により洗口液の欠品率が13%から2%にまで減少したことが報告されている．このような CPFR の効果が期待される背景には，米国の消費財流通全体で大量の在庫が滞留していること，さらに，小売店頭で平均6％の品切れ率が発生している現状がある．

この CPFR は，1980 年後半から始まった製配販提携の流れの延長にあるが，在庫補充の問題に焦点が絞られより高度にプログラム化されており，ECR にみられた組織改革やマーケティング革新としての性格は弱い（日経流通新聞，2000年3月2日）．

通の共通点と相違点がより明快になることに注目したい．

ECR の特徴は，そのプロジェクト参加企業と参加意図にかなり明瞭に示されている．ECR に参加したのは，P&G やハインツなどの有力消費財メーカー，スーパーバリューやスパルタンなどの有力卸，そしてクローガーなどの大型小売業であった．ECR は，店頭実需情報を基軸として，メーカー，卸売業，小売業を継ぎ目なくつなぐトータル供給システム（サプライチェーン）を構築し，全体在庫の最適化を目指そうとするものである．ただし，ECR に積極的に関与した P&G など消費財メーカーの意図と，卸売業あるいは大型小売業の意図はかなり異なっていた．ECR 効果を積極的評価したのはメーカーであり，卸売業や大型小売業の姿勢はあまり積極的とはいえない．それがある意味でECR の本質を示唆している．

ただしここで注意すべきは，ECR にもっとも強い関心を示したのは，日本ではメーカーではなく卸売業であったことである．ここに，消費財流通の日米の差異を考える一つの手がかりがある．

消費財メーカーが ECR に解決を期待したのは，寡占的大型小売業とのあいだで悪化する取引条件とそれが増幅させる在庫変動である．

ECR の発想の原型は，P&G とウォルマートとの製販同盟にある．若干皮肉ではあるが，ホールセールクラブやスーパーセンターなどで食品取扱いを積極化させるウォルマート（2001 年時点で，ウォルマートの食品販売高は全米第一位）に脅威を感じ，ウォルマートと同程度の効率的な商品供給システムを得たいというのがクローガーなどの ECR への参加意図であった．そして，このP&G の戦略をマーケティングの観点から分析した Buzzel, Quelch, Salmon は，1980 年代における取引条件の悪化と在庫問題をプッシュ型マーケティングの歪みとして捉えたのである[16]．

ウォルマートなどパワーリテイラーの登場は，米国の消費財流通のあり方に大きな影響を与えるようになっていた．中小スーパーマーケット・チェーンとのあいだには卸売業（1980 年代に寡占化が進行）が介在し，大型小売業との間は直取引が行われている．そして，メーカーは大量取引の刺激と店頭スペースを確保するために取引先にさまざまな取引条件を提示している．とくに大量取引獲得を目的として行われる価格政策は，卸売業や大型小売業に有利な仕入

れを可能にさせることになった．たとえば，短期集中的に取引契約を獲得するために提示される事前割引を利用したフォーワード・バイイング（1年分の仕入れを安売り時期に集中して行う）や，地域的シェア拡大を狙って行われる地域別差別価格を利用して価格の安い地域で仕入れ他地域に移送するダイバーティング（米国における物流コストの安さが背景）がその典型である．

このような短期集中的安売りにより大量取引を促進する価格政策は，"ハイ−ロウ・プライシング（high-low pricing）"とよばれている．この価格政策は大量購入を刺激する効果はあるものの，いくつかの難点がある．それは，卸や小売段階に大量の在庫が蓄積されることである．当然，中間在庫の不透明化と過剰在庫処分に伴って価格競争圧力は高まる．また，大量の中間在庫の存在は実需と大きく乖離した"仮需"の発生を示唆しており，これが各段階の需要予測を狂わせる．そして，その狂いは川下から川上に逆流するかたちで在庫変動幅を増幅させることが観察されている．"bullwhip effect"とよばれる現象である[19]．

寡占的シェアと強力なブランド力を誇るP&Gのような有力メーカーにとっても，ハイ−ロウ・プライシングのもたらす不利益，すなわち不透明な大量中間在庫の存在，仮需の拡大と需要予測の困難化，そして在庫変動の激しさは無視できない問題になりつつあった．さらに深刻であったのは，メーカーのマーケティング力低下とこの現象が関連していたことである．1980年代には，広告に代わり店頭でのより直接的刺激を目的とする販売促進の比重が大きく上昇している．さらに，小売業の新製品取扱いや店頭陳列を確実にするためのスロッティング・アローワンスなど業者向け販促費（トレードディールズ）が増加しているが，その多くが小売業に吸収され実際の店頭販促活動に結びついていないとの不満が蓄積していた．

加工食品や日用雑貨の市場は飽和しており，新製品や広告で需要喚起することは難しくなっている．一方，消費者に直接出会える小売店頭が，需要刺激とブランド変更を誘発させる場としてマーケティングの主戦場となったのである．メーカーがマーケティングの中心軸を小売店頭に移行させたことが，メーカーと大型小売業との力関係を変え，いわゆるパワーシフトを生じさせたということができる．メーカーと大型小売業との売買型取引関係の下では，この種

のプッシュ型マーケティングはその矛盾をいっそう深め，相互不信の悪循環が生まれる．Buzzelらは，ハイ-ロウ・プライシングやトレードディールズがメーカーの交渉力を弱めかつ価格競争の激化がブランド力を低下させることに対する危機感が，取引条件の簡素化とEDLP（安定的低価格政策）への移行という P&Gの価格政策変更の背景にあることを明らかにしている．この価格政策を実現するためには，卸売業や小売業の理解と協力とが不可欠であり，これまでの敵対的取引関係から脱して，信頼を基盤にした関係性的取引関係構築が目指されたとき，その具体化が製販同盟やECRであったといえる．

　以上みるように，消費財メーカーがECRに期待したのは基本的にマーケティング問題の解決であった．それに対して，卸売業や大型小売業は何を期待したのであろうか．卸売業について多くは語られていないが，フォーワード・バイイングやダイバーティングが卸売業の主要な収益源であること（たとえば，有力食品卸の収益の18％を占めている）が判断の手がかりになろう．一方，大型小売業においてはいわゆる"ECR効果"が期待されることになる．EDI (electronic data interchange, 電子データ交換）による受発注情報処理の正確さと迅速化，電子的処理によるペーパーレス化，連続補充システム（CRP）による大幅な在庫削減，納品ミスの減少と納品リードタイムの短縮である．何よりも，在庫コストに対する関心は総じて低く大量に在庫を抱える傾向の強い米国の大型小売業にとって，ECRが目指した無駄のない商品供給システムはまさにパラダイムシフトとよぶに相応しいものであった．ECRは，1980年代後半から米国で大きな関心を集めたトヨタシステムの流通への応用である．そこには，消費者利益とトータルクオリティ実現のため供給プロセス全体の最適化をはかるというトヨタシステムの思想が反映されている．しかし，時間ベースと商品回転率を重視するマネジメントは，多くの米国の大型小売業に必ずしも適合的ではないようにみえる．むしろ，無駄のない商品供給システムの競争優位性を理解し軽量・機動的経営体質に転換しえたウォルマートが一人勝ちする一方，最大ライバルでありながら経営体質を変えることができなかったKマートが経営破綻するという明暗の広がりは，ECRがマネジメント革新としての性格をもつゆえに，それを実行することの難しさを象徴しているように思われる[*4]．

2.3.2 日本における ECR への関心の高まりと試行

ECR は発表と同時に日本にも紹介されているが，それが流通やマーケティング関係者から広く注目されるようになったのは，(旧)通商産業省の『21世紀向けた流通ビジョン（産業構造審議会・中小企業政策審議会合同会議中間答申）』(1995) で取り上げられたことによる．また，ほぼ同時期に，当時の代表的な ECR 研究者であった村越稔弘の論文や著作が刊行されることで，一種のブームを巻き起こしたのである．

ただし，ECR の個別の技術要素（EDI，連続補充システム，カテゴリーマネジメント，活動ベース原価管理）に関心が集まったものの，"継ぎ目なきトータル供給システム構築" と "協働作業による魅力的店頭づくり" という ECR の基本理念が明確に理解されたとはいいがたい．むしろ，内容は漠然としたままで製配販提携や店頭起点流通といった言葉が先行し，漠然とした期待を抱かせたというのが実態である．

米国の経験を活かし，日本でも同様のメーカー，卸売業，大型小売業が参加するプロジェクトを発足させようとする試みが何度かあったが，いずれも不成功に終わっている．また，P&G とウォルマートの製販同盟に類似する試みが，1994年，花王とジャスコ（現イオン・グループ）のあいだで行われたが，その効果は限定的なものであった．

ECR が米国で成功したかどうかについては意見が分かれる．ECR の各技術要素はすでに流通マネジメント技法として定着しつつある．また，メーカーと大型小売業との協働マーケティングの必要性は理解されるようになった．その意味では，ECR の目指したトータルの仕組みづくりが成功したとはいえないとしても，発想や流れを変えることに貢献したことは確かである．

ECR が，強者の連携といわれる製販同盟や高度にプログラム化されたサプライチェーン・マネジメントとかなり趣を異にするのは，米国のグローサリー業界におけるマネジメント改革運動として開始されたことによる．当初，それを担ったのは改革を目指す強い使命感をもった人々であった．そこには，ウォ

---

*4 KMart: "The Flood Waters are Rising", *Business Week*, January 28, 2002.
両者の経営効率の差は，在庫回転率（年）がウォルマートの7.4に対してKマート4.4という数字にもよく表れている（日本経済新聞，2002年1月23日）．

ルマートの一人勝ちや流通寡占の進行に対する危機感があり，"強者の論理"に対抗する"助け合いの論理"がECRの根本にあった．そのような一種の精神性が，ECR活動に接した日本の流通関係者にECRを特別のものと感じさせたのである．「ECRの成功の8割は人と組織による」というECR関係者の言葉にも改革運動としての特性が示されており，ここにもトヨタシステムとの共通性をみることができる．ただし，1990年代後半の世界的流通寡占の進展と激しい再編淘汰の荒波は"マネジメント改革運動としてのECR"の性格を変えたといえる．

先述した通り，ECRという言葉は流行したが，日本では同種のプロジェクトを発足させることはできなかった．

この理由について，第一に指摘できることは，日本でこれらの試みが開始された時期（1997年頃）には，すでに改革運動としてのECRの性格は薄れていたことである．そして，圧倒的なウォルマートの快進撃の下に，ECRによる対抗は困難との醒めた見方が広がっていたことも否定できない．ウォルマートの食品分野進出（巨大スーパーセンターに続き，2000年からは近隣型のスーパーマーケットの積極展開を開始）に対抗して，大手スーパーマーケット企業は合併による規模拡大にはしり，中堅スーパーマーケット企業は惣菜や生鮮品の品揃えによる差別化を目指している．このような米国の状況をみるとき，日本の多くの流通関係者がECRに懐疑的な姿勢を示したのは当然のことといえる．ECRの標榜する"共有"と"協働"の論理は，ポスト産業化社会の価値観に通じるものであるが，現実には，"規模"の論理を覆すにはまだ力不足であった．

第二に，日本と米国との流通事情の違いがある．先述したように，ECRの背景には，巨大な小売業の登場と流通寡占の進展がある．しかし，日本においては，コンビニエンスストア，ドラッグストア，ホームセンターなどの個別業態分野でみると再編成の動きは激しく上位企業へのシェア集中化が進んでいるが，小売業全体でみるときには寡占化の傾向はない．むしろ，ダイエーの不振や長崎屋やマイカルの経営破綻に象徴されるように上位企業の経営状態は厳しく，むしろ，全体として縮小均衡に向かっている．ウォルマートのように共通して対抗すべき相手は存在しない．このことが，ECR的試みへの動機づけを

弱めている．

　もちろん，コストコ（1999年）やカルフール（2000年）の日本市場進出，ウォルマートによる西友の買収（2002年）などにより，日本にも世界的流通寡占の荒波が押し寄せる可能性があることは否定できない．ただし，先行的に日本進出をはかった海外小売業の多くは，日本の消費者ニーズや市場特性に適合できず苦戦を強いられており，たとえ巨大規模であっても海外小売業が日本市場で競争力を発揮するのは容易でないと思われる．さらに，日本の消費者ニーズは近年ますます多様化・個性化の傾向を強めている．日本の小売市場には特定企業の一人勝ちや寡占化の流れは生まれにくく，むしろ分散化・多様化の流れが強く作用しがちである．

　第三に，より本質的な要因として，日本と米国における商流と物流のあり方の違いが関係している．

　まず指摘されるのは，メーカーと大型小売業が直接結びつく米国の消費財流通（ただし，グローサリー流通の半分は卸経由）と，一部の例外を除き基本的にすべて卸売業を経由する日本の消費財流通の違いである．このことが，メーカーよりも卸売業のほうが強い関心を示した理由である．日本の卸売業はつねに"中間業者排除"の可能性に危機感を抱いてきた．ECRの目指す最適なトータル供給システムは，やり方によっては卸売業を不要にする可能性があるからである．そして，ECRが一義的に情報システムを軸とした物流問題の解決を目指すものであり，とくに小売業との物流接続部分の機能重複と無駄に気づいていた一部の卸売業は，ECRの意図を正確に理解していた．これは，物流機能の中心的担い手が日本では卸売業であり，いわゆる物流問題のしわ寄せを受けていたためでもある．日本では，当初から「製配販提携」という表現が使われたが，これには卸売業の位置づけの大きさが反映している．

　ただし，直接取引か卸介在かということ以上に，日本と米国における在庫危険負担のあり方と物流問題の内容の違いが重要である．

　2.1節で述べたように，日本では，卸売業が在庫危険負担とともに物流機能を遂行している．所有権移転が行われている以上当然であるが，小売業が物流機能を納入業者に依存しかつ在庫危険負担を回避する傾向が強いため，卸売業の在庫保有による需給調整とともに，小売業への所有権移転をできるだけ遅ら

せる取引慣行が定着している．これが極端にまで進められたのが多頻度小口配送といえる．多頻度小口配送は，店頭には最低必要在庫量しか置かず，売れた分だけ仕入れるというかたちで小売業の在庫危険負担を軽減する取引様式だからである．大型小売業が大量に在庫保有する米国の消費財流通はいわゆる「投機原理」で一貫しているが，日本では，小売業の適時適量仕入れ行動を納入業者の中間在庫プールで補完するという「延期原理」と「投機原理」との混合様式になっている．つまり，ECRの最大効果とされる小売業の在庫削減とリードタイム短縮は，多頻度小口配送の浸透している日本ではすでに中心的問題ではなかった．むしろ，日本における問題は，多頻度小口配送に伴う"欠品"発生防止といかに物流作業を効率的に行うかであった．

(社)流通問題研究協会の調査によれば，卸売業が製配販提携により改善を期待する経営課題として，「EDIによる受発注作業の効率化」，「伝票のペーパーレス化」，「欠品防止や過剰在庫防止」，「最低発注ロットの最適化」，「一括物流の取り組み」，「1回当り配送量の最適化」，「荷受け業務の効率化」が上位に上げられている[12]．多頻度小口配送をめぐる具体的な問題が意識されていることがわかる．

つまり，在庫危険負担のあり方の違い，そして物流問題の違いを前提とするならば，ECRを意欲的取り組みとして評価するとしても，米国で行われた方法をそのまま日本にもち込んでも効果がないのは当然のことといえる．

2.3.3 製配販提携の日本的展開

日本でECRと同じ仕組みをつくろうという試みは頓挫したが，物流問題の解決には取引先との協働が不可欠であるとの認識の下で，日本の流通特性に合わせた解決策を求める動きはかたちを変えてさまざまに進行している．それはつぎの二つに集約できる．

第一に，情報・物流システムを共通インフラとして整備する試みである．

ECRの技術要素のなかでもっとも効果が期待できるのは，EDIの導入である．EDIでは，受発注の電子的処理により受注における人為的ミス防止やペーパーレス化によるコスト削減はもとより，発注情報の送受信のみのEOS (electronic ordering system) に対して，双方向かつ画像情報を含む多種類か

つ大量の情報交換が可能になる．受発注情報，出荷・納品情報，在庫情報，照合・決済情報，販売促進情報，新製品情報などの送受信が可能になるからである．しかし，このようなEDI化の利点を享受するためには，フォーマットの標準化が不可欠となる．業界の共通情報インフラとして整備すべきと考えたトイレタリー業界では，業界VANを運営していたプラネットが中心となって，メーカーと卸売業が共有できる「日用品化粧品業界トータルEDI標準」づくりを行っている．

　トイレタリー業界では卸再編成が進行中ではあるが，卸売業の規模は相対的に小さく，独自に情報化に取り組むには資金的かつ人的な制約が大きいと考えられている．また，メーカーも取引先卸の経営基盤強化に関心が強く，かつプラネットという業界VANが有効に機能していたなど，メーカーと卸売業が協働して情報インフラを整備しようとする試みをしやすい土壌があった．ただし，"協働" の論理が作用するのはメーカーと卸売業のあいだまでであり，大型小売業まで巻き込むのはやはり困難である．

　第二に，卸売業が流通ネットワークの要の地位を活かし，特定の大型小売業との共同取り組みを進めようとする動きである．菱食が相鉄ローゼンと組んで始めた試みがその代表的事例である．多頻度小口配送をめぐる物流問題の解決を目的とするならば，この卸主導の共同取り組みが，ある意味で "日本的ECR" といえるかもしれない．

　卸売業と大型小売業との共同取り組みがECRの考え方に近いと考えられるのは，卸売業が基本的に社会分業の担い手であり，多数のメーカーとの取引を通した社会的品揃え形成を役割としているためである．メーカーと大型小売業との連携（製販統合）では，メーカーがカテゴリーキャプテンとなって最適品揃えを提案していく．POS情報分析などでその有効性が証明されたとしても，特定メーカーの色合いの濃い品揃えになっていく懸念は払拭できない．協働や共有という概念を使っても閉ざされた流通システムになる可能性がある．それに対して，卸売業は比較的中立的に最適な品揃えを提案できる立場にある．むしろ，店頭実需を起点として，無駄のない商品供給システムとともに，より消費者に魅力的な品揃えと販促活動を実現していこうというECRの理念は，日本における卸売業のあり方に適合していると考えられたのである．

この共同取り組みは,卸売業にとっては取引先との関係を深め,顧客シェアを獲得していくための重要な戦略となる.取引先に合わせた品揃え提供(基本的にはフルラインであることが望ましい),店頭の販売動向にきめ細かく対応できる物流センター運営(専用センターとして運営.店頭在庫変化に即応できる VMI (vendor managed inventory) 的手法による在庫管理),店頭検品の不要化,POS データ分析と棚割り提案などが行われる.自社で物流センターを運営するには資金的・人的制約があり,POS 情報分析や棚割り,販促企画などでもノウハウや専門人材が不足している中堅スーパーマーケット企業にとっては共同取り組みから得るものは大きい.その意味で,ECR は,日本の消費財卸が店頭起点あるいは顧客起点に自らの軸足を移動させていく動きをいっそう刺激したといってよい.日本において,ECR が,一時,店頭(顧客)起点流通システムを象徴する言葉にさえなったのは,紹介されたのが消費財流通の転換の時期と重なり,新しい枠組みを求める流通関係者の希求の大きさが背景にある.また,ECR のトヨタシステムとの共通性(一種の精神性)が,日本の流通関係者を共感させたことも否定できない.ECR と同じプロジェクトを日本に定着させることはできなかったが,ECR の理念や発想は日本の流通に大きな影響を与えたことは確かである.

2.4 サプライチェーン・マネジメントによる消費財マーケティング再構築

2.4.1 消費財マーケティングの変質

すでに述べたように,過剰な多頻度小口配送に悩む日本の納入業者,そして行過ぎたハイ=ロー・プライシングによる中間在庫過剰に悩む米国の消費財メーカーなど,その内容は異なるが,物流問題の背景に消費財マーケティングの矛盾があることは共通している.小売店頭でのシェア最大化を目指して,新製品の大量投入と製品ライン拡張(品目数増加),大量陳列や POP など店頭販促活動,量販リベートや新製品取扱いリベートなどの提供(米国ではアローワンスの提供),そして激しい営業活動が展開されているのである.大型小売業の比重が高まることで,マーケティング活動の重点は,消費者向けよりも,店頭スペース確保をより確実にできるよう大型小売業向けとなっていく.しかしそ

のことは，大型小売業の交渉力を強めるとともに（いわゆるパワーシフト），消費者への訴求力を低下させブランド力の弱体化を招く．巨大な小売業が存在している米国の消費財メーカーにとっては，この問題はとくに深刻であり，大型小売業の PB（商業者ブランド）の脅威に対抗し，いかに自社のブランド力を強化するかが，1990 年代における最大のマーケティング課題となったのである[*5]．

これに対して，メーカーを圧倒するような巨大な小売業がいまだ存在していない日本では，取引条件の荒れと頻発する安売り競争への対応が課題となっている．

1990 年代は，いわゆる"価格破壊"と独占禁止法違反事件が目立った時代である．1991 年のバブル崩壊から 1994 年の超円高のころまで展開された激しい価格競争は価格破壊とよばれた．もちろん，デフレ傾向はその後も続いており，価格競争圧力は依然として大きい．しかし，1990 年代前半の価格競争は，それまで保たれていた流通秩序を混乱させ消費財メーカーのマーケティングの根幹を揺るがしたという意味で，"破壊"とよぶにふさわしいものであった．資生堂事件（1995 年公正取引委員会審決）と松下電器産業事件（2001 年公正取引委員会審決）はその象徴といってよい．

1990 年代前半に展開された価格競争は，消費不振と消費者の価格志向の高まりや低価格の完成品輸入の増加が直接的要因といえるが，それとともに供給過剰現象のなかで生じた販社と営業の暴走（無理な販売活動と中間在庫の不透明化），そして過剰な中間在庫の流出先である安売業者の成長が大きく作用している．つまり，従来のプッシュ型マーケティングの下で売上げ拡大とシェア維持をはかろうとすることで，営業活動に過重な負荷がかかったのである．また，本来販売刺激手段である量販リベートや拡売費が小売業の安売り原資となり，激しい価格競争を誘発させている．さらに，価格志向を強める消費者に対

[*5] 小売業の寡占化が進み，大型小売業の PB が有名ブランドメーカーにとって脅威と感じられている欧米諸国では，ブランド問題は流通チャネル問題と同義といえる．
J.A. Quelch and D. Kenny: "Extend Profits, Not Product Lines," *Harvard Business Review*, September – October 1994. P. Berthon. J.M. Hulbert and L.F. Pitt : "Brand Management Prognostications," *Sloan Management Review*, Winter 1999.

してセール（特売）が日常的に行われ，需要予測と在庫計画を撹乱させるのである．

米国の消費財メーカーにおいては，価格政策変更とブランド力強化が立て直しの柱となっている．それに対して，日本では，営業政策の改革とそれに連動する物流システム構築が重要な柱となった．

2.4.2 物流・営業システム改革の必要

営業活動の比重の大きさが日本の消費財マーケティングの特徴である．それは，基本的に間接流通が採用され，自立的商業者（卸や小売業）との長期安定的取引関係を前提とした販路の構築・維持が重要な柱となっているためである．その担い手が営業部門であり，製品・ブランド力と営業力が二本柱となっている．そして，きめ細かい営業活動に支えられた卸売業や小売業との強い取引関係が「流通系列化」の本質といえる．

ただし，1980年代以降，チェーンオペレーションを前提とする大型小売業（組織小売業を含む）の成長は，消費財メーカーの営業体制と齟齬を生じさせていた．それは，メーカーの営業が地域単位で展開され，かつ取引条件や販売促進活動も個店の販売活動を基本的前提としていたからである．もちろん，本部集中仕入れと広域多店舗展開を行うチェーンストアの比重上昇に合わせて，広域営業体制を構築したり，業態（総合スーパーやコンビニエンスストアなど）別の営業担当制を敷くなどさまざまな工夫が行われたが，いずれも部分的な修正にとどまっていた．

しかし，1990年代前半の流通秩序の混乱は営業体制の根本的な改革を必要とさせた．そこで認識された問題は，要約すればつぎのようになる．すなわち，営業活動が売込み中心となり市場状況を掌握する力の低下，売込み活動がときに無理な"売上げ"をつくり実需と乖離した"社内仮需"の発生，そして，その仮需が過剰中間在庫（卸や小売業での偏在在庫）となり返品や安売りの対象となっていることである．ディスカウンターの安売競争に苦しめられたメーカーであるが，そのようなディスカウンターが登場する土壌（過剰供給）を生んだ原因はメーカーの営業活動にあるといっても過言ではない．

このような問題に対処すべく，営業活動と物流活動とを切り離し，販社や営

業所におかれていた在庫を物流センターに集約することで在庫の社内一元管理体制が構築されるようになった．これは，営業と物流のオペレーション特性の違いを前提にして，物流特性に合わせたエリア設定が有効なためである．また，集中在庫により全体必要在庫量は削減される．1990年代の前半に，消費財メーカーの多くが広域物流センター網の整備を進めている．

しかし，物流センター整備で物流部門を強化したとしても，根本的な問題は残されたままである．むしろ，物流部門が地位を高めることで，営業部門と物流部門との組織摩擦という新たな問題が発生している．つまり，安定的な需要変動（予測性の高さ）を前提に在庫水準の適正化（安全在庫水準の抑制）と低回転品目の削減を合理的とする物流部門の論理と，顧客の要求にできるだけきめ細かく対応しようとする営業部門の論理との対立の可能性である．営業の論理が優先すると，不規則な需要変動に対応して安全在庫量は多めになりかつ低回転品目の在庫も必要になる．物流の論理が優先すると欠品が発生する可能性が高くなる．先述の(社)流通問題研究協会の調査でも，卸売業が「メーカー欠品の多さ」を問題として指摘している[12]．したがって，つぎに必要なことは営業活動と物流活動をいかにうまく連携させるかということである．

これについても，ECRから重要な示唆を得ることができる．

ECRは，消費財メーカーのマーケティングを店頭（実需）起点に変えていくことを提唱しているが，その具体的方法がカテゴリーマネジメントと顧客チームである．カテゴリーマネジメントは，消費者の比較選択のしやすさの視点から商品・ブランドを編集しようとする考え方である．そして，単品ではなくカテゴリーごとに編集された商品集合を最小事業単位として販売戦略を構築していく．さらにカテゴリー区分に売場コンセプトを反映させることで，独自の価値をつくり出そうとするのである．カテゴリーマネジメントを実行していくには，カテゴリーマネジャーあるいは担当チームのもとで，マーチャンダイジング，販売促進，情報システム，営業，物流の各専門分野との連携が必要となる．

また，特定の大型小売業に対しては，営業が個別に対応するのではなく，問題解決を目指して専門家チーム（マーチャンダイジング，販売促進，営業，情報システム，物流）を形成して対応することが有効とされている．米国の製販

同盟や日本の卸売業の共同取り組みは，このような組織横断的な体制で行われている．

　ECR や製配販提携は，企業間の取引連鎖における連結部分の弱さに注目し，最適な商品供給システムを構築するために，企業間の相互連携の仕組みづくりを目指すものである．ただし，興味深いことに，そのような協働プロジェクトを成功させるためには，企業の組織のあり方から変えていくことが不可欠である．たとえば，欠品や過剰在庫の発生は，商品供給システムの連鎖が切れているだけでなく，メーカーや卸売業の企業内においても組織間の壁が情報の円滑な交流と共有を阻害しているためである．2000 年代に入り，ECR や製配販提携に対する関心が一見薄れたようにみえるのは，その有効性が否定されたというよりも，営業体制の再構築（地域営業拠点の集約，業態別・企業別営業組織による交渉力強化），営業の業績評価システムの変更（売上げ基準から利益基準へ，顧客支援機能の評価など），営業部門と生産部門そして物流部門の情報共有を可能にする社内情報システム（全体在庫管理と在庫検索システム，顧客情報の一元的管理システムなど）といった社内体制の根本的な改革作業が優先されているためである．その意味で，ECR や製配販提携は，消費財マーケティング改革の流れとも強く関係している[*6]．

[*6] このようなマーケティング改革の試みの内容をよく示すのは資生堂である．末端での過剰在庫と（ブランド内）価格競争に直面した資生堂は，2000 年 4 月，つぎのような営業・物流改革を発表している．
(1) 偏在在庫問題の解決のためにプッシュ型営業からプル型営業への転換
(2) 業態別営業統括機能の一元化（国内営業本部，マーケティングと営業との連携）
(3) 組織小売業に対しては業態ごとに別組織を設置，本社との連携による本部交渉力の強化
(4) 支社営業と総販社の物流部門，商品開発・事業部門・生産部門がそれぞれの計画や見込みに基づいて商品供給や在庫を運営管理する方法から，営業本部と生産本部を繋ぐ役割を果たす「ロジスティックス本部」の設置
(5) 過剰在庫と品切れの発生を防ぐため，発売前見込み生産比率の抑制と生産体制の機動化，実需を確実に掌握するための店頭 POS レジ導入
　　受注から納品までのリードタイム短縮のために物流センターからの直接納品も行う．
(6) 営業の業績評価の変更（売上げ主義から利益主義へ）
(7) 取引制度の変更：資生堂カウンセリング商品取引契約書（専門店対象）
　　　　　　　　　　カウンセリングコーナー設置と卸販売の禁止の明文化
　　　　　　　　　　店頭売上げ（実需）基準にアローワンス体系の変更

2.5 需要起点流通システムの可能性

　以上，ここではサプライチェーン・マネジメントそのものではなく，消費財流通の物流問題に焦点を合わせ，物流問題の発生原因とその解決を試みる動きが，日本の流通のあり方とメーカーマーケティングの変革と強く結びついていることを明らかにしてきた．とくに，日本特有の多頻度小口配送が，著しい小口化や不規則な配送要請といった物流効率低下だけでなく，日本における在庫リスク負担のあり方が作用して納入業者の過剰在庫負担という問題を生じさせることから，物流問題の解決には取引条件・取引慣行の改善が不可欠という点が重要である．企業内の組織改革とともに，この取引条件・取引慣行の改善が行われて初めて，実需ベースの商品供給システム（トータル・サプライチェーン）構築は具体化に向かうのである．

　これについても，改革の動きは徐々に進んでいる．

　1991年に公表された公正取引委員会「流通・取引慣行における独占禁止法ガイドライン」は，建値制（希望小売価格）やリベートについてこれまで以上に明確な判断を示した．そして小売業の安売りを抑制しようとする消費財メーカーの行動が独占禁止法違反に問われたことで，建値制やリベートのあり方が具体的検討課題となったのである．また，多頻度小口配送に伴う物流コスト上昇は，配送単位や配送条件ごとの詳細な物流コスト算定を必要としたが，それが建値制（慣習的な卸・小売マージンの設定）の矛盾を表面化させたといえる．さらに，EDIの導入など情報システム化の進展に伴い，半期や1年単位の複雑なリベート処理が情報処理コストを増大させることや，半期ごとの正確な業績評価を困難にさせるといったリベートを受け取る側の不満（主として卸売業）も蓄積していた．

　たとえば，日用品化粧品業界では，海外の有力大型小売業の日本市場進出を見越して，P&Gやユニリーバなどの外資系メーカーが建値制とリベートを廃止し1回当り仕入れ量に応じた割引率を提示するという新取引制度に移行したこと（1999年）が一つの刺激になり，全体として，リベート体系の簡素化（機能別リベートを中心に）や，建値制に代えてネット仕切価格の提示，希望小売価格の廃止（オープン価格）など取引条件・取引慣行の改善が進められて

いる.これは,メーカーとしても,リベートが安売りの原資となるだけでなく,販促効果があいまいななかで費用負担増が収益を悪化させるという悪循環を絶ち切る必要に迫られたことが大きい.

取引慣行という制度としての慣性が働きもっとも変化しにくい部分が変わり始めたことで,消費財流通の改革はようやく本格的な段階に入ったといえる.情報化の進展が物流のあり方を変え,物流と商流との齟齬の拡大が商流のあり方を変えるという相互作用のなかで,供給(仮需)起点で構築されていた日本の消費財流通が,需要(実需)起点に再編成されていく.現在,日本の市場条件に適合する新しい流通の仕組みを模索し試行する過程が進行中とみることができる.

参 考 文 献

[1] 上原征彦:"チェーン化への卸売業者の適応戦略—菱食のロジスティクス戦略の展開,"嶋口充輝,竹内弘高,片平秀貴,石井淳蔵編:営業・流通革新,有斐閣,1998
[2] 鈴木敏文,矢作敏行:"セブン-イレブンの情報戦略,"法政大学産業情報センター,小川孔輔編:POSとマーケティング戦略,有斐閣,1993
[3] 住谷宏:利益重視のマーケティング・チャネル戦略,同文館,2000
[4] 中田信哉:ロジスティクス・ネットワークシステム,白桃書房,2001
[5] 田村正紀:マーケティング力—大量集中から機動集中へ,千倉書房,1996
[6] 三村優美子:"卸売構造変化と流通再編成の進展——消費財卸売業をめぐる動きと新しい対応"青山経営論集,**31**(4),1997
[7] 三村優美子:"製配販提携と流通取引関係の変化——中間段階の開放と流通システムの多元化,"青山経営論集,**33**(3),1998
[8] 三村優美子:"大型小売業の盛衰と流通システムの変容——流通近代化モデルの有効性と限界",青山経営論集,**37**(3),2002
[9] 村越稔:"ECRサプライチェイン革命,"税務経理協会,1995
[10] (財)流通経済研究所:アメリカ流通概要資料集2002年版,2002
[11] (社)流通問題研究協会:製配販提携の実態と評価に関する調査研究,1997
[12] (社)流通問題研究協会:製配販による消費者起点の流通システム——ECR発展条件と阻害要因,1998
[13] 矢作敏行:コンビニエンス・ストア・システムの革新性,日本経済新聞社,1994
[14] 渡辺達朗:流通チャネル関係の動態分析—製販の協働関係に関する理論と実証,千倉書房,1997
[15] L.P. Buckin: "Postponement, Speculation, and the Structure of Distribution Channels," *Journal of Marketing Research*, February 1965
[16] R.D. Buzzel, J.A.Quelch, and W.J. Salmon: "The Costly Bargain of Trade Promotion,"

Harvard Business Review, March – April 1990

[17] M.L. Fisher: "What is the right Supply Chain for Your Product?," *Harvard Business Review*, March – April 1997

[18] N. Kumar: "The Power of Trust in Manufacturer – Retailer Relationships," *Harvard Business Review*, November – December 1996

[19] H.L. Lee, V. Padmanabhan and S. Whang: "The Bullwhip Effect in Supply Chains," *Sloan Management Review*, Spring 1997

3 百貨店チャネルのアパレル流通におけるサプライチェーン・マネジメント改革の動向

——藤野直明

3.1 は じ め に

　百貨店チャネルのアパレル流通では，いわゆるQR（クイックレスポンス）というコンセプトが提唱されて，すでに約10年がたった．この間，QRに関連して多数のプロジェクトが実施されてきた．百貨店チャネルのアパレル流通はSCMの先進的な取り組みの一つとして取り上げられることも多かった．

　しかしながら，百貨店チャネルのアパレルや百貨店の企業経営者からは，「現行の主要な取引形態である，"いわゆる委託取引や返品条件付買取取引"は，いわば制度疲労に陥っている．このため，このような取引を前提とした場合には，IT導入は必ずしも大きな成果を生まない」という指摘がなされた．

　この指摘を受け，日本百貨店協会と日本アパレル産業協会とによりファッションビジネスアーキテクチャー委員会（通称FBA委員会：伊藤元重座長）が設置された．このFBA委員会において，新たに「FBAコラボレーション取引」が設計・開発され，両協会により2001年に機関決定されたのである．

　本章では，アパレル流通における企業間連携の注目すべき事例である当該「FBAコラボレーション取引」について，その内容と背景について分析を加え，企業間連携におけるビジネスモデルについて検討を行った．検討は大きく，ケース編と分析編に区分される．

　まず，ケース編ではFBAコラボレーション取引の検討の経緯と内容を紹介する．また，参考資料として，両業界から250人が参加したFBAフォーラム（2001年6月に開催）におけるFBA委員や両業界トップマネジメントの発言も紹介する．

つぎに，分析編として，梅沢（2001）により提唱された企業間連携の理論である「統合オペレーション戦略」を分析フレームワークとして採用し，現在進行しつつある「FBA コラボレーション取引」を企業間連携理論の視点から分析する[1].

当該分析フレームワークを活用することにより，既存の取引形態が閉塞状況に陥っていた原因や，なぜ新しい取引形態が必要であったのかに加え，新しい取引形態がなぜ機能するのかが，初めて明らかになる.

3.2 ケース編：百貨店チャネルのアパレル流通における取引改革の概要

3.2.1 FBA コラボレーション取引検討の経緯

日本百貨店協会 BPR 推進委員会[*1]と日本アパレル産業協会・業務改善委員会[*2]との合同会議が開催され，「情報技術を効果的に活用した BPR の推進と取引の高度化」について経営レベルでの協議が行われた．協議の結果，個別手法（情報技術等）の議論に偏らない，あくまで経営レベルでの戦略的観点からのアプローチによる "新しいビジネスアーキテクチャー"[*3] を検討するための諮問機関設置の必要性が合意された．これが FBA（ファッションビジネスアーキテクチャー）委員会である.

FBA 委員会設立の直接の契機となったのは，「百貨店・アパレルの現状取引関係に関するアンケート」であった．アンケートの結果，①両業界の現状取引は長年経験則により積み上げられてきたため，きわめて煩雑で複雑なものとな

[*1] 日本百貨店協会 BPR 推進委員会（委員長：平出昭二，三越専務取締役/大手百貨店 26 社の商品担当役員を中心に構成）

[*2] 日本アパレル産業協会・業務改善委員会（委員長：中瀬雅通，三陽商会会長/大手アパレル 15 社の経営トップを中心に構成）

　本章は，参考文献 [7] から転載の許可を得て一部筆者の責任で編集を加えた稿である．FBA コラボレーション取引の詳細については，「FBA 委員会報告書」（日本百貨店協会，日本アパレル産業協会；2001.5）を参照いただきたい．なお，FBA コラボレーション取引については，現在大手企業において本格的な導入のためのパイロットプロジェクト（試行実験）が行われており，2004 年以降本格的展開が予定されている状況である．また，FBA コラボレーション取引の導入支援についても両協会から構成されるコラボレーション取引推進協議会において，さまざまな活動が行われている．

[*3] "ビジネスアーキテクチャー" とは，ビジネス（プロセス）モデル，いわゆる業務の進め方に加え，企業間の取引の進め方，契約のあり方を含めた概念（造語）である．

っていること，②不透明な取引慣行が根強く存在し，これが市場変化への対応能力を著しく阻害していること，などが明らかとなった．この結果，アパレルと百貨店との取引全体にきわめて硬直的な制度疲労が起きているということが，両業界トップの共通の認識となったのである．

FBA 委員会における検討の成果は，新しいビジネスモデルと FBA コラボレーション取引として取りまとめられた．FBA コラボレーション取引は，需要の不確実性を前提とした場合の協働活動（コラボレーション）について，七つのフェーズから構成される新しい業務の進め方を前提とする取引形態である．

3.2.2 FBA 委員会の目的

FBA 委員会が，合同会議から付託された検討のポイントは，以下の5点であった．

① 今後の成長へ向けて百貨店・アパレルが共有すべきコラボレーション（協働活動）のフィロソフィーを定義すること
② 今後の成長に向けて両業界が指向すべき高度なビジネスアーキテクチャーを，QRAI（クイックレスポンス・アーキテクチャー・イニシアティブ）[*4]で策定されたビジネスモデルをベースに構想すること
③ 新ビジネスアーキテクチャーにおける双方の合理的な役割・機能分担，および成果配分の基準を明確化すること（ただし，個々の取引条件は，企業対企業で設定される）
④ 新ビジネスアーキテクチャー実現に向けて，情報化投資の効率・効果を最大化するために両業界が合意できる「百貨店・アパレルの関係における M：M を実現するための必要最低限の条件」の再定義をすること
⑤ 以上を実現するための具体的な計画（ロードマップ）を策定すること

3.2.3 FBA コラボレーション取引の内容

a. FBA におけるコラボレーション（協働活動）のフィロソフィー

FBA 委員会では，コラボレーションのフィロソフィーとして，「消費者を含

[*4] QRAI は FBA 委員会に先駆けて組織されたビジネスモデル検討グループ．同時に当時の通商産業省による当該ビジネスモデルの有効性についての実証実験プロジェクトが実施された．

めたサプライチェーン（消費者〜百貨店〜アパレル）の全体最適を目指す」ということが合意された．ここでいう「サプライチェーンの全体最適」とは，具体的には以下の2点である．

① 消費者主導—消費者へのメリットを供与—
- 良質の商品を，消費者が必要とするタイミングを考慮し，無駄のない生産・供給活動を行うことで，消費者に対してより優れた価値を提供し，サプライチェーン全体のキャッシュフローの向上をはかること
- このとき，販売機会損失の削減，プロパー消化率の向上，シーズン後の不良在庫処理（マークダウンなど）の削減などを考慮し，消費者へ高い価値を提供すること

② 消費者-百貨店-アパレルの間における Win-Win-Win の関係の構築
- サプライチェーン全体の効率化による売上げ・利益の拡大を目指す"新しい取引関係"を，現状の売上げ・利益の配分，既存の取引などにとらわれずに構築すること
- 消費者にメリットを供与し，その結果として売上げ・利益が拡大することを目標として，Win-Win-Win の仕組みを構築する

b. FBA ビジネスモデルと新しい取引形態導入の必要性

　FBA 委員会では，まずビジネスモデルについて検討が行われ，つぎにこのビジネスモデルを具体化するための取引形態として，現行の取引形態が妥当であるのかどうかが検討された．検討の結果，現行取引形態下では，新しいビジネスモデルを採用するには課題が多いことが明らかになった．

(1) FBA におけるビジネスモデルの考え方

　以下の4点が FBA 委員会において重要とされたビジネスモデルの基本方向である（図3.1〜3.3参照）．

① 川上〜川下業種までの一貫した商品企画と精度の高い需要予測，販売計画の立案
② 多段階生産，および販売を含む各工程間（販売計画〜各生産工程計画までの）の計画同期化によるスループットタイムの短縮
③ 計画の短サイクルローリングによるダイナミックな最適性の維持
④ きめ細かな市場情報の把握と生産供給進捗状況の把握

3.2 ケース編:百貨店チャネルのアパレル流通における取引改革の概要

<FBAにおけるビジネスモデルの基本方向>

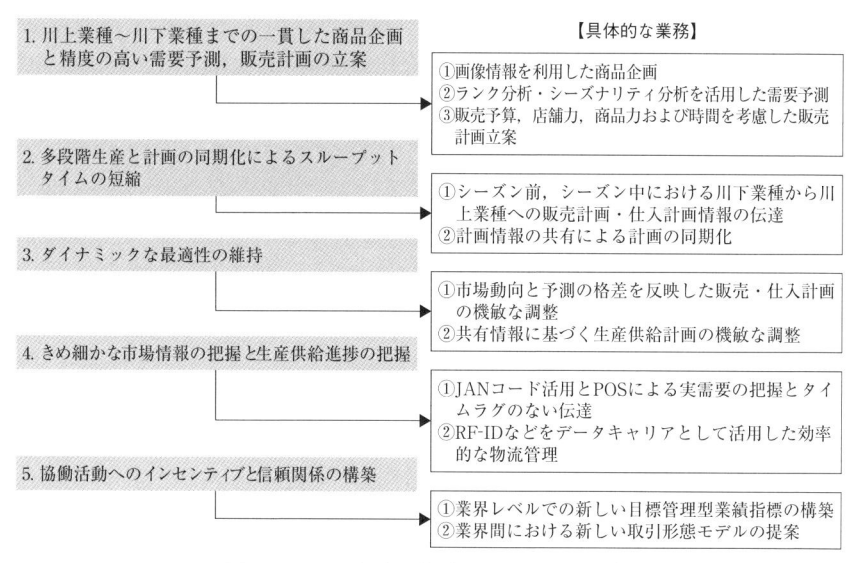

	【具体的な業務】
1. 川上業種~川下業種までの一貫した商品企画と精度の高い需要予測,販売計画の立案	①画像情報を利用した商品企画 ②ランク分析・シーズナリティ分析を活用した需要予測 ③販売予算,店舗力,商品力および時間を考慮した販売計画立案
2. 多段階生産と計画の同期化によるスループットタイムの短縮	①シーズン前,シーズン中における川下業種から川上業種への販売計画・仕入計画情報の伝達 ②計画情報の共有による計画の同期化
3. ダイナミックな最適性の維持	①市場動向と予測の格差を反映した販売・仕入計画の機敏な調整 ②共有情報に基づく生産供給計画の機敏な調整
4. きめ細かな市場情報の把握と生産供給進捗の把握	①JANコード活用とPOSによる実需要の把握とタイムラグのない伝達 ②RF-IDなどをデータキャリアとして活用した効率的な物流管理
5. 協働活動へのインセンティブと信頼関係の構築	①業界レベルでの新しい目標管理型業績指標の構築 ②業界間における新しい取引形態モデルの提案

図 3.1　FBA におけるビジネスモデルの基本方向

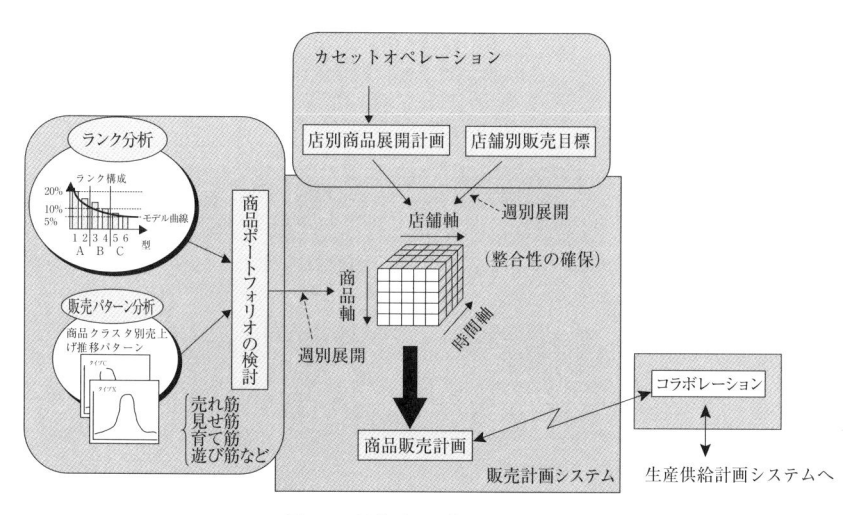

図 3.2　販売計画立案プロセスの例

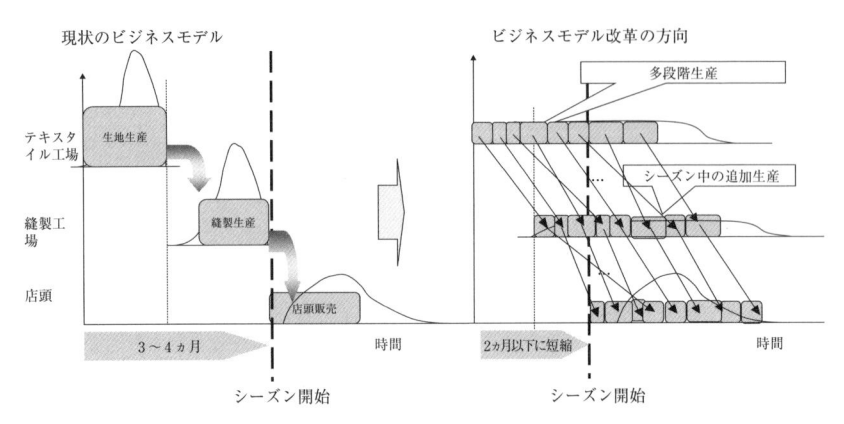

図3.3 多段階の生産供給活動の同期化によるスループットタイムの短縮のイメージ

(1) 同期化による供給リードタイムの短縮→先延ばし効果による予測精度向上＋シーズンイン後の予測精度向上効果の活用
(2) 予測実需ギャップに対する短サイクル計画調整活動（市場情報伝達のタイムラグの縮小）
(3) 多段階生産の仕組みによる俊敏性（計画自由度）の確保

　なお，当該ビジネスモデルは，いわゆる最近のSPA（製造小売）形態の企業で採用され，すでに効果を上げているビジネスモデルに近い．当該ビジネスモデルの採用により，品番別のシーズントータル生産数の最終意思決定タイミングを，比較的需要予測精度が高い実需要期（インシーズン期）に行うことが可能となる．この結果，販売機会損失を抑制する（つまり売上げを拡大する）と同時に，無駄な生産を回避し，建値（プロパー）販売割合の拡大が可能となる．これが当該ビジネスモデルによる経済効果発現のメカニズムである．

(2) 新しい取引形態の必要性

　一方，既存の取引形態下では，百貨店，アパレル双方にとってFBAビジネスモデルを導入する動機は発生しないことが明確になった．その理由は以下の3点である．

① 「発注しただけの数量が納品されるわけではない」現行取引（小売の立場）

　百貨店の立場から考えると，現行取引形態（いわゆる委託，返品条件付買取など）では，たとえ需要予測の精度を向上させ，精度の高い販売計画を立案し，発注したとしても，店頭へ発注しただけの数量の納品は，必ずしもなされるわけではないのが実状である．

② 「売れ残りが発生しても現行取引ではほぼ無条件に返品できる」現行取引（小売の立場）

また，納品された商品に対し，売れ残りが発生しても現行取引ではほぼ無条件に返品できる．

③ 「計画通り販売がなされなければ，無条件に残品が返品されてくる」現行取引（アパレルの立場）

一方，アパレルの立場から考えると，現行取引形態では，たとえ小売からの需要予測や販売計画，発注を信頼して生産し，納期通り店頭へ納品したとしても，シーズン終了時に，もし計画通り販売がなされなければ，無条件に残品が返品されてくるのが実状である．

以上の理由で，現行取引下では，百貨店にとってもアパレルにとっても，新ビジネスモデルはたいへんな業務負荷を伴うにもかかわらず，直接的なメリットが生じない危険性が高いビジネスモデルとなってしまうのである．このため新ビジネスモデルの実現には，新しい取引形態の設計が必要との合意にいたった．

c．FBAコラボレーション取引

FBAコラボレーション取引の基本的な考え方は以下の4点である．

(1) 単なる発注，納品という関係ではなく，一連の協働活動を前提とした取引形態とすること

これまでのいわゆる「発注行為」とよばれていたものを，事前の計画系情報の提供行為，計画発注行為，納品発注行為の三つの要素に明確に区分した．

① 百貨店による「需要予測情報・販売計画情報」の提供

まず百貨店が事前に「需要予測情報・販売計画情報を提供」し，この情報をもとにアパレルが生産供給計画を立案する．

② 百貨店による「計画発注」

さらに，百貨店が計画発注（取引先とブランドのスタイル（型）・単品（SKU）レベルでの発注数量の提示行為）を行う．

③ 百貨店による「納品発注」

最終的に百貨店が納品発注（店頭への納品依頼のための数量提示行為）を行う．納品発注は，事前に行った計画発注数量の範囲において可能となる．百貨店からの納品発注に対し，アパレルは商品を納品する．アパレルが納品率を約束するのは計画発注の範囲での納品発注に対してのみである．

(2) 需要予測精度はシーズンが近づくにつれて，またシーズンイン後に向上する．この結果をできるだけ生産供給計画に反映できるようにするために，販売計画と生産供給計画の整合性を維持しつつ，機敏（アジル）に修正，ローリングを行うこと

① 百貨店は計画系情報を（週次で）つねに修正，提供し，またアパレルはこの修正された計画系情報と同期的に生産供給計画を修正していく．

② 計画発注は，多段階（第一次，第二次など）で行い，これに基づきアパレルが生産供給活動を行う．

(3) 計画発注量に対応した消化率の約束，納品率の約束を行うことにより，強い信頼に基づいた緊密なコラボレーションを行うこと

- FBAビジネスモデルでは，百貨店とアパレルと強い信頼に基づいた緊密なコラボレーションが大前提である．このため，百貨店は，消化率を約束し，アパレルは納品率を約束することが必要となる．
- ここで，消化率については，百貨店が行う計画発注数量の総計を分母とし，分子は，百貨店の仕入（＝納品－返品）数量総計とする．
- ただし，最終的な販売活動の目標は，「金額」として管理されているため，消化率においても「金額」として，ブランド単位などで管理する．
- また，マークダウンの販売を協働活動の範囲として含むか，含まないか，という点で，プロパー（建値）販売時期の消化率を約束するのか，マークダウ

$$\text{対計画数プロパー消費率} = \frac{\text{プロパー販売を対象とした仕入れ金額}}{\text{第一次計画発注＋第二次計画発注の総金額}} (\%)$$

$$\text{対計画数総消化率} = \frac{\text{トータル販売を対象とした総仕入金額}}{\text{第一次計画発注＋第二次計画発注の総金額}} (\%)$$

ン時期を含むシーズン全体での消化率を約束するのか，という2通りのなかから選択できるという仕組みが適当と考えられる．
- 一方，納品率については，百貨店の納品発注数量を分母とし，これに応えてアパレルが納品した数量を分子とすることが適当と考えられる．もちろん，納品率を約束するのは，百貨店が事前に行った計画発注数量の範囲内で納品発注が行われた場合のみである．

(4) コラボレーションの前提となる各種オペレーション条件を事前に合意しておき，百貨店，アパレル双方での準備を十分に行うこと

＜各種オペレーション条件＞
・総仕入金額の目標水準
・業務目標水準（総合需要予測誤差など）
・第二次計画発注対応商品の特定
・第一次計画発注金額割合
・第一次，二次別計画発注〜納品可能までのリードタイム
・計画発注ロットサイズ
・支払条件
・プロパー販売時期の目標
・マークダウン権限
・対計画消化率
・掛け率（A，B，C）
　　掛け率（A）＝（第一次計画発注＋第二次計画発注）内
　　掛け率（B）＝マークダウン時期の販売
　　掛け率（C）＝（第一次計画発注＋第二次計画発注）をこえた発注への対応
・消化率が達成できなかった場合の処理方法
・残品処理方法

なお，FBAコラボレーション取引は，以下の七つのフェーズから構成される．

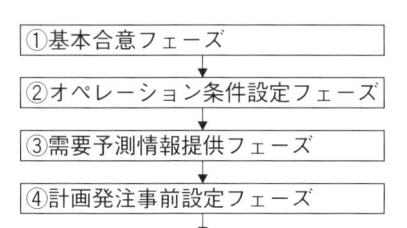

①基本合意フェーズ
②オペレーション条件設定フェーズ
③需要予測情報提供フェーズ
④計画発注事前設定フェーズ

```
┌─────────────────────────┐
│ ⑤プロパー販売活動フェーズ │
└─────────────────────────┘
            ↓
┌─────────────────────────┐
│ ⑥マークダウン販売活動フェーズ │
└─────────────────────────┘
            ↓
┌─────────────────────────┐
│ ⑦期末処理業務フェーズ    │
└─────────────────────────┘
```

① 基本合意フェーズ

FBA オペレーション方式の導入期間，対象，必要資源投入へのコミットメントなどについてのトップマネジメント間の合意形式

② オペレーション条件設定フェーズ

オペレーション条件としての各種パラメータ（変数）の設定

例；第一次計画発注・第二次計画発注のタイミング／最小ロット

　　納品条件

　　支払い条件

　　対計画数消化率約束水準

　　掛け率条件　他

③ 需要予測情報提供フェーズ

商品計画・店舗計画の整合性のとれた週次販売計画立案と情報共有

販売計画を反映した生産計画の立案

④ 計画発注事前設定フェーズ

SKU 別に納品発注ができる数量・金額の上限についての情報を第一次計画発注数事前設定として適切なタイミングで情報提供を行う（おもにシーズン前）．

SKU 別に，販売実績を把握し，販売計画・需要予測を修正し第二次計画発注数事前設定として適切なタイミングで情報提供を行う（おもにシーズン開始後）．

⑤ プロパー（建値）販売活動フェーズ

納品発注業務〜納品業務〜プロパー販売活動

市場動向の把握〜販売・仕入計画の修正〜生産の的確な実行

⑥ マークダウン（値下げ）販売活動フェーズ

⑦ 期末処理業務フェーズ

対計画消化率約束履行業務，残品処理業務

<参考資料>　FBA フォーラムにおける各種発言要旨

　日本百貨店協会と日本アパレル産業協会は，合宿形式で「FBA（ファッションビジネスアーキテクチャー）フォーラム」を開催した．当該フォーラムには，百貨店57社，アパレル30社からバイヤーと営業，双方の最前線で活躍する実務担当者約250人が全国から集結した．フォーラムでは，FBA委員の代表者のパネルディスカッションや両業界トップマネジメントの講演に加え，参加者すべてが16のグループに分かれて深夜までFBA取引（コラボレーション取引）実現へ向け侃侃諤諤の議論を行うグループワークが行われた．

1．FBA 委員のパネルディスカッション

パネルディスカッションにおいては，まず「百貨店とアパレル間のビジネスプロセスや取引における問題認識」について，つぎに，「新しいビジネスモデルの評価と導入に際しての留意点」について，率直で活発な意見交換がなされた．

(1)「百貨店とアパレル間のビジネスプロセスや取引における問題意識について」
（百貨店側委員の発言からの抜粋）

「店頭での販売機会損失の現状は，売上げの2～3割に達していました．売上げ増は1%の伸びを云々しているのに，30%もの機会損失があるということは大きな問題です．これは単なる売り逃しではなく，百貨店離れの要因になっているのです．」

「現状は，悪循環のスパイラルみたいな状況ではないでしょうか．発注しても商品が入ってこない．このため店舗は発注に意識が向かない．あるいは入ってきたとして，型番はあっていてもサイズや色が違うという実態もある．また，売れ残っても返品できるという甘い気持で発注する．一方，アパレルは，当然売れる店に売れるものをいれるのだという前提で仕事をしている．こうした考え方では，そこから進まない．この仕組みを放っておくと，百貨店側もアパレル側も縮小均衡に陥る，あるいは規模が小さくなっていく．これをどのようにして打破できるのか．それがFBAの位置づけだと考えていました．」

（アパレル側委員の発言からの抜粋）

「初めは暗礁に乗り上げていたというのが実感でした．この原因は，共通の言語の掛け違いになるとわかりました．たとえば，"発注"という言葉は，アパレルにとっては生産指図であるのに対し，百貨店にとっては，オンシーズンの納品依頼のことだということです．同じ発注という言葉の意味がまったく違っていたわけです．今回は，発注を計画発注と納品発注に分けておりますので，よくご理解いただきたいと思います．」

(2)「新しいビジネスモデルの評価と導入に際しての留意点」について
(アパレル側委員の発言)
　「新ビジネスモデルは，お互い計画数字を策定し，それを共有し市場動向に対し機敏に反応し計画修正していくシステムを，本当に真剣にいまからアパレルがつくっていくことが重要となります．アパレルの課題は大きい．」
「個別契約書をご覧になると，百貨店の方はこのような細かい点までも決めなければいけないのか，と驚かれると思います．しかし，リスクを負うということは面倒なことなのです．共同経営という意識です．リンゴ園の経営でいうと，実ったらいっしょに収穫しようというのではなく，いっしょに耕し育てる決意が重要です．」
(百貨店側委員の発言)
　「計画の同期化ができる仕組みづくりが重要と思います．このため百貨店としては，単品の需要予測データを組織的に提供できるかどうかが今後問われてくると思います．いかに具体的に，現場にいち早く浸透させていくかということが重要です．」
　「確かに，新ビジネスモデルは面倒です．実践段階では投げ出したくなるところも予想されます．ただし，市場にはもっと面倒なことを実践し，高収益をあげている企業があるのです．これを実践しないと重病の状態を脱することはできません．完璧を求めたら駄目でしょう．とにかく実践で検証し，精度を高めることが重要です．」

2. トップマネジメントの言葉

　百貨店，アパレル双方からトップマネジメントの方々のたいへん意義深い講演がなされた．ここでは，そのポイントを生の声として抜粋し紹介したい．
(百貨店A社)
　FBAの目的は，あくまでも最終の消費者，お客様の満足である．欠品は，単なる販売機会損失ではなく，顧客満足度の低下に直結する問題である．消化率を意識しすぎると縮小均衡になり，販売機会損失を招いたり，店頭のキープフレッシュができなくなり，お客様にとって魅力のないお買い場ができてしまう．バイヤーもその危険をあらためて認識すべきである．
　FBA具体化のつぎのステップは，担当役員クラス等，実務のトップに対する理解を求めていくことだ．また，ポストFBAとして，調停委員会のようなものをつくり，当然予想されるさまざまなトラブルに対応していくことが重要だ．
(アパレルB社)
　当該ビジネスモデルを実践するうえで重要な点は，①百貨店とアパレルがお互いの役割と責任を明確にし契約を行うこと．②需要予測，販売計画，生産計画などの情報

を共有し立案すること，③計画修正を行うフレキシビリティをもつことである．
　このため，アパレルは，①商品開発力をもち，②小ロット短サイクル多段階切り替え型生産を行うこと，また③川上とのあいだでの取引改革を行うことが重要である．
(アパレルC社)

　サプライチェーンマネジメントやEDIは，基本的にシステムだけではなく，相互の信頼関係がなければ機能しないものである．お互いの信頼を取り戻す大きなステップの一つが，今回FBA委員会がまとめたビジネスモデルである．
　サプライチェーンマネジメントは，バーチャル連結経営である．二つの企業間で仕事の役割を再整理し互いの無駄を省いていく，情報を共有し，顧客満足度を高めるためにコラボレーションを行うことが重要である．このビジネスモデルの生みの親として責任を感じており，是非皆様のご協力をお願いしたい．
(百貨店D社)

　新ビジネスモデル成功のポイントは，単品管理による商品動向の情報共有化である．さらに今後3年，5年を展望した場合には，小売業は，IT関連の3種の神器であるサプライチェーンマネジメント，カスタマーリレーションシップ，Eビジネスで武装しなければ生き残れないのではないかと感じている．
　今後この新ビジネスモデルの導入を加速させるためには，現場とトップマネジメントのあいだの店長や本部長クラスの理解が重要と考えるので，このクラスへの働きかけに努力していくつもりである．

3.3　分析編：統合オペレーション戦略のフレームワークを活用した分析

3.3.1　分析の基本的な考え方

　梅沢によると，統合オペレーション戦略とは，「内製（管理）でもなく，外部からの購入（市場）でもない，第三の道，すなわち，異なる企業が相互に緊密な連携をとりつつ垂直的に隣接するオペレーションを統合して推進する戦略」である[1]．
　また梅沢は，従来産業組織論で提唱した市場における調整と企業組織内調整との二つの調整方式に加えるべき新しい調整方式として，「統合オペレーション戦略」が優位性を獲得できる必要十分条件を明らかにした．
　さらには，市場不確実性が拡大すると，既存の二つの調整メカニズムよりも，

統合オペレーション戦略による調整が効果的である場合が多いことも示唆している.

検討は,まず「統合オペレーション戦略」の成立条件定理を現実のケースに適用するための分析フレームワークとして再整理する.

つぎに,この「統合オペレーション戦略の成立条件に関する分析フレームワーク」を活用し,百貨店チャネルのアパレル流通において,統合オペレーション戦略が成立する可能性があること,つまりシナジーの存在について検討を行う.

最後に,既存の取引形態では,なぜ統合オペレーション戦略が成立しなかったのか,また新しく提案されたFBAコラボレーション取引では,なぜ統合オペレーション戦略が成立したのかについて検討を行い,これらの要因を明らかにする.

3.3.2 統合オペレーション戦略の成立条件定理の分析フレームワークとしての整理

a. 統合オペレーション戦略の成立条件定理

梅沢によれば,統合オペレーション戦略が成立するための必要十分条件は,以下の二つである[1].

① $r_{1m} + r_{2m} < r^*$
  ・r_{im}:企業iが市場取引を行いつつ,個別に最適化をはかったときの利得
  ・r^*:統合オペレーション戦略の期待利得の最大値

② 利得の分配方式に関する条件
「点 $(r_1(s), r_2(s))$ が2点 $(r^*, 0)$, $(0, r^*)$ を通る直線状の線分PQ上に位置するような $w(s)$ が採用されること」
  ・$r_i(s)$:企業iへの分配額
  ・$w(s)$ は分配割合
  ・s は分配割合を決めるパラメータ

①は統合オペレーション戦略によるシナジー効果の存在と解釈できる.シナジー効果とは,垂直連鎖のオペレーションを行う異なる企業が,情報共有を行ない統合してオペレーションを行う場合に,市場による調整や,単独での組織

3.3 分析編：統合オペレーション戦略のフレームワークを活用した分析

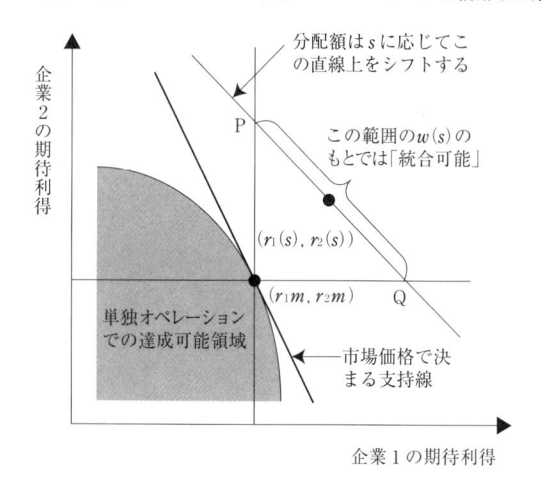

図 3.4 オペレーションからもたらされる各企業の利得

内調整で行う場合よりも大きな利得が獲得できることである．

②は，双方ともに利得が増加すること，つまりいわゆる Win-Win の取引関係になることが保証されていることと解釈できる．これは，証明は省くが，条件②は，「①に加えて，

$$r_{1m} < r_1(s) \quad \text{かつ} \quad r_{2m} < r_2(s)$$

が成立すること」と読み換えることができるからである．

さらに，梅沢は「統合オペレーション戦略では，両企業に共通な情報の集合 I をもち，相互に機会主義的（相手を欺くような）行動はとらないものとする」「市場を介さずに企業間連携により統合した場合は，（中略）成果の分配を客観的に定めるメカニズムが存在しないため，交渉などにより，当事者間で個々的に分配を決めることが必要になる．これが統合オペレーション戦略の本質である」とし，統合オペレーション戦略における Win-Win の取引関係を保証する取引制度の重要性を指摘している[1]．つまり，統合オペレーション戦略とは，情報共有によるシナジー効果の存在に加え，相互に機会主義的な行動をとらないことを保証する取引関係の存在との二つの条件により成立するということである．統合オペレーション戦略は，宮澤が提示した「連鎖型組織における連結の経済性」とも概念上近親関係にあると思われる[4]．

b. 統合オペレーション戦略におけるシナジー効果の背景

統合オペレーション戦略が成立する条件として，まずシナジー効果の存在がある．

では，なぜいまシナジー効果が重要となってきているのであろうか．

結論からいうと，市場や組織による調整には，時間が必要であり，この調整に必要なタイムラグの大きさや柔軟性の限界が，最終市場の変化スピードと比較して無視できなくなってきているからである．

(1) 激変する市場ニーズに対する市場による調整の限界

梅沢は，市場による調整の限界として，「オペレーション間に通常の市場取引を差し挟むと消費者動向についての情報の流れやオペレーションがそこで一旦中断されるので，激変する市場ニーズに迅速に対応した供給を維持することが困難になること」を指摘している[1]．

つまり，市場変化が激しく，消費者動向などのきめ細かな情報共有が供給活動上きわめて重要である場合は，価格だけをシグナルとする市場による調整が限界を露呈する危険性が高くなるということと解釈できる．

(2) 規模の経済と資源取得の柔軟性に対する組織内調整の限界

組織内調整の限界としては，規模の経済と資源取得における柔軟性の喪失（資源取得のリードタイムやサンクコスト）との2点が梅沢により指摘されている[1]．

「一方，原材料から最終製品までの製造・販売のオペレーションをすべて自社内にとりこむのも決して得策ではない．早い話，汎用部品などにおいては規模の経済が成り立つから，これを内製化したら，コスト面で専業メーカーに太刀うちできないからである」，つまり供給における規模の経済が存在する場合である．

つぎに，「また各種資源の取得は，変化し続ける市場ニーズへの柔軟性の喪失につながりかねない」ということで，変化する市場ニーズへ適応するための各種資源の取得に，長い時間や大きなサンクコストが発生する場合には，調整への柔軟性が失われ，組織内調整が限界を露呈する危険性が高いというわけである．

郵便はがき

恐縮ですが切手を貼付して下さい

162-8707

東京都新宿区新小川町6-29

株式会社 朝倉書店

愛読者カード係 行

●本書をご購入ありがとうございます。今後の出版企画・編集案内などに活用させていただきますので，本書のご感想また小社出版物へのご意見などご記入下さい。

フリガナ
お名前　　　　　　　　　　　　　男・女　　年齢　　　歳

　　　〒　　　　　　　　電話
ご自宅

E-mailアドレス

ご勤務先
学 校 名　　　　　　　　　　　　　　　　（所属部署・学部）

同上所在地

ご所属の学会・協会名

| ご購読 | ・朝日 ・毎日 ・読売 | ご購読 | （　　　　　　） |
| 新聞 | ・日経 ・その他（　　　） | 雑誌 | |

書名

本書を何によりお知りになりましたか

1. 広告をみて（新聞・雑誌名　　　　　　　　　　　　　　　　）
2. 弊社のご案内
   （●図書目録●内容見本●宣伝はがき●E-mail●インターネット●他
3. 書評・紹介記事（　　　　　　　　　　　　　　　　　　　　）
4. 知人の紹介
5. 書店でみて

お買い求めの書店名（　　　　　　　市・区　　　　　　　書店）
　　　　　　　　　　　　　　　　　　町・村

本書についてのご意見

今後希望される企画・出版テーマについて

図書目録，案内等の送付を希望されますか？　　　　・要　・不要
　　　　　　・図書目録を希望する

ご送付先　・ご自宅　・勤務先

E-mailでの新刊ご案内を希望されますか？
　　　　　・希望する　・希望しない　・登録済み

ご協力ありがとうございます

経営システム工学ライブラリー
情報技術社会への対応を考慮し，実践的な特色をもたせた教科書シリーズ

2. 経営戦略と企業革新
小野桂之介・根来龍之著
A5判 160頁 定価2940円（本体2800円）（27532-3）

経営者や経営幹部の仕事を目指そうとする若い人達が企業活動を根本から深く考え，独自の理念と思考の枠組みを作り上げるためのテキスト。〔内容〕企業活動の目的と企業革新／企業成長と競争戦略／戦略思考と経営革新／企業連携の戦略／他

5. 企業経営の財務と会計
蜂谷豊彦・中村博之著
A5判 224頁 定価3675円（本体3500円）（27535-8）

エッセンスの図示化により直感的理解に配慮した"財務と会計の融合"を図った教科書。〔内容〕財務諸表とキャッシュ・フロー／コストおよびリスク-リターンの概念と計算／プランニングとコントロール／コスト・マネジメント／他

6. 技術力を高める 品質管理技法
谷津 進著
A5判 208頁 定価3360円（本体3200円）（27536-6）

〔内容〕品質管理の役割／現物・現場の観察／問題解決に有効な手法／統計的データ解析の基礎／管理図法／相関・回帰分析／実験データの解析の考え方／要因実験によって得られたデータの解析／直交法を用いた実験／さらなる統計手法の活用

7. 生産マネジメント
徳山博于・曹 德弼・熊本和浩著
A5判 216頁 定価3570円（本体3400円）（27537-4）

各種の管理方式や手法のみの解説でなく"経営"の視点を含めたテキスト。〔内容〕生産管理の歴史／製販サイクル／需要予測／在庫管理／生産計画／大型プロジェクトの管理／物流管理／サプライチェーンマネジメント／生産管理と情報通信技術

8. オペレーションズ・リサーチ
森 雅夫・松井知己著
A5判 272頁 定価4410円（本体4200円）（27538-2）

多くの分析例に沿った解説が理解を助けるORの総合的入門書。〔内容〕ORの考え方／線形計画モデル／非線形計画モデル／整数計画モデル／動的計画モデル／マルコフモデル／待ち行列モデル／シミュレーション／選択行動のモデル／他

9. メソッドエンジニアリング
吉本一穂・大成 尚・渡辺 健著
A5判 244頁 定価3990円（本体3800円）（27539-0）

ムリ・ムダ・ムラのないシステムを構築するためのエンジニアリングアプローチをわかりやすく解説。〔内容〕メソッドメジャーメント（工程分析，作業分析，時間分析，動作分析）／メソッドデザイン（システム・生産プロセスの設計）／統計手法／他

サプライチェーン・マネジメント ―企業連携の理論と実際―
黒田 充編著
A5判 190頁 定価2940円（本体2800円）（27009-7）

SCMの考え方・理論から実際までを具体的に解説。〔内容〕全体最適とSCM／消費財変化とSCM／在庫管理モデル／SCMシステムとIT／SCMにおけるプランニング・スケジューリング統合技術／戦略品質経営とSCMの新展開／実例

サプライチェーン・ロジスティクス
松浦春樹・島津 誠訳者代表
A5判 292頁 定価5040円（本体4800円）（27010-0）

価値を創造し，事業を成功させるための企業戦略を重点的に述べ，ITの役割にも言及。〔内容〕リーン生産／顧客対応／市場流通戦略／調達と製造戦略／オペレーションの統合／情報ネットワーク／ERPと実行システム／APS／変革の方向性

実務家のための サプライ・チェイン最適化入門
久保幹雄著
A5判 136頁 定価2730円（本体2600円）（27011-9）

著者らの開発した最適化のための意思決定支援システムを解説したもの。明示された具体例は，実際に"動く"実感をWebサイトで体験できる。安全在庫，スケジューリング，配送計画，収益管理，ロットサイズ等の最適化に携わる実務家向け

経営科学のニューフロンティア
日本オペレーションズ・リサーチ学会創立40周年記念事業

11. 生産スケジューリング
黒田 充・村松健児編
A5判 292頁 定価5670円(本体5400円)(27521-8)

背景、概念、手法、モデル等を平易に解説。実践に役立つテーマも収載。〔内容〕問題の分類／手法の体系／シミュレーション／待ち行列網解析／ニューラルネット／グラフ理論／動的計画法／ラグランジュ乗数法／ラグランジュ緩和／各モデル／他

12. 公共政策とOR
大山達雄・末吉俊幸著
A5判 288頁 定価5460円(本体5200円)(27522-6)

〔内容〕公共政策と数理モデル分析／基本的な数理モデル／予測と評価／最適化とシミュレーション／確率現象とゲーム／交通、運輸への応用／定量的評価問題への応用／公共施設配置問題への応用／エネルギー政策、公共事業への応用

13. 待ち行列ネットワーク
紀 一誠著
A5判 208頁 定価4200円(本体4000円)(27523-4)

実際の性能評価を行う際に必要となる待ち行列網に関し、基礎理論、計算アルゴリズム、応用の方法に至るまでを学びたい読者を対象とする。〔内容〕概論／積形式ノート／積形式解をもつ待ち行列網／待ち行列網の計算法／待ち行列網の応用／補遺

15. 情報化時代の経営科学
水野幸男著
A5判 212頁 定価4095円(本体3900円)(27525-0)

コンピュータ、ネットワーク、コンテンツ時代の世の中の仕組を事例と共に詳しく解説。〔内容〕情報化時代の経営戦略／eビジネスシステムと経営戦略／eガバメントシステム／情報化に関する諸法則と新しいビジネス構造／OR関連ソフトウェア

1. 数理計画における並列計算
山川栄樹・福島雅夫著
A5判 240頁 定価5145円(本体4900円)(27511-0)

2. 組合せ最適化 —メタ戦略を中心として—
柳浦睦憲・茨木俊秀著
A5判 244頁 定価4725円(本体4500円)(27512-9)

3. 待ち行列アルゴリズム —行列解析アプローチ—
牧本直樹著
A5判 208頁 定価4095円(本体3900円)(27513-7)

4. ファジィOR
石井博昭・坂和正敏・岩本誠一編
A5判 248頁 定価5145円(本体4900円)(27514-5)

5. 金融工学と最適化
枇々木規雄著
A5判 240頁 定価4515円(本体4300円)(27515-3)

6. マーケティングの数理モデル
岡太彬訓・木島正明・守口 剛編
A5判 280頁 定価5460円(本体5200円)(27516-1)

7. 混雑と待ち
髙橋幸雄・森村英典著
A5判 240頁 定価4095円(本体3900円)(27517-X)

8. ロジスティクス工学
久保幹雄著
A5判 224頁 定価4410円(本体4200円)(27518-8)

9. 内点法
小島政和・土谷 隆・水野眞治・矢部 博著
A5判 304頁 定価5880円(本体5600円)(27519-6)

10. DEA —経営効率分析法
末吉俊幸著
A5判 216頁 定価4515円(本体4300円)(27520-X)

シリーズ〈マーケティング・エンジニアリング〉
データに基づいた科学的意思決定の体系的な指針を提供

1. マーケティング・リサーチ工学
朝野煕彦著
A5判 192頁 定価3360円（本体3200円）(29501-4)

目的に適ったデータを得るために実験計画的に調査を行う手法を解説。〔内容〕リサーチ／調査の企画と準備／データ解析／集計処理／統計的推測／相関係数と中央値／ポジショニング分析／コンジョイント分析／マーケティング・ディシジョン

2. マーケティング・データ解析 —Excel/Accessによる—
木島正明編
A5判 192頁 定価3675円（本体3500円）(29502-2)

実務家向けに，分析法を示し活用するための手段を解説。〔内容〕固有地問題に帰着する分析手法／プロダクトマーケティングにおけるデータ分析／アカウントマーケティングにおけるデータ分析／顧客データの分析／インターネットマーケティング

4. 新製品開発
朝野煕彦・山中正彦著
A5判 216頁 定価3675円（本体3500円）(29504-9)

企業・事業の戦略と新製品開発との関連を工学的立場から詳述。〔内容〕序章／開発プロセスとME手法／領域の設定／アイデア創出支援手法／計量的評価／コンジョイント・スタディによる製品設計／評価技法／マーケティング計画の作成／他

6. プロモーション効果分析
守口 剛著
A5判 168頁 定価3360円（本体3200円）(29506-5)

消費者の購買ならびに販売店の効率を刺激するマーケティング活動の基本的考え方から実際を詳述。〔内容〕基本理解／測定の枠組み／データ／手法／利益視点とカテゴリー視点／データマイニング手法を利用した顧客別アプローチ方法の発見／課題

7. 広告マネジメント
木戸 茂著
A5判 192頁 定価3675円（本体3500円）(29507-3)

効果の測定と効果モデルの構築を具体的な事例を用いながら概括。〔内容〕広告管理指標／広告媒体接触調査／立案システム／最適化問題／到達率推定モデル／ブランド価値形成／短期的効果／長期的成果／ブランド連想と広告評価の因果関係／他

シリーズ年金マネジメント
現代社会を生きるために必須となる年金の知識，その理論と実際を解説

1. 年金マネジメントの基礎
田中周二編　上田泰三・中嶋邦夫著
A5判 192頁 定価3780円（本体3600円）(29581-2)

企業年金のしくみ・財政を解説。年金業務に携わる実務担当者必携の書。付録プログラムにより企業の実務で実際に行う計算過程の擬似的体験が可能(退職給付会計の財務諸表の作成等)。〔目次〕企業年金の設計と運営／制度の見直し・移行／他

2. 年金資産運用
田中周二編　山本信一・佐々木進著
A5判 256頁 定価3990円（本体3800円）(29582-0)

年金資産運用においては，長期戦略（運用基本方針）を立てることが重要となる。そのために必要な知識・理論を解説。〔目次〕年金運用のPlan-Do-Seeプロセス／ポートフォリオ理論／政策アセットミックス／マネージャー・ストラクチャー／他

3. 年金ALMとリスク・バジェッティング
田中周二編　北村智紀著
A5判 196頁 定価3990円（本体3800円）(29583-9)

年金の運用においてはリスク管理が重要となる。最近注目されるALM（資産負債統合管理），リスク・バジェッティング（リスク予算配分と管理）等の理論・モデルについて解説。〔目次〕年金運用とリスク管理／年金運用と最適資産配分／他

●経営工学・数理工学

生産管理大辞典
P.M.スワミダス著 黒田 充・門田安弘・森戸 晋監訳
B5判 880頁 定価39900円(本体38000円)(27007-0)

世界的な研究者・製造業者が一体となって造り上げた105用語からなる中項目大辞典。実際面を尊重し、定義・歴史的視点・戦略的視点・技術的視点・実施・効果・事例・結果・統括的知見につき平易に解説。950用語の小項目を補瞰収載。〔主な項目〕SCM／MRP／活動基準原価／環境問題／業績評価指標／グローバルな製造合理化／在庫フロー分析／資材計画／施設配置問題／JIT生産に対するカンバン制御／生産戦略／製品開発／総合的品質管理／段取り時間の短縮／プロジェクト管理／他

シリーズ〈ビジネスの数理〉1　ビジネス数理への誘い
筑波大学ビジネス科学研究科編
A5判 160頁 定価3045円(本体2900円)(29561-8)

ビジネスのための数理的方法を俯瞰する入門編。〔内容〕ビジネス科学・技術／数理的方法の機能／モデルアプローチ／マネジメントプロセスモデル／モデルアプローチの成功と失敗／ビジネス現象のモデル化／デザイン技術としての数理的方法他

現代生産管理 ―情報化・サービス化時代の生産管理―
鹿島 啓・畑 啓之・下左近多喜男・赤木文男・本位田光重・大野 彰著
A5判 192頁 定価3045円(本体2900円)(27008-9)

大学理工系，文系の学部，高専で初めて生産管理を学ぶ学生や社会人のための教科書。生産管理の範囲を製造業だけでなく，情報・サービス業も対象として工学系の生産管理論に経営戦略論的な視点を加味してわかりやすく編集した

複雑系の数理
松葉育雄著
A5判 256頁 定価4725円(本体4500円)(28002-5)

「複雑な現象」はどう扱うべきか？さまざまな複雑現象を処理するために実際に「使える」手法を解説。〔内容〕複雑な現象とは／複雑さのとらえ方／関数近似と計算論／次元解析／スケーリング法／時間的スケーリング／カオス／自己組織化臨界現象他

生産管理システム
大野勝久・田村隆善・森 健一・中島健一著
A5判 196頁 定価3360円(本体3200円)(27006-2)

QDCとCSの達成に不可欠な理論と技術の基本をわかりやすく解説した教科書。〔内容〕作業研究／工程分析・設計／スケジューリング／PERT・CPM／MRPシステム／JIT生産システム／工程・品質・設備管理／生産情報システム／他

シリーズ〈科学の言葉としての数学〉　経営工学の数理Ⅰ
宮川雅巳・水野眞治・矢島安敏著
A5判 224頁 定価3360円(本体3200円)(11631-4)

経営工学に必要な数理を，高校数学のみを前提とし一からたたき込む工学の立場からのテキスト。〔内容〕命題と論理／集合／写像／選択公理／同値と順序／濃度／距離と位相／点列と連続関数／代数の基礎／凸集合と凸関数／多変数解析／積分他

シリーズ〈科学の言葉としての数学〉　経営工学の数理Ⅱ
宮川雅巳・水野眞治・矢島安敏著
A5判 192頁 定価3150円(本体3000円)(11632-2)

経営工学のための数学のテキスト。Ⅱ巻では線形代数を中心に微分方程式・フーリエ級数まで扱う〔内容〕ベクトルと行列／行列の基本変形／線形方程式／行列式／内積と直交性／部分空間／固有値と固有ベクトル／微分方程式／ラプラス変換他

●経済工学

金融工学事典
今野 浩・刈屋武昭・木島正明編
A5判 848頁 定価23100円(本体22000円)(29005-5)

中項目主義の事典として，金融工学を一つの体系の下に纏めることを目的とし，金融工学および必要となる数学，統計学，OR，金融・財務などの各分野の重要な述語に明確な定義を与えるとともに，概念を平易に解説し，指針書も目指したもの〔主な収載項目〕伊藤積分／ALM／確率微分方程式／GARCH／為替／金利モデル／最適制御理論／CAPM／スワップ／倒産確率／年金／判別分析／不動産金融工学／保険／マーケット構造モデル／マルチンゲール／乱数／リアルオプション他

年金数理概論
日本年金数理人会編
A5判 184頁 定価3360円(本体3200円)(29006-3)

年金財政を包括的に知りたい方，年金数理人をめざす方のための教科書。〔内容〕年金数理の基礎／計算基礎率の算定／年金現価／企業年金制度の財政運営／各種財政方式の構造／財政検証／財政計算／退職給付債務の概要／投資理論への応用／他

プロジェクトファイナンス —ベンチャーのための金融工学—
浦谷 規訳
A5判 296頁 定価5460円(本体5200円)(29003-9)

効率的なプロジェクト資金調達方法を明示する。〔内容〕理論／成立条件／契約担保／商法上の組織／資金調達／割引のキャッシュフロー分析／モデルと評価／資金源／ホスト政府の役割／ケーススタディ(ユーロディズニー，ユーロトンネル等)

ファイナンスへの数学 (第2版)
S.N.ネフツィ著　投資工学研究会訳
A5判 528頁 定価8190円(本体7800円)(29001-2)

世界中でベストセラーになった"An Introduction to the Mathematics of Financial Derivatives"原著第2版の翻訳。デリバティブ評価に用いられる数学を直感的に理解できるように解説。新たに金利デリバティブ，そして章末演習問題を追加

ファイナンス数学入門 —モデリングとヘッジング—
米村 浩・神山直樹・桑原善太訳
A5判 304頁 定価5460円(本体5200円)(29004-7)

実際の市場データを織り交ぜ現実感を伝えながら解説。〔内容〕金融市場／2項ツリー，ポートフォリオの複製，裁定取引／ツリーモデルとブラック・ショールズ公式，解析的アプローチ／ヘッジング／債券モデルと金利オプション／他

ファイナンス数学基礎講座

1. ファイナンス数学の基礎
小林道正著
A5判 176頁 定価3045円(本体2900円)(29521-9)

ファイナンスの実際問題から題材を選び，難しそうに見える概念を図やグラフを多用し，初心者にわかるように解説。〔内容〕金利と将来価値／複数のキャッシュフローの将来価値・現在価値／複利計算の応用／収益率の数学／株価指標の数学

5. デリバティブと確率 —2項モデルからブラック・ショールズへ—
小林道正著
A5判 168頁 定価3045円(本体2900円)(29525-1)

オプションの概念と数理を理解するのによい教材である2項モデルを使い，その数学的なしくみを平易に解説。〔内容〕1期間モデルによるオプションの価格／多期間2項モデル／多期間2項モデルからブラック・ショールズ式へ／数学のまとめ

6. ブラック・ショールズと確率微分方程式
小林道正著
A5判 192頁 定価3045円(本体2900円)(29526-X)

株価のように一見でたらめな振る舞いをする現象の動きを捉え，価値を測る確率微分方程式を解説。〔内容〕株価の変動とブラウン運動／ランダム・ウォーク／確率積分／伊藤の公式／確率微分方程式／オプションとブラック・ショールズモデル／他

シリーズ〈金融工学の基礎〉
「高所へジャンプ，技術的困難を一挙に解決する」基礎理論を詳述

1. 株価モデルとレヴィ過程
宮原孝夫著
A5判 128頁 定価2520円（本体2400円）（29551-0）

非完備市場の典型的モデルとしての幾何レヴィ過程とオプション価格モデルの解説および活用法を詳述。〔内容〕基礎理論／レヴィ過程／レヴィ過程に基づいたモデル／株価過程の推定／オプション価格理論／GLP&MEMM オプション価格モデル

2. リスク測度とポートフォリオ管理
田畑吉雄著
A5判 216頁 定価3990円（本体3800円）（29552-9）

金融資産の投資に伴う数々のリスクを詳述。〔内容〕金融リスクとリスク管理／不確実性での意思決定／様々なリスクと金融投資／VaRとリスク測度／デリバティブとリスク管理／デリバティブの価格評価／信用リスク／不完備市場とリスクヘッジ

3. 確率と確率過程
伏見正則著
A5判 152頁 定価2940円（本体2800円）（29553-7）

身近な例題を多用しながら，確率論を用いて統計現象を解明することを目的とし，厳密性より直観的理解を求める理工系学生向け教科書。〔内容〕確率空間／確率変数／確率変数の特性値／母関数と特性関数／ポアソン過程／再生過程／マルコフ連鎖

4. 数理統計・時系列・金融工学
谷口正信著
A5判 224頁 定価3780円（本体3600円）（29554-5）

独立標本の数理統計学から説き起こし，それに基づいた時系列の最適推測理論，検定および判別解析を解説し，金融工学への橋渡しを詳述したテキスト。〔内容〕確率の基礎／統計的推測／種々の統計手法／確率過程／時系列解析／統計的金融工学入門

シリーズ〈意思決定の科学〉〈全5巻〉
松原　望編集

1. 意思決定の基礎
松原　望著
A5判 240頁 定価3570円（本体3400円）（29511-1）

価値の多様化の中で私達はあらゆる場で意思決定を迫られている。豊富な例題を基にその基礎を解説。〔内容〕確率／ベイズ意思決定／ベイズ統計学入門／リスクと不確実性／ゲーム理論の基礎・発展／情報量とエントロピー／集団的決定

2. 戦略的意思決定
生天目章著
A5判 200頁 定価3570円（本体3400円）（29512-X）

ミクロ＝個人とマクロ＝組織・集団の二つのレベルの意思決定のメカニズムを明らかにし，優れた意思決定のための戦略的思考を構築する。〔内容〕複雑系における意思決定／戦略的操作／競争的・適応的・倫理的・集合的・進化的な意思決定／他

3. 組織と意思決定
桑嶋健一・高橋伸夫著
A5判 180頁 定価3570円（本体3400円）（29513-8）

合理的な意思決定は経営組織論の骨格である。組織と経営の具体例を決定理論の側から眺め直す。〔内容〕決定理論と合理性／近代組織論とルーティン／ゴミ箱モデルと「やり過ごし」／分析モデル／研究開発と意思決定／戦略的提携と協調行動／他

4. 財務と意思決定
小山明宏著
A5判 168頁 定価3360円（本体3200円）（29514-6）

企業はどう意思決定すべきか？資金調達・投資・成果配分の場合での意思決定の理論と実際を詳述。〔内容〕財務的意思決定の対象／ポートフォリオ選択／資本市場理論／オプション価格／企業評価モデル／プリンシパル・エージェント・モデル／他

5. 進化的意思決定
石原英樹・金井雅之著
A5判 212頁 定価3570円（本体3400円）（29515-4）

戦略はどう「進化」するのか？時をおって状況が変化する中での最も優れた意思決定の方法を探る。〔内容〕非協力ゲーム／非ジレンマ状況と囚人のジレンマ／保証ゲームとチキンゲーム／進化の論理と合理性／進化とゲーム理論／レプリケータ／他

ファイナンス・ライブラリー
実務者の抱える様々な問題と関心・欲求に応えるシリーズ

1. 金融デリバティブズ
小田信之著
A5判 184頁 定価3780円(本体3600円)(29531-6)

抽象的な方法論だけでなく、具体的なデリバティブズの商品例や応用計算例等も盛り込んで解説した"理論と実務を橋渡しする"書。〔内容〕プライシングとリスク・ヘッジ/イールドカーブ・モデル/信用リスクのある金融商品のプライシング

2. 金融リスクの計量分析
小田信之著
A5判 192頁 定価3780円(本体3600円)(29532-4)

金融取引に付随するリスクを計量的に評価・分析するために習得すべき知識について、"理論と実務のバランスをとって"体系的に整理して解説。〔内容〕マーケット・リスク/信用リスク/デリバティブズ価格に基づく市場分析とリスク管理

3. リスク計量とプライシング
家田 明著
A5判 180頁 定価3465円(本体3300円)(29533-2)

〔内容〕政策保有株式のリスク管理/与信ポートフォリオの信用リスクおよび銀行勘定の金利リスクの把握手法/オプション商品の非線型リスクの計量化/モンテカルロ法によるオプション商品のプライシング/有限差分法を用いた数値計算手法

4. 計量ファイナンス分析の基礎
小暮厚之・照井伸彦著
A5判 264頁 定価3990円(本体3800円)(29534-0)

ファイナンスで用いられる確率・統計について、その数理的理解に配慮して解説。〔内容〕金融資産の価値と収益率/リスク/統計的推測/ポートフォリオ分析/資産価格評価モデル/派生資産の評価/回帰分析/時系列分析/データ/微分・積分

5. 行動ファイナンス —理論と実証—
加藤英明著
A5判 208頁 定価3570円(本体3400円)(29535-9)

2002年ノーベル経済学賞のカーネマン教授の業績をはじめ最新の知見を盛込んで解説された行動ファイナンスの入門書。〔内容〕市場の効率性/アノマリー/心理学からのアプローチ/ファイナンスへの適用/日本市場の実証分析/人工市場/他

6. 金融リスクの理論 —経済物理からのアプローチ—
森平爽一郎監修
A5判 260頁 定価5040円(本体4800円)(29536-7)

"Theory of Financial Risks: From Statistical Physics to Risk Management"の和訳。〔内容〕確率理論:基礎概念/実際の価格の統計/最大リスクと最適ポートフォリオ/先物とオプション:基本概念/オプション:特殊問題/金融用語集

7. 企業財務のための金融工学
葛山康典著
A5判 176頁 定価3570円(本体3400円)(29537-5)

〔内容〕危険回避的な投資家と効用/ポートフォリオ選択理論/資本資産評価モデル/市場モデルと裁定価格理論/投資意思決定の理論/デリバティブズ/離散時間でのオプションの評価/Black-Scholesモデル/信用リスクと社債の評価/他

ファイナンス統計学ハンドブック
G.S.マタラ・C.R.ラオ編 小暮厚之・森平爽一郎監訳
A5判 740頁 定価27300円(本体26000円)(29002-0)

ファイナンスに用いられる統計的・確率的手法を国際的に著名な研究者らが解説した、研究者・実務者にとって最高のリファレンスブック。〔内容〕アセットプライシング/金利の期間構造/ボラティリティ/予測/選択可能な確率モデル/特別な統計手法の応用(ブートストラップ,主成分と因子分析,変量誤差問題,人工ニューラルネットワーク,制限従属変数モデル)/種々の他の問題(オプション価格モデルの検定,ペソ問題,市場マイクロストラクチャー,ポートフォリオ収益率)

ファイナンス講座〈全8巻〉

森平爽一郎・小暮厚之 編集

1. ファイナンスへの計量分析
小暮厚之著
A5判 184頁 定価3885円（本体3700円）(54551-7)

ファイナンス理論を理解し実践する為に必要な計量分析を解説。〔内容〕金融のデータ分析／確率モデル・統計モデルの基本／連続時間モデルと確率微分方程式／伊藤の公式と応用／回帰モデルと時系列モデル／条件つき分散とARCHモデル／他

2. 金融経済学の基礎
池田昌幸著
A5判 336頁 定価5460円（本体5200円）(54552-5)

〔内容〕不確実性と危険選好／平均分散分析と資本資産価格モデル／平均分散分析の拡張／完備市場における価格付け／効率的ポートフォリオとポートフォリオ分離／因子モデルと線形価格付け理論／代表的消費者の合成と経済厚生／他

3. デリバティブ 理論と応用
岩城秀樹著
A5判 192頁 定価3570円（本体3400円）(54553-3)

急成長するデリバティブの価値（価格）評価の方法をファイナンス理論から解説。〔内容〕デリバティブと無裁定価格評価／2項モデル／離散多期間モデルでの価格評価／連続時間モデルでの価格評価／先渡と先物／オプション／金利派生資産

4. コンピュテーショナル・ファイナンス
森平爽一郎・小島 裕著
A5判 240頁 定価3990円（本体3800円）(54554-1)

注目される計算ファイナンスのトピックスについて実例をあげて解説。〔内容〕コンピュテーショナル・ファイナンスとは／ツリーモデルによるオプション評価／有限差分法による偏微分方程式の数値解法／モンテカルロ法，数値積分，解析的近似

5. ポートフォリオの最適化
竹原 均著
A5判 180頁 定価4095円（本体3900円）(54555-X)

現実の投資問題を基に分析・評価のためのモデル構築と解法を紹介。〔内容〕投資リスク管理と数理計画モデル／アセットアロケーションと最適化／株式システム運用モデル／株式ポートフォリオ最適化／下方リスクモデル／多期間投資モデル

6. 証券市場の実証ファイナンス
平木多賀人・竹澤伸哉著
A5判 212頁 定価3990円（本体3800円）(54556-8)

証券市場行動を理解するための方法論と結果の解釈。〔内容〕曜日効果と日米間の情報伝達／祝日効果／日本市場のミクロストラクチャー／金利期間構造の確率要因／金利確率モデルの推定／為替リスクの評価／クロスセクション・アノマリー

8. ファイナンシャル・リスクマネージメント
森平爽一郎編
A5判 208頁 定価3780円（本体3600円）(54558-4)

預金保険の価値，保険の価格決定，各種の複雑な商品の設計方法など，日本の金融機関が抱えるリスク管理の重要問題にファイナンス理論がどのように活かせるかを具体的に解説。〔内容〕アセット・アロケーションの方法／資産負債管理の方法

ISBN は 4-254- を省略

（定価・本体価格は2005年2月20日現在）

朝倉書店

〒162-8707 東京都新宿区新小川町6-29
電話　直通(03) 3260-7631　FAX (03) 3260-0180
http://www.asakura.co.jp　eigyo@asakura.co.jp

(3) 統合オペレーション戦略によるシナジー効果と実現のための
　　技術基盤の充実

　さらに，当然統合オペレーション戦略を採用することで，市場による調整や組織内調整よりも大きな利得を得る方法が存在していること，つまりシナジー効果の存在およびその実現方法が必要条件となる[1]．

　この点については，近年叫ばれているSCMの考え方や情報技術（IT）の高度化が大きく貢献してきていることを指摘したい．

c. 統合オペレーション戦略の成立条件についての分析フレームワーク

　以上を整理すると，統合オペレーション戦略の成立条件の分析フレームワークは，大きく統合オペレーションによるシナジーの存在とWin‐Winの取引関係の成立との二つの視点がある．

　さらに，シナジーの存在には，市場ニーズの変化スピードと比較し市場調整方式に限界があること，統合オペレーション戦略によるシナジー実現の方法があることに加えて，同時に組織内調整方式においても限界があることの確認が必要ということとなる．

＜統合オペレーション戦略の成立についての分析フレームワーク＞
1）シナジーの存在
　① 市場調査の限界
　② シナジー効果を実現する総合オペレーションの存在
　③ 組織内調整の限界（規模の経済／各種資源取得に必要となる長い時間と大きなサンクコストによる調整の柔軟性限界）
2）Win‐Winの取引関係の成立

3.3.3　百貨店チャネルのアパレル流通における統合オペレーション戦略の分析

　百貨店チャネルのアパレル流通分野において，統合オペレーション戦略は成立するのであろうか．前述したフレームワークを活用した分析を行う．

a. アパレル流通における「市場による調整」の限界

　アパレル商品の特性としてまず市場不確実性が高く，どの商品が，どれだけの数量販売できるのかを，あらかじめ高い精度で予測することは容易ではないことがあげられる．

また，一般的には商品ライフサイクルが数週間と短く，かつ生産供給リードタイムは，数か月と長い．

このため，シーズン前に長期のリードタイムで発注すると予測精度の限界から，売れ筋商品以外の商品の仕入が拡大し，シーズン終了後の残品が増加し不良在庫化する危険性がきわめて高くなる．一方，小売企業が，シーズン開始後，売れ筋が明確になった段階でスポット市場（アパレルと百貨店とにより構成される製品市場）から商品を調達しようとしても，そのときには売れ筋商品はスポット市場には存在せず調達が困難なのである．

つまり，生産供給リードタイムに対し，消費者ニーズの見通しが難しく，変化も激しいため，市場を介した調整には限界があるといえよう．

b. 統合オペレーション戦略によるシナジー効果の存在

アパレル流通におけるSCMオペレーションの考え方は，スタイルグッズ問題としてORの伝統的な分野の一つである．とくに，近年ではM.FisherとAnanth Ramanが提唱した「アキュレイトレスポンス」という考え方が有名である[5]．

これは「シーズンイン後の実需を基に，シーズン直後に需要予測内容を見直すことで平均的な予測誤差を縮小できること．また当初の需要予測内容と予測誤差についての情報をあらかじめ供給連鎖全体で共有し生産供給計画へ反映させておくこと」が効果的であるというものである．

つまり，販売側と供給側とで，「先行的な需要予測情報（$\mu_{i,t} | \sigma_{i,t}$：iは商品，tは販売時刻，μは販売数，σは販売数の予測値と実績値との標準偏差）の動的な情報共有」を行い，それぞれが持続的に最適化を行うことが，アパレル流通の統合オペレーション戦略に効果的であり，このような緊密な情報共有に基づいたオペレーションを行うことで，初めてシナジー効果の可能性が存在するのである．

じつは，百貨店以外のチャネルでは，垂直統合形態によるオペレーションにより成功を収めているアパレル企業も一部では存在している．

これらの企業は，ニッチ市場における集中戦略を採用していることが多い，いわゆるSPA（単独企業で生産供給から店舗販売までを行っている製造小売業）業態の企業やブランドである．

成功している垂直統合形態によるオペレーションの特徴は，まず，①早期に

多数の店舗を展開し，アパレルに必要な規模の経済を確立したこと，②広告プロモーションに大きな投資を行い集客力を向上させることに成功したこと，同時にもっとも特徴的な点は，③実需，もしくは先行的な売れ筋についての兆し情報を，企業内で緊密に情報共有することにより，オペレーション効率を向上させること，つまりアパレル流通におけるSCMオペレーションの考え方を実現することに成功している点である．

販売部門と生産部門における緊密な情報共有を前提としたSCMオペレーションによるシナジー効果の存在は，すでにわが国でもSPA（製造小売）業態が台頭してきていることからも容易に理解できる．

c. 組織内調整の限界

それでは，このようなSCMオペレーションを百貨店やアパレルのそれぞれが垂直統合型のドメイン戦略を採用し，組織内調整により実現することは効率的であろうか．

分析の視点は，規模の経済と，各種資源取得に必要となる長い時間と大きなサンクコストによる柔軟性の限界の存在である．

(1) 百貨店の垂直統合型ドメイン戦略

百貨店が垂直統合型のドメイン戦略を目指した場合を考えてみよう．これは，具体的には，百貨店が自ら生産までを行うプライベートブランド（PB）を志向した場合に相当すると考えられる．

アパレルのオペレーションにおける規模の経済としては，商品の多様性と一アイテム当たりの生産規模が重要である．この点で，百貨店が自らプライベートブランドを開発しても生産規模が小さく非効率となる危険性が高いと考えられる．これは，多数のアイテムの商品を店頭へ陳列しなければ，店頭の魅力が乏しく集客力が下がるが，多数の商品アイテムを生産することになると一アイテム当たりの生産規模が小さくなり，生産原価が高くなってしまうからである．

また，百貨店のPBをブランドとして認知させるためには長いリードタイムとブランドへの投資が必要となるが，PBだけで，多様で変化の激しい市場ニーズには応えるのは容易ではないと考えられる．

以上から，百貨店単独で垂直統合型ドメイン戦略を目指すことには限界があ

ると考えられる．

(2) アパレルの垂直統合型ドメイン戦略

つぎに，アパレルが垂直統合型のドメイン戦略を目指した場合を考えてみよう．これは，具体的には，アパレル自らが多数の路面店を整備することに相当すると考えられる．

小売業のオペレーションにおける規模の経済は集客力である．一部のアパレル企業では，自社ブランドをすべて集めた自社ビルを整備する動きもないわけではないが，アパレル業が自ら路面店を整備・所有しても十分な集客力を得ることは，必ずしも容易ではないと考えられる．

d. Win‑Winの取引関係の成立

FBA委員会においても，その当初から，販売部門である百貨店と生産部門であるアパレル間で，緊密な情報共有を行い，シナジー効果を具体化することが重要だという指摘がなされた．具体的には，以下の四つの考え方がオペレーション高度化の方向として確認されている．このため，シナジー効果の存在に気がついていなかったわけではない．

＜アパレル流通におけるSCMオペレーションの考え方＞[2]

① 川上～川下業種までの一貫した商品企画と精度の高い需要予測，販売計画の立案
② 他段階生産，および行程間（販売計画～各生産行程計画までの）同期化によるスループットタイムの短縮
③ 計画の短サイクルローリングによるダイナミックな最適性の維持
④ きめ細かな市場情報の把握と生産供給進捗状況の把握

(1) 百貨店チャネルのアパレル流通において，統合オペレーション戦略が成立しなかった理由

それでは，なぜ百貨店チャネルのアパレル流通では販売部門と生産部門における緊密な情報共有を前提としたSCMオペレーションによる効率化が実現できなかったのであろうか．この点については，統合オペレーション戦略の第二の条件である「Win‑Winの取引関係の成立」の視点からの分析が効果的である．

結論からいうと，シナジー効果が存在することはお互いに理解していても統

合オペレーション戦略が成立しなかった理由は，既存の取引形態では「統合オペレーション戦略成立の第二の条件である相互の機会主義的行動を抑制するWin-Winの取引関係が成立していなかったこと」がその理由である．

経営層の問題意識はまさにこの点にあったのである．

① 百貨店チャネルのアパレル流通における既存取引制度

「いわゆる委託取引，もしくは返品条件付買取制度」とよばれている既存取引は，具体的には「小売が発注を行い，アパレルが店頭へ納品を行う．しかし，店頭で売れ残った商品は返品が可能」という商取引制度のことである．

通常，このとき企業間で，掛け率（最終販売価格に対する仕入価格の割合：歩合）設定がなされ，すべての商品について同等の掛け率による取引がなされる．

② 百貨店チャネルのアパレル流通における既存取引の問題

既存取引は，返品が可能な掛け率取引である．シーズン終了後，残品を仕入価格で返品するということでは，百貨店側は機会主義的といわれても仕方がなく，これでは百貨店の発注に忠実に従って生産・納品するアパレルは高いリスクにさらされていることになる．

一方，既存取引では，形式的には小売が発注，返品の指示・許可を行っているが，多くの場合，事実上アパレルの意思で返品や店舗間移動が可能となっている．つまり，アパレルは，自らの意思でシーズン開始後，売れ筋商品が判明した後に，売れ筋商品を販売力のある店舗へ集約すること（いわゆる店振り）で，消化率（＝販売数/生産数）を向上させることが可能な場合が多い．

また，掛け率取引では，アパレルにとって店舗費用は固定費ではない．つまり，アパレルからみると，仮に店舗数を拡大した場合でも，一部の店舗における売上げの低下（＝販売機会損失の拡大）を犠牲にしたとしても，生産数に対する販売数（＝消化率）が向上すれば，利益が拡大するという収支構造となっている．

上記アパレルの行動は百貨店からすると，売上げ減少に直結する行動となる．

以上の考察から，現行取引の問題の本質は，販売側である百貨店の機会主義的行動を抑制する仕組みがないために，逆に供給側が予防措置として，機会主

義的な行動をとることにより市場不確実性に対応するが，このアパレルの機会主義的行動を抑制する仕組みがないということである．

いい換えれば，既存取引では，利得分配方式が，商品の不良在庫リスクを考慮したものとなっていないため，双方が機会主義的な行動をとることを抑制できないということである．

既存取引における返品制度と掛け率取引とが，機会主義的な行動を引き起こす原因となっていたのである．なお，百貨店における返品制が百貨店経営にはむしろ災いしたというパラドックスは，江尻による分析にも詳しい[6]．

(2) FBAコラボレーション取引において統合オペレーション戦略が成立した理由

既存取引にみられた機会主義的行動を排除するために，新たに"FBAコラボレーション取引"が，FBA委員会により設計された．

FBAコラボレーション取引では，緊密な情報共有に基づく統合オペレーションのシナジー効果の発揮を相互にモニタリングでき，かつ百貨店，アパレル両者における機会主義的な行動を相互に抑制する仕組みが取引制度として取り入れられた．

このため，統合オペレーション戦略の二つの条件が整備されたこととなり，戦略が成立したと考えられる．

① コラボレーション取引が前提とする統合オペレーションの内容

コラボレーション取引は，企業間で緊密な情報共有を行い統合オペレーションによるシナジー効果を目的としている．

既存取引では，「あいまいな発注行為」と総称されている業務を，百貨店による「需要予測情報・販売計画情報」の提供，「計画発注」，「納品発注」の三つの要素に分け，それぞれの行為を明確に区分しこれを一連の情報共有に関わる協働活動として明確に位置づけた．

とくに，計画発注と納品発注とを明確に区分したことに大きな意味がある．計画発注とは，シーズン前のあらかじめ双方で決められたタイミングで，単品（色・サイズ別）レベルでの発注数量を提示することであり，納品発注とは，店頭への納品依頼のための数量提示行為である．百貨店は，計画発注の範囲で納品発注が可能であり，納品発注に対してアパレルは商品を納品することとな

る.

　さらに，シナジー効果を発揮するために，双方におけるアパレル流通SCMオペレーションを約束する．需要予測精度はシーズンが近づくにつれて，またシーズンイン後に向上する．この結果をできるだけ生産供給計画に反映できるようにするために，販売計画と生産供給計画の整合性を維持しつつ，機敏（アジル）に修正，ローリングを行うのである．

　もちろん，上記協働活動の具体的なオペレーション条件を事前に合意しておき，百貨店，アパレル双方でのコラボレーションの準備を十分に行うことはうまでもない．

② FBAコラボレーション取引における相互の機会主義行動抑制の仕組み

　FBAコラボレーション取引では，相互に機会主義的行動を抑制するために，まず企業間で基本契約書を締結し，つぎに実務レベル（バイヤーとMDなど）で下記の内容について個別契約書を取り交わす．

　コラボレーション取引における相互の機会主義行動抑制の仕組みは，単純化していえば，百貨店が計画発注に対する消化率を約束し，アパレルが納品発注に対する納品率を約束することである．

　アパレルが約束する納品率は，百貨店が行った計画発注数量の範囲内でなされた納品発注についてだけである．納品率は，百貨店の納品発注数量を分母とし，これに対応してアパレルが納品した数量を分子とする．

　こうすることで，シーズン終了後の残品を上限なく百貨店は返品できるわけではなく，百貨店の機会主義的行動はなくなる．同時に，アパレルは百貨店の納品発注に対し，これが計画発注の範囲内であるならば，約束した納品率以上の納品率でこれを納品する義務が生じることになり，機会主義的な行動はなくなるわけである．

③ FBAコラボレーション取引における利得分配の仕組み

　コラボレーション取引において，利得分配方式に相当するのは，掛け率設定である．この掛け率設定については，今後どのように運用されるかについては，まさに当事者間で決定されることであるが，以下の2点の特徴が予想される．

　まず，第一には，消化率を高く約束できる百貨店は，そのほかの条件が同じであれば，安く，つまり低い掛け率で商品を調達できる．これは，約束される

消化率が高ければ，アパレルにとっては返品による損失リスクの期待値が小さいからである．

　第二には，納品率を高く約束できるアパレルは，そのほかの条件が同じであれば，高く，つまり高い掛け率で商品を販売できる．納品率が高いということは，それだけ小売にとって販売機会損失を抑制でき，売上げ増へつながる可能性が高いからである．

　コラボレーション取引は，現在日本百貨店協会と日本アパレル産業協会で機関決定され，パイロットプロジェクトを中心として本格的な普及段階に入っている．

3.4　お わ り に

　本章では，百貨店チャネルのアパレル流通における取引改革をケースとして取り上げた．

　類似の統合オペレーション戦略，いわゆる協働活動（コラボレーション）は，アパレル流通にかぎらず，食品や雑貨などのグロサリー業界でも，活発に進んでいる．とくに米国や欧州では，関連する企業が業種をこえた協働活動を設計し，実現していくECRという動きが90年代前半より始まっている．とくに最近では，CPFR（協働計画・需要予測・補充納品）という新しいオペレーション形態，取引形態が普及し始めている．

　米国CPFRも統合オペレーション戦略により理解できる．一方，わが国におけるほかの商品流通においても，旧来の流通取引慣行が，こうしたコラボレーション，統合オペレーション戦略の阻害要因となっている危険性は高い．しかしながら，わが国の流通取引における商取引慣行について統合オペレーション戦略の視点から分析された研究蓄積は少ない．今後は，ほかの商品分野においても統合オペレーション戦略の応用として，旧来の商取引慣行を分析し，阻害要因を明確化することで，流通分野での生産性向上を果たすことへの貢献ができる可能性は高いと考えられる．

　さらに，青木と安藤が指摘するように，「モジュール化が企業や産業の発展の鍵となる」とすると，複雑なモジュールから構成される供給連鎖に対する統合オペレーション戦略の設計は，ますます重要となることが予想される[8]．

なお，モジュール化されたオペレーションプロセスとそのインターフェース を設計するという視点から，企業内，企業間の連携におけるビジネスモデルを 同一の視点から整理したものに参考文献［7］がある．

参　考　文　献

［1］　梅沢豊：2001年度㈳日本オペレーションズ・リサーチ学会春季研究発表会アブストラクト集，2001
［2］　日本百貨店協会：FBAビジネスモデルガイドライン，日本アパレル産業協会，2001
［3］　藤野直明："コラボレーション取引について"，百貨店の取引改革，日本百貨店協会，2002
［4］　宮澤健一：制度と情報の経済学，有斐閣，1988
［5］　M. Fisher, and Ananth Raman: "Reducing the Cost of Demand Uncertainty through Accuate Response to Early Sales", *Operations Research*, **44** (1), 1996
［6］　江尻弘：百貨店返品制の研究，中央経済社，2003
［7］　藤野直明，姫野桂一："サプライチェーンマネジメントに関するビジネスモデル：分析と設計理論の考察" 経営情報学会誌，**10** (3),別冊, 2001
［8］　青木昌彦，安藤晴彦：モジュール化―新しい産業アーキテクチュアの本質―，東洋経済新報社，2003

4 戦略的品質経営とSCMの新展開
──トヨタとNOKの協創タスクチームを例として
天坂格郎

4.1 はじめに

　昨今の国内外の製造業が生き残りをかけた熾烈な競争が進むなかで，顧客満足を著しく損なう度重なる品質問題は，顧客最優先の品質経営の重要性を改めて認識すべきものであり，本章で論及する指針になっている．

　最近の企業経営活動を概観するとき，業界のリーダーともいえる企業が思いもしないような品質問題で苦労しているケースもあれば，いつのまにか顧客の気持ちがみえなくなり技術開発に遅れが生じ企業存続の危機に陥っているケースも散見される．一方で，足元を固め世界を見据え，積極果敢に顧客優先の商品開発と営業・販売の改革を行い，仕入先メーカーと協業し，全社あげての"トータルマーケティング"活動で，この何十年間活き活きと成長し続けている企業も少なくない．このような企業間格差が生まれる背景は何であろうか．経営者の関心事は，"顧客最重視の品質経営"と，それを実現させるために必要とする"人を活かし，組織全体を活性化する企業風土づくり"による，理に適う経営成果の創出ではなかろうか．

　今後，グローバルマーケティングを強力に展開するためには，いわゆる，"日本的なサプライシステム"の有効性を活かし，戦略的品質経営の視点から"プラットホーム型の新たなサプライチェーン・マネジメント"（SCM）を展開しなければならないと考える[1][2]．

　本章では，自動車製造業を例として，"戦略的品質経営とSCMの新展開"について言及をする．グローバルマーケティングを戦略的に展開している代表企業として，トヨタとNOKの協創活動を紹介する．筆者らは，"プラットホ

ームによるパートナリング"の新展開をはかるため,協創タスクチーム"デュアル・トータルタスクマネジメントチーム"活動を提案し,その有効性を検証する.

ここでは,世界の自動車メーカーの懸案となっている技術課題"駆動系オイルシールの密封機能の信頼性"の品質保障活動を取り上げる.具体的には,"オイルシールの油漏れ"の解決にあたり,自動車アッセンブリーメーカー(以下車両メーカーという)が系列外のサプライヤー(仕入先の部品メーカーをいう)とどのようにしてジョイントし,両者が技術ノウハウを提供し合い,"油漏れのメカニズム"の究明を行ったのか,課題解決に必要な方法論と解決アプローチを明示し,さらに技術成果の一端を例示する.

今後,日本企業が世界の品質競争に打ち勝つためには,系列会社との協創活動[14]に留まらず,系列会社以外の"企業間パートナリング"を戦略的に展開することが重要であり,本章は"新たなSCMの展開"に十分な指針を与えるものと考える.

そこで本章では,以下の構成と内容で述べることにする.まず4.2節では,企業における協創活動の意義とその効果を考える.日本的といわれる,製造業を中心とする体系的・組織的活動の重要性を仕事の信頼度の視点からまず捉える.そして4.3節では,近年,日本車が米国のJDパワー社の品質評価でトップクラスの評価を得ているのは車両メーカーとサプライヤーが十分協創し,顧客の要求品質の向上に適応した品質改善を継続的に進めてきたことが主因であることを考究する[3].そこで4.4節では,車両メーカーとサプライヤーの協創活動の実際を捉える.具体的には,駆動系ユニットの信頼性向上のために,トヨタとNOKが取り組んだ協創タスクチーム"デュアル方式トータルタスクマネジメントチーム"の有効性を検証する[4].最後の4.5節のまとめでは,戦略的品質経営とSCMの今後の展開について所見を述べる.

4.2 企業における協創活動の意義

4.2.1 製造業を中心とした組織的活動とその効果

ここでは,日本的といえる製造業を中心とした企業内における組織的な仕事の進め方とその効果を考えてみる.図4.1は典型的な企業組織の体系図を示し

4.2 企業における協創活動の意義　　　81

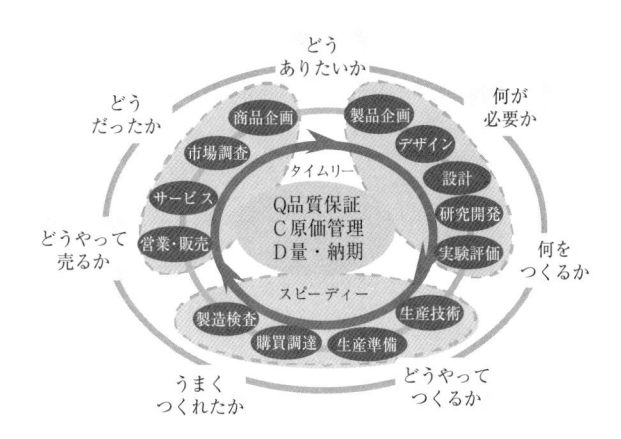

図 4.1 企業組織の体系図とその活動[3] [5]

ている．図中には製品の開発設計に関わる 5 部門（製品企画，デザイン，研究開発，設計，実験評価），生産に関わる 4 部門（生産技術，生産準備，購買・調達，製造・検査），そして商品の販売・企画に関わる 4 部門（営業・販売，物流・サービス，市場調査，商品企画）の合計 13 の部門がリンクして付置づけされている．図中に示すように，ここではお互いに連携した仕事を進めることをよしとし，タイムリーかつスピーディーに QCD 活動を行うことがこれまで求められてきた．その意味では，全社一丸となって "トータルマーケティング" 活動を展開してきたといってよい[3] [5]．

　そこで確率論を用いて，全部門が体系的・組織的に連携することがいかに大切か明示する．表 4.1 は一般的な製造業の企業内組織を示し，それを 13 部門に整理し，それらの各部門の仕事の信頼性を総合的にみたものである．ケース 1 では 1 部門当たりの信頼度が 99.9% であっても，13 の総合力は 98.7% であり 1.3% の問題（不信頼度）が発生して顧客に迷惑（クレーム）をかけることになる．

　ケース 2 の信頼度 99.0% になると，同様に総合力は 87.8% に大きく低下し，12.2% のクレームが発生し社内外に見過ごせない経営技術問題となる．ケース 3 の信頼度 95% になると，不信頼度は 48.7% でリコールとなり致命的な問題となり，社会的責任では済まされないさまざまな問題が生じよう．ケース 4 の

表 4.1 13 部門の仕事の信頼性 [3] [5]

- ケース 1：99.90％／部門
  → $0.999^{13} = 0.987$（1.3％の問題）
- ケース 2：99.00％／部門
  → $0.9900^{13} = 0.878$（12.2％の問題）
- ケース 3：95.00％／部門
  → $0.950^{13} = 0.513$（48.7％の問題）
- ケース 4：90.00％／部門
  → $0.900^{13} = 0.254$（74.6％の問題）
- ケース 5：99.99％／部門
  → $0.9999^{13} = 99.88\%$（0.12％の問題）
- ケース 6：12 部門が 99.99％で
  　　　　　1 部門が 0.500％のとき
  → $0.999^{12} \times 0.500 = 0.4999$（50.01％の問題）

90％の信頼度では，74.6％の問題が発生し，永年築いてきた顧客の信頼を根底から失うことになり，場合によっては企業倒産にいたる制裁が起きよう．ケース 5 では，たとえ信頼度 99.99％になっても，0.12％の問題が依然として発生し，それが顧客に大きなダメージを与える場合は，生産台数が多くなるにつれ決して安心できないのである．ケース 6 の場合では，12 部門が 99.99％の信頼度であっても，1 部門が何らかの手違い（うっかりミス，検討もれ，新人や未熟練者によるスキル不足など）で 50％の信頼度になった場合は，50.01％となりケース 3 と同様な事態が発生するのである [3] [5]．

大切なことは，"What is it for ?" である．何らかの問題が市場で発生したとき，原因究明中の品質保証部門に対し，ある部門長が「うちの職場は 99.9％の仕事をしているのだから問題ない，ほかを調べてくれ！」では済まされないのである．このような企業内における信頼性問題は，企業間の仕事の信頼性問題にも当てはまり，むしろ企業内の部門間の連携活動に比べ信頼度は低下することは容易に類推できよう．今後は，企業間どうしの連携活動の強化のためのパートナリングにより，仕事の信頼性をよりいっそう高めてゆかねばならない [6] [7]．

4.2.2　車両メーカーとサプライヤーの協創活動の重要性

たとえば自動車のような総合組立産業では，部品やユニットの品質管理だけ

でなく車両メーカーでアッセンブリー化する適合技術の最適化と，さらには生産・販売・サービスなどにいたるまでの一貫した「品質保証」が大切である．懸案となっている技術課題解決にあたっては，車両メーカーもサプライヤーもおのおのの単独活動では，両社間の狭間や跨る技術などが究明されず暗黙知になりやすい．

それゆえに，つねにエンドユーザーに目線を合わせてパートナリングを行い，必要な場合はソフト・ハードの技術を公開し合って，新たな智恵と工夫によりすばやく的確に商品化し顧客に提供することが肝要である．上述したように，車両メーカーもサプライヤーも自社内の製品品質の信頼性を高めたければ，両者が一体となって構成メンバーらのビジネスプロセスの信頼性を高める「品質マネジメント」が重要であり，戦闘能力をもつことを可能にする「協創チーム」活動が今後とも重要であるといえよう[1][2][8][9][11][12]．

4.3 日本車はこれからもトップクラスの品質を確保できるか

4.3.1 米調査で「レクサス」が6年連続で信頼性トップ

1998年の4月2日付の朝日新聞に以下の記事が書かれていた．「米市場調査会社，JDパワー・アンド・アソシエイツ[*1]が1日発表した自動車信頼性調査によると，乗用車・トラックの総合評価でトヨタ自動車の高級車レクサスがトップとなり，4年連続でもっとも信頼性が高いブランドに選ばれた．同調査は1993年型モデルのオーナーを対象に，（車両の品質評価項目）89項目について最近1年間の状況を調べた．その結果，レクサスは100台当たりの問題発生件数が167件に止まり，業界平均（339件）だけでなく，2位の米ゼネラル・モータース（GM）のキャデラック（問題件数234件）をも大きく下回った（時事通信）」（これに関する解説は梅沢・天坂の参考文献［1］に詳しい）．

この記事に注目し，筆者は1999年そして2000年でもやはりレクサスが第1位であることをインターネット（URL：http://www.jdpower.com）で確認できた．図4.2は，そのコンテンツから採集したものである．図中の2000年度版には上位21車種の車名が載っており，レクサスはこれで6年連続世界一を保

[*1] JDパワー・アンド・アソシエイツ社はCS（顧客満足）に関するマーケティング情報を自動車メーカーなどに提供することを中心に事業を展開している．

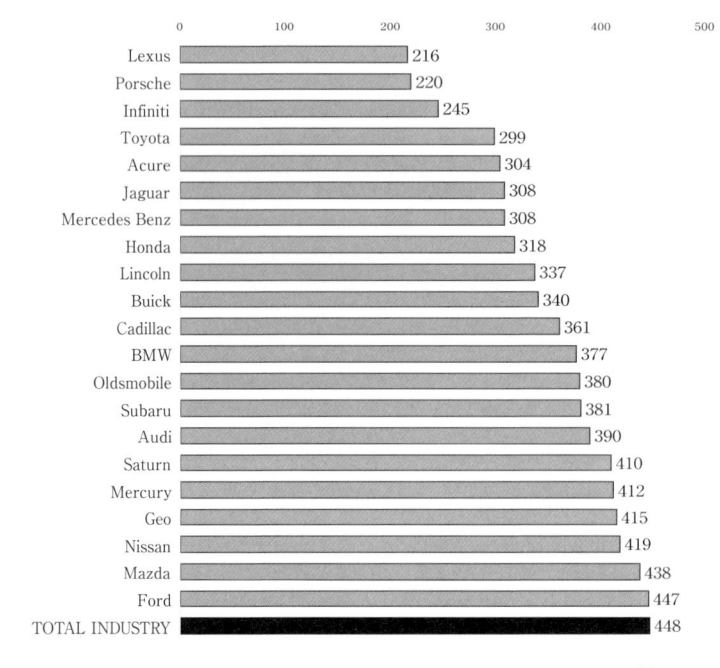

Lexus	216
Porsche	220
Infiniti	245
Toyota	299
Acure	304
Jaguar	308
Mercedes Benz	308
Honda	318
Lincoln	337
Buick	340
Cadillac	361
BMW	377
Oldsmobile	380
Subaru	381
Audi	390
Saturn	410
Mercury	412
Geo	415
Nissan	419
Mazda	438
Ford	447
TOTAL INDUSTRY	448

図 4.2 J.D Power and Associates 2000 Vehicle Dependability Study ^{SM}
(出典：UTL：hppt://www.jdpower.com)

っていることになる．表中からわかるように，日本車はレクサスを筆頭に合計 8 車種を占めていることがわかる．このような優れた品質評価を日本車が獲得できているのは，評価項目から勘案して車両組付け技術と部品・ユニットが高い信頼性技術をもっていることを意味しており，品質マネジメントに対する日本の車両メーカーとサプライヤーの永年培われた協創活動の成果であるといえよう[2][3]．

4.3.2 米調査で日本車が 14 カテゴリー中 12 カテゴリーでトップ

さらに同様にして，2000 年モデル車の初期品質（車両メーカー出荷時の品質をいう）についてもインターネットで調べたところ，表 4.2 を採集することができた．この表から，車両メーカーから出荷される初期品質の出来栄えを評価することができ，車両メーカーとサプライヤーのつくり込み品質の善し悪しが総合結果として確認できよう．表中には，乗用車およびトラックについてそ

れぞれ七つのセグメントでベスト1からベスト3までが掲載されている（みやすいように表形式に編集した）．

乗用車では，ベスト1にランクされた日本車は5カテゴリーであり，ベスト3までに広げると21車種中15車（全体の7割以上を占める）であった．同様にトラックでも，日本車はすべてのカテゴリーで第1位にランクされ，ベスト3での日本車は21車種中12車種（全体の半分以上を占める）であった．1996年以降の同様のコンテンツを時系列で確認したところ，日本車は毎年着実に成績が上がってきている．これらの成果は，前述した図4.2の結果と総合すると，日本の車両メーカーとサプライヤーは有機的に連携をして，顧客が車両を購入した時点から永年顧客の期待を裏切ることのないように，品質保証体制を充実させたモノづくりを進めてきた結果であるといえよう．

具体的には，①市場ニーズの多様化・高品質化に呼応し，②技術面では，明

表 4.2 J.D.Power and Associates 2000 Initial Quality Study
（出典：UCR：hppt//www.jdpower.com）

Car Segments	Truck Segments
Compact Car	Compact Pickup
Best：Toyota Corolla	Best：Mazda B-Series
Chevrolet Prizm	GMC Sonoma
Mitsubishi Mirage	Chevrolet S-10 pickup
Entry Midsize Car	Fullsize Pickup
Best：Plymouth Breeze	Best：Toyota Tundra
Chevrolet Malibu	Ford F-150 Light Duty
Dodge Stratus	Ford F-250 Super Duty
Premium Midsize Car	Mini Sport Utility Vehicle
Best：Toyota Avalon (tie)	Best：Honda CR-V
Best：Toyota Camry (tie)	Toyota RAV4
Nissan Maxima	Subaru Forester
Sporty Car	Compact Sport Utility Vehicle
Best：Acura Integra	Best：Nissan Pathfinder
Honda Prelude	Mercury Mountaineer
Dodge Avenger	Toyota 4Runner
Entry Luxury Car	Fullsize Sport Uttility Vehicle
Best：Lexus ES 300 (tie)	Best：Toyota Land Cruiser
Best：Acura TL (tie)	Ford Expedition
Infiniti 130	Chevrolet Suburban GMT800
Premium Luxury Car	Luxury Sport Utillity Vehicle
Best：Lexus LS 400	Best：Lexus LX 470
Acura RL	Infinity QX4
Lexus GS Sedan	Lexus RX 300
Sports Car	Compact Van
Best：Porsche 911	Best：Toyota Sienna
Honda S2000	Plymouth Voyager
Chevrolet Corvette	Dodge Caravan

快な開発コンセプトと新技術を商品企画・設計に反映してきたこと,そして,③製造面では,先進の生産加工技術を駆使し,製造工程の高度な生産管理のシステム化により,柔軟で効率的な生産体制づくりを実現してきたことである.このように,日本車は顧客の満足度を高めるように優れたQCD研究が要諦をなしているといえる[2][3][10]～[12].

4.3.3 戦略的品質経営と新たなSCM展開が必要

しかし,日本車はこれからも世界のトップクラスの品質を確保できるであろうか? そのためには,時代の変化を捉え顧客指向の変化に乗り遅れないように,今後とも高信頼性の車づくりを実現しなければならない.

それゆえに,日本の車両メーカーもサプライヤーも生き残りをかけたグローバルマーケティングを展開し強化させるためには,さらに独自性・市場優位性に優れた製品を提供することがきわめて重要になってくる.そのためには,顧客最優先の品質経営に着目し,世界の自動車メーカーに品質技術の面で遅れをとることがないように,顧客に対して車両メーカーとサプライヤーが同じポジションで戦略的に協創する「パートナリングチェーンによる品質マネジメントのプラットホーム化」[2]を展開する必要があると考える.

そこで筆者らは,そのための次世代型の協創形態として,デュアル・トータルタスクマネジメントチーム活動を提案し,次節で述べるトヨタとNOKの協創タスクチーム活動を通してその有効性を検証することにする[3][4][7].

4.4 トランスアクスル用オイルシールの信頼性[4]
——トヨタとNOKの協創タスクチーム活動

このケーススタディでは,自動車のトランスアクスルユニットの信頼性改善を取り扱う.当該装置は市場クレーム(故障率)が少なくても,その故障を直すためのコストは高く,顧客満足度に大きな影響を与えるので,これは重要な取り組みテーマの一つである.本節では,当該ユニットの信頼性改善をはかるために,トヨタと系列外の部品メーカーが取り組んだ協創タスクチーム活動の概要を述べる.具体的には,トヨタとNOKが科学的アプローチを取り入れた,協創タスクチーム「デュアル・トータルタスクマネジメントチーム」による油

漏れメカニズムの調査解析である．オイルシール漏れの挙動の視覚化と"サイエンスSQC"[12]～[16]を適用する要因分析は，このアプローチに不可欠の2要素であった．これは「油漏れメカニズム」の解明と信頼性改善のための設計変更につながった．そして，得られた知見を両メーカーの品質保証活動に適用したことにより，つくり込み品質の改善ができ，市場クレームは大幅に改善された．

4.4.1 品質管理原論"サイエンスSQC"

世界の自動車メーカーと部品メーカーにとっても，顧客満足度を確実に上げるためには駆動系システムを改善することが非常に重要である．駆動系ユニットの信頼性は，構成部品の信頼性にかかっている．そうした構成部品の一つが，トランスアクスル用オイルシールである．これが故障すると油漏れにつながり，駆動系に深刻な影響を与えるおそれがあり，高い修理費用と大きな顧客不満足を招く．

トヨタは，この構成部品を系列外の部品メーカーであるNOKから購入している．この度筆者らは，オイルシールの信頼性を大幅に改善するために，"技術課題解決のための方法論と解決アプローチ"を新たに開発した．油漏れの動的な挙動はよく理解されていなかったため，合同調査の出発点はこの理解を深めることであった．これはトヨタとNOKが連携した協創タスクチーム，デュアル・トータルタスクマネジメントチームを通じて，筆者らが提唱しトヨタでその有効性が検証されている品質管理原論"サイエンスSQC"[12]～[17]を適用して行われた．

"サイエンスSQC"の適用段階では，課題解決に必要な方法論と解決プロセスそのコアメソッドとして「マネジメントSQC」と「SQCテクニカルメソッド」[18]が援用された．トヨタとNOKは「TDOS-Q5」（トヨタチーム：Q1～Q5の5チーム）および「NDOS-Q8」（NOKチーム：Q1～Q8の8チーム）を編成し，それぞれの2チーム（研究開発と設計の2チーム）がさらにジョイントして，科学的アプローチで調査を実施した．両メーカーの各チームは，それぞれ信頼性改善に関わる固有の目標と目的をもち，それらを達成するための三つのマネジメントメソッドとして，「テクノロジーマネジメント（TM）」，

「プロダクションマネジメント（PM）」，「インフォメーションマネジメント（IM）」を採用し，よりよいトランスアクスル用オイルシールを設計するための新技術の開発を目指した．

これらの活動により，二つの新しい技術を導いた．一つ目は根底にあるメカニズムを解明するためのオイルシール油漏れの動的挙動を視覚化する技術であり，二つ目はよりよい設計を通じて信頼性を改善するための要因分析の活用である．それらの知見を活かし，トヨタが開発した品質保障システム「トータルQAネットワーク」法[14]の適用によってつくり込み，品質を高めることが可能になり，信頼性の改善がはかられ市場クレームが90％以上減少した．

このケーススタディでは，おもにトランスアクスル用オイルシールの信頼性を改善するために，筆者らが進めた課題解決に必要な方法論と解決アプローチについて論じる．その概要はつぎの通りである．4.4.2項では，オイルシールの密封機能とシール設計へのこれまでのアプローチを取り扱う．4.4.3項では，トヨタとNOKがジョイントした協創タスクチーム"デュアル・トータルタスクマネジメントチーム"による信頼性改善活動について述べる．さらに4.4.4項では，トランスアクスルの品質を保証するためのオイルシールの信頼性改善を取り扱う．最後に4.5節では，いくつかの考察を加えてまとめとする．

4.4.2　オイルシール

a.　オイルシール機能

オイルシールは，図4.3に示すように，トランスアクスルユニット内部の潤滑油がドライブシャフト（回転駆動軸）から漏れるのを防ぐものであり，円形の金属環の上に成形されたゴム状のシールリップで構成される．このゴム状のシールリップは，ドライブシャフトの表面を取り囲んで締めつけることによって，物理的に潤滑油を密封する．シールリップの裏にあるコイルスプリングによって，シールリップの締めつけ力が増大する．

ドライブシャフトが回転するにつれて，わずかな量の密封されたオイルが，固定されたシールリップと回転するシャフト表面のあいだに薄い潤滑膜を形成する．この油膜がゴムリップの過度の磨耗を防ぎ，それと同時にドライブシャフトの回転による摩擦損失を減らす．適切に設計されたシールリップは，この

潤滑油膜上を滑る．一方で，過度に厚い油膜は，それ自体が漏れの原因となるが，シールリップとドライブシャフトのあいだの潤滑油膜を適切に制御することによって，アクスルユニット内部の潤滑油の流出は避けられる．

NOKによる永年にわたる広範な実験的・理論的調査によって，シールリップの密封機能に影響を与えるいくつかの重要な因子が明らかにされた．もっとも重要なのは，シールリップのゴム表面にある微視的な粗さの密封能力である．こうした微細な凹凸は，潤滑油膜内にせん断流をつくることが確認されている[19]．オイルシールの設計[20]の目的は，このせん断流に影響を与えて，オイルの正味流れが密封されたオイル側に向かうようにすることである．シールリップ表面の極小の凹凸のポンプ能力は，微細なポンプ流量 Q_1 によって表される．

この流量 Q_1 を確保するために，シールリップはらせんねじ状のリブによって確保されてきた．このリブはベーンポンプに似た機能をもち，漏れたオイルの微細なポンプ流量 Q_2 を，密封されたオイル側に戻す機能をしている[21][22]．NOKが Q_2 を最大化しようとする最近の努力は，リブ形状の特許取得につながっている[23]．

油膜の密封状態に関するパラメータは，オイルシールの設計自体だけではなく，ドライブシャフト表面の粗さの状態とその回転軸の偏心率といった外部因子も含む[23]．とくに重要なのは，微小粒子（異物，ユニットギヤのかみ合い磨耗粉など）によるオイルの性状不良（汚れ）である．これらはシールリップ

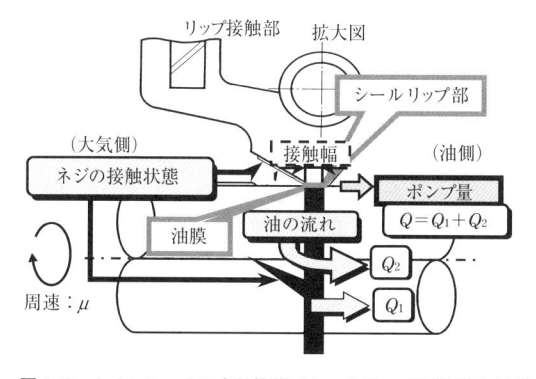

図 4.3 オイルシールの密封機能（シールリップ接触部拡大図）

だけではなく，車両の駆動系全体を含む技術上の問題なので，トヨタではオイルシールの信頼性を改善するために，NOKと協創タスクチームを編成し，当該ユニットの信頼性改善を開始した．

b. オイルシール設計のこれまでのアプローチ

トランスアクスル用オイルシールの油漏れ問題の認識に先立つ設計品質および総合的品質保証のアプローチは，主として当該部品の各要素を別々に扱うことに集中していた．技術開発設計スタッフは，油漏れ不具合のあったオイルシール単品を回収し，経験技術に基づいて原因を分析した．そして修正対策案が設計に織り込まれてきた．しかしながら，油漏れ回収品をいくら検査しても油漏れの理由が明らかにならず，油漏れの原因は「不明」と標識づけされ，これが漏れ問題に対する永続的解決法をみつけることを難しくしていた．

画期的な品質改善を生み出すためには，専門家が各部を別々に調べるのではなく，トランスアクスルを全体として研究し，オイルシールのクレームにつながる油漏れメカニズムを解明し，さらに製造工程における作業の影響度などを調査分析する必要があった．

製品設計の観点から，信頼性の高いトランスアクスルユニットの製造における重要な二つの事柄（課題）が，以下のように提示された．

① ドライブシャフトの軸偏心とオイル内の異物の影響を受け，シールリップ部の圧力分布が微妙に変化するため，微視的な圧力分布の変化を理論的に特徴づけることは難しい．

② 一方，ドライブシャフトに関連する設計仕様（オイルシールとのマッチング）は，両メーカー当事者のかぎられた情報交換に基づいて，部品メーカーが推奨する範囲で車両メーカーが決定していた．

最適の設計を生み出すためには，両当事者が暗黙的知識を相手に知らせる必要があったが，こうした課題に適切に対応するためには新しい方法論が必要であった（これについては次項で論じる）．新しい方法論を用いることの主目的は，油漏れの真の原因を究明することであった．このような理由から，サイエンスSQCを援用し，体系的・組織的なアプローチでオイルシールの密封メカニズムを適切に研究する必要があった．この目的を達成するために，トヨタとNOK双方の関連各部からメンバーを集めた新たな協創タスクチームが編成さ

され，オイルシールの信頼性改善を目指した．

4.4.3 トヨタにおける信頼性改善：協創タスクチームのアプローチ
a. デュアル・トータルタスクマネジメントチーム

　自動車業界では（そしてほかの一般的組立業界では）部品およびユニットの品質管理，組立への適応技術の最適化，そして品質保証が，事業活動のすべての段階（生産，販売，アフターサービス）で要求される．技術的問題を効果的に解決するためには，チームを編成しチーム全体で問題の本質を究明する必要がある．これによって，組織全体に配置された個人の経験技術の構築が可能になる．技術的問題を解決するためには，組織の関連単位間で協創タスクチームによるアプローチを通して情報（暗黙的知識，これを暗黙知という）を活用し，新しい技術（明示的知識，これを明白知という）を生み出す必要がある．

　自動車メーカーと部品メーカーによる協創タスクチーム活動がそれぞれ独立して行った場合，適切なコミュニケーションの欠如から，暗黙知が明白知に変換されないことが多い．必要なのは，すべての当事者（自動車メーカー，部品メーカー，エンドユーザー）から情報の入力を得て，新しい技術につながる新しいアイディアを創出・考案することである．トヨタではこのアプローチを使って，トランスアクスル用オイルシールの信頼性を改善した．

　製品設計と品質保証の高信頼性を確保するために，トヨタとNOKの両社の経営トップの激励を得て，関係部門のマネジャー・スタッフ・現場管理監督者らが参画してデュアル・トータルタスクマネジメントチームを結成し，暗黙知（両社における製品および工程に関するもの）を明白知に変換し，両組織にとって重要な新しい技術を創出することを目指した．トヨタとNOKで編成したデュアル・トータルタスクマネジメントチーム，通称DOS‒Q（Drive-train Oil Seal‒Quality Team：TDOS‒Q5とNDOS‒Q8）を図4.4に示す．

　トヨタが編成した5チームは，図4.5の連関図に示すような活動を指針とし，Q1とQ2が「油漏れ」の原因調査を担当し，Q3～Q5が駆動軸，車両，トランスアクスルに関連した製造問題を取り扱った．同様に，NOKは図4.2に示すようにQ1からQ8までの8チームを同様に編成した[16]．トヨタ側のQ1とQ2はNOK側のQ1とQ2と緊密に必要なノウハウ（知識と情報）を交換し合

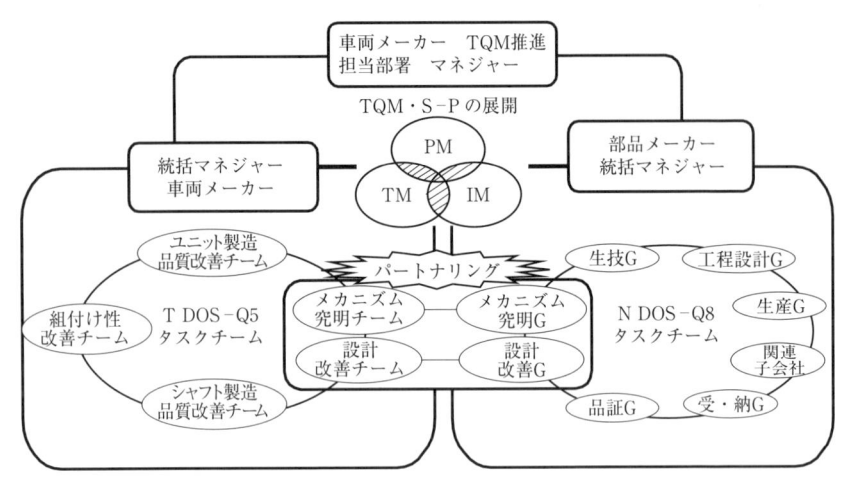

図4.4 デュアル・トータルタスクマネジメントチームの概念図

い，オイルシール単品としての信頼性改善を目指し，Q3～Q8は品質保証のための製造問題を取り扱った．

それに応じて，各チームは個々の知識（経験的技術およびそのほかの技術情報に関連するもの）を共有して，検討対象の問題解決に応用した．両者の各チ

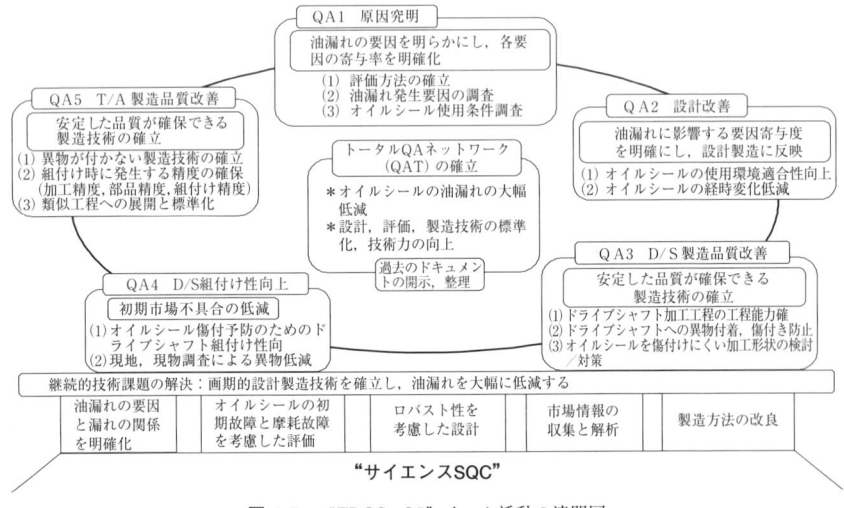

図4.5 "TDOS-Q5"チーム活動の連関図

ームを統括するためにそれぞれゼネラルマネジャーを1人ずつおき，さらにトヨタのTQM推進部ゼネラルマネジャー（筆者）が両社のチーム活動全体を統括した．図4.4中に示すとおり，IM（インフォメーションマネジメント），TM（テクノロジーマネジメント），PM（プロダクションマネジメント）を統合化する「TDS‐D」(total design system for drive-train developing) の方法論を用いた[25][26]．

b. 問題構築と課題設定

　NOKの定説によれば，油漏れはシールリップの摩耗によって起こるということであった．オイルシール磨耗試験の結果は，走行距離40万km（10年以上の車両寿命に相当）は十分に信頼できる設計とみなされることを示している．トヨタの故障解析システムDAS (dynamic assurance system)[27]を用いた市場クレーム品の故障修理履歴から，オイルシールの油漏れは新車の使用初期に起こる初期故障と，ある程度走行した後に（いわゆる偶発故障域を経た後に）摩耗が原因で起こる故障（摩耗故障）に分類される．Q1, Q2チームの調査からは，オイルシール単品に関するこれまでの試験結果から設定された走行距離の半分にも達しないうちに，油漏れが生じるケースがあった．したがって，オイルシール設計は信頼性が高いが，故障メカニズムは究明されている，とはいいがたいと判断できた．

　市場クレームにより，顧客から戻された部品の調査および分析から判断して，故障の原因はオイルシールリップとトランスアクスルシャフトの接触点とのあいだに異物がたまって，密封が不十分になることであると推察された．さらに，油漏れは走行中だけでなく，停止中にもみられた．したがって故障（油漏れ）原因は，製造工程中の異物管理面の改善が必要であると考えられた．

　すなわち，トランスアクスル変速装置内のオイルに入っている金属の異物が，それぞれの接点に悪影響を与えることによって，ドライブシャフトが回転中にオイルシールリップの摩耗を加速するのだと考えられた．しかしながら，初期故障については油漏れの原因となる異物粒子サイズの許容限界が不明であり，摩耗故障のモード（形態）についても油漏れにつながる動的挙動が明らかになっていない．したがって，問題の根源は油漏れのメカニズムが明らかでないことと，原因と結果の相関に関する定量分析も行われていないということであり，

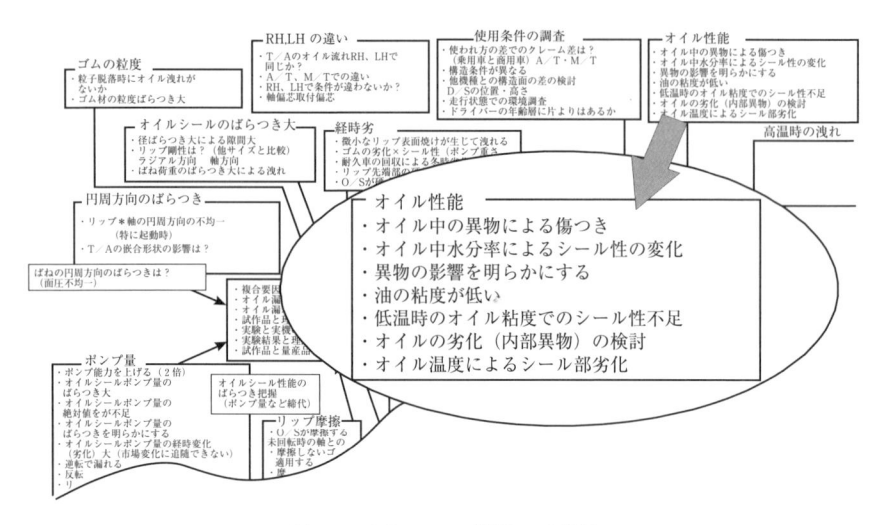

94   4. 戦略的品質経営と SCM の新展開——トヨタと NOK の協創タスクチームを例として

```
ゴムの粒度                  RH,LHの違い              使用条件の調査                オイル性能
・粒子脱落時にオイル洩れが    ・T/Aのオイル流れRH、LHで  ・使われ方と商用車のクレーム差はA・T・M・T  ・オイル中の異物による傷つき
  ないか                     同じか？                   ・構造条件が異なる          ・オイル中水分率によるシール性の変化
・ゴム材の粒度ばらつき大      ・A,T,M,Tでの違い          ・他機種との構造面の差の検討  ・異物の影響を明らかにする
                             ・RH,LHで軸が違わないか？   ・D,Sの位置                 ・油の粘度が低い
                             ・軸偏芯片偏差               ・走行状態での環境調査      ・低温時のオイル粘度でのシール性不足
          オイルシールのばらつき大              ・ドライバーの年齢層に片よりはあるか  ・オイルの劣化（内部異物）の検討
          ・径ばらつきによる隙間大                                                    ・オイル温度によるシール部劣化
          ・リップ離型性は？（他サイズと比較）  経時劣
          ・ラジアル方向  軸方向              ・微小なリップ表面欠けが生じて洩れる                        高温時の洩れ
          ・ばね荷重のばらつき大による洩れ    ・ゴムの劣化×シール性（ポンプ能力）
          ・リップ先端部のクラック            ・耐久性の回収よシール性
 円周方向のばらつき                          ・リップ先端部のクラック
 ・リップ*軸の円周方向の不均一              ・O/Sが
   （特に起動時）
 ・T/Aの嵌合形状の影響は？                              オイル性能
                                                       ・オイル中の異物による傷つき
ばねの円周方向のばらつきは？                            ・オイル中水分率によるシール性の変化
（面圧不均一）                                          ・異物の影響を明らかにする
                        複合要因                        ・油の粘度が低い
                        ・オイル洩れ                    ・低温時のオイル粘度でのシール性不足
                        ・試作品と                      ・オイルの劣化（内部異物）の検討
                        ・実験と実物                    ・オイル温度によるシール部劣化
 ポンプ量               ・実験結果と再
 ・ポンプ能力を上げる（2倍）・試作品と量産品
   オイルシールポンプ量の
   ばらつき大                オイルシール性能の
 ・オイルシールポンプ量の     ばらつき把握
   絶対値が不足             （ポンプ量など軸径）
 ・オイルシールポンプ量の
   ばらつきを明らかにする          リップ摩擦
 ・オイルシールポンプ量の経時変化  ・O/Sが摩耗する
   （劣化）大（市場変化に追随できない）・未回転時の軸との
 ・逆転で洩れる                     摩擦しないで
 ・反転                              適用する
 ・り
```

図 4.6   オイルシール油漏れの連関図

これが高い設計信頼性を達成するうえで真の障壁になっている．

課題設定にあたり，両社の関係者（タスクチームリーダー）全員で，問題事項について話し合いながら（そして，経験則の慣行にとらわれずに），親和図法や連想図法を用いて行った．図 4.6 はその一例である．こうした図法によって，本質的問題は油漏れのメカニズムに関する十分な知識の欠如であることが明らかになった．また，フィッティング接触部における密封現象を科学的に視覚化することが重要だということも再確認された．その結果，エンジニアリング上の問題はつぎの方法で解決する必要があるということになった．①実際の部品調査を通じて故障解析のプロセスを明らかにする．②油漏れ発生プロセスの要因分析を実施する．そして③関係する設計，製造，物流工程を調べる．

4.4.4   オイルシールの信頼性改善
a．"サイエンス SQC" を適用した新しいアプローチ

トランスアクスル用オイルシール漏れのメカニズムを明らかにするために，"サイエンス SQC"を援用し，具体的には図 4.7 に示すように，問題解決の山登り技法 "SQC テクニカルメソッド"を用いた新しいアプローチを行った．実施段階では，"マネジメント SQC"の 3 要素，すなわちテクノロジーマネジ

4.4 トランスアクスル用オイルシールの信頼性——トヨタと NOK の協創タスクチーム活動

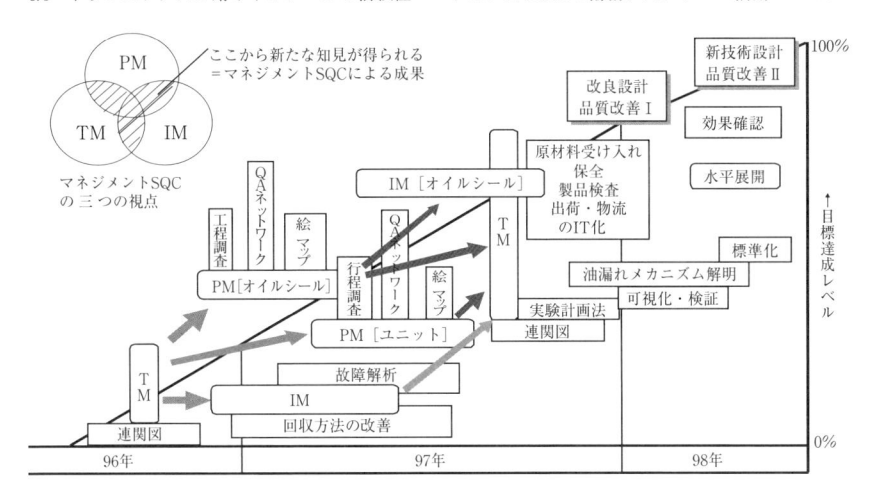

図 4.7 問題解決の山登り法 "SQC テクニカルメソッド"

メント (TM), プロダクションマネジメント (PM), インフォメーションマネジメント (IM) を組み合わせ, チーム活動のプロセスの各段階でそれらを展開した[14].

このように, "マネジメント SQC" を活用することで, チーム活動全体のシンクロナイズにより設計信頼性と製造品質の両面から信頼性の改善をはかった. 最初の1年間でつぎの技術テーマを整理し, チームによる今後の研究課題として要約した.
① なぜオイルシールから油が漏れるのか？
② 実際にその現象をみた者がいるのか？
③ オイルシールの設計概念の基礎となっていたものは何か, 軸の回転中か, それとも停止中か？
④ 油漏れはオイルシール単品またはユニットの問題か？
⑤ 品質保証体制は十分か？
など
　これは下記の処置につながった.
(1) 市場クレーム部品の回収方法を改善し, チーム活動の2年目にはインフォメーションマネジメント (IM) により, 油漏れ故障の究明のために適切

な分析を実施した．

(2) プロダクションマネジメント（PM）により，オイルシールおよびトランスアクスルユニットの製造工程の研究を実施し，絵マップ[7]と"トータルQAネットワーク"[14]を使った市場クレームと工程中不良品との相関分析を行い，製造工程の管理の改善に役立てた．こうして得られた知見に基づき，"サイエンスSQC"とテクノロジーマネジメント（TM）のアプローチを援用して，2年目の後半から3年目の前半にわたって，油漏れ問題に関する原因/結果分析を十分に実施した．同時に，油漏れの動的挙動の視覚化装置を開発し油漏れメカニズムの分析と検証に役立てた．

(3) とくにNOKでは，インフォメーション・マネジメントシステム（IMS）を改善し，体系的な材料受入検査，生産装置の保守，生産検査，出荷と物流に役立てた．

(4) チーム活動の3年目の後半には，設計改善と新技術設計（品質改善）を実施し，改善の有効性を検証して水平配備に役立てた．

さらに，この節の残りを使って，設計信頼性と製造品質の改善につながった活動についてもう少し詳しく述べる．

b. 視覚化によるメカニズムの究明

油漏れメカニズムに関する研究は，図4.8に示すようにいくつかの調査実験を通した漏れに影響を与えるような技術課題の調査を含む．そのなかには図中に示すように，チーム活動の1年目と2年目のTM，PM，IMによる活動があった．図4.7中には，PMとIMによる諸要因に関する知識に基づくTM活動の調査によって得られた，さまざまな要因が含まれる．油漏れの因果関係を探究するために，連関図法を使って関連する要因を矢印でつなぎ，それまでに得られた知識を整理した．しかし，油漏れのメカニズムが不明であるため，走行中および停止中の車両の油漏れ発生ルートは明らかではなかった．

図4.7中に示すように，たとえばドライブシャフト（D/S）表面粗さの因果関係は認められたものの，生産工程能力が保証されていたため，それが摩耗に対する早期の漏れ（初期故障）の主原因であるとはみられなかった．しかし，この判断だけでは十分確かではなかった．新たな知識によって推論されたのは，走行中のトランスアクスル連結部（ディファレンシャルケース）の摩耗によっ

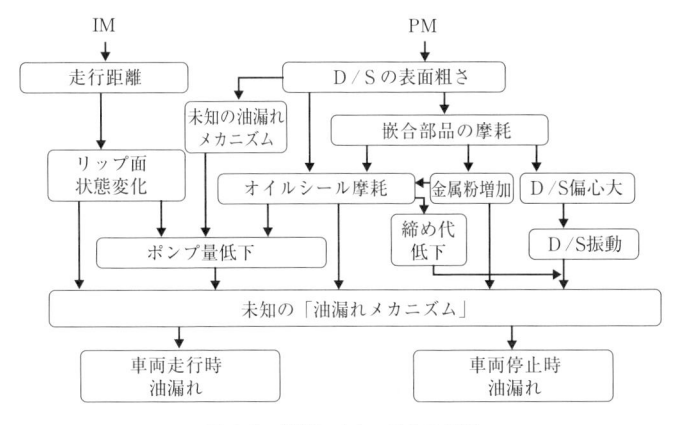

4.4 トランスアクスル用オイルシールの信頼性——トヨタとNOKの協創タスクチーム活動

図 4.8 油漏れメカニズムの推測

て潤滑油内の微細な金属粒子が増加し，オイルシールリップの摩耗を予想外に加速する．このために，オイルシールリップの密封代（シールリップの接触幅）が減少することによって油漏れが発生し，オイルシールポンプ品質が低下する，ということだった．

確立されていたこれまでの理論（定説）では，微細な金属粒子（ミクロン単位）はリップの密封効果に悪影響を与えないはずであった．しかし，その粒子が結合して比較的大きな粒子を生み出せば，密封効果に影響を与えるのではないか？ それに，組み立て中のドライブシャフトとオイルシールとの偏心具合（芯ずれ）の影響はどうか？ 別の側面から，トランスアクスルの組み立て中にオイルシールリップに異物が溜まることによって油漏れが発生するとすれば，問題を引き起こす最小粒子サイズはどれくらいか？ こうしたことは，油漏れの動的挙動がまだ視覚化されていなかったために不明だったので，本当の原因はまだ明らかになっていなかった．

そこで，オイルシールリップの動的挙動を視覚化するため，図 4.9(a) に示すオイルシール可視化装置を開発したことにより，この「不明のメカニズム」を明白知に変えることにつながった．図 4.8 中に示すように，オイルシールをトランスアクスルと同じ方法で潤滑油に浸し，ドライブシャフトをスピンドルモーター経由で偏心的に回転するガラス軸に変えて，実際の車両における動作を再現した．オイルシールリップの密封効果は光ファイバーを使って視覚化し

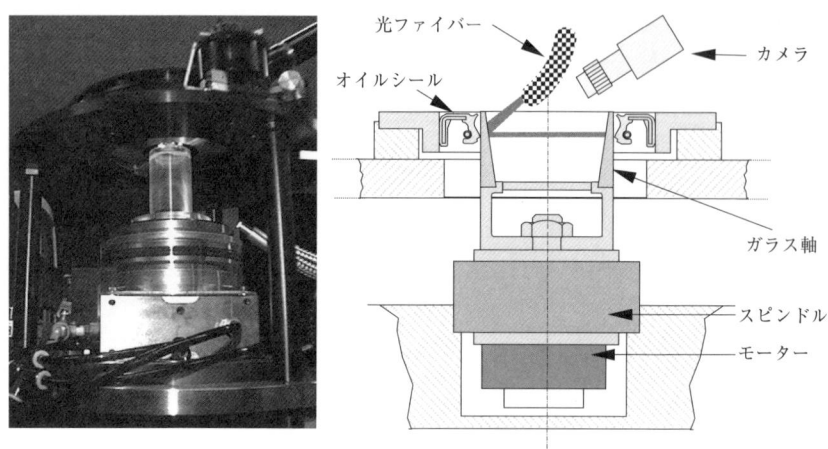

図 4.9(a)　オイルシール可視化装置

た[4].

　偏摩耗や取付偏心する場合,シールリップのなかでは,接触幅が小から大へ変化する場所(リップ表面：滑り面)で異物が絡まる(巻き込む)と推論された.これの真偽を確かめるために,二つの試行テスト(テスト1とテスト2)を実施した.市場からクレーム返品されたオイルシール単品の観察と視覚化実験の結果に基づいて,図4.9(b)に示すテスト1では,非常に細かい異物(以前には油漏れには影響しないと思われたもの)が接触部分で成長することが観察された.

　同様にして,図4.9(c)に示すテスト2とその成長した異物を分析したところ,細かい異物はトランスアクスル歯車装置内部の歯車のかみ合い中に出る摩耗粉であることが確認された.そして,これらの二つのテスト結果から,シールリップの滑り面の微細な凹凸の上にできる細かい異物が,微妙に圧力分布を生じさせ,これが最終的に密封性の低下につながっていくことが別の調査実験でも確認された.

　この油漏れメカニズムの存在は,図4.9(d)のテスト3にも示すように,異物がリップ滑り面にかみ込んでいたため,リップ滑り面のオイルの流れにエアレーション(キャビテーション)が生じ,それによって密封性が低下するということが別の観察からも追認された.図4.9(d)からわかることは,キャビテ

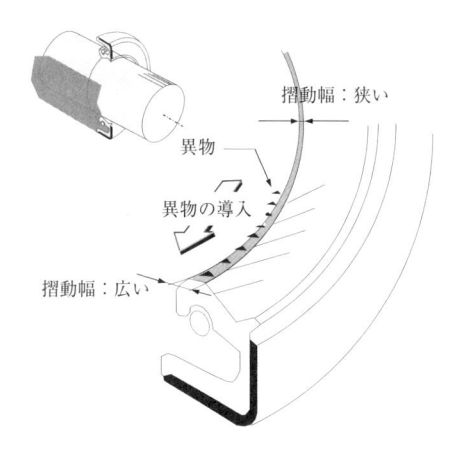

4.4 トランスアクスル用オイルシールの信頼性——トヨタとNOKの協創タスクチーム活動

取付偏心や偏摩耗などがある場合,
接触幅の狭い所→広い所
で異物かみ込み

O/S:市場回収品（bw＝0.3〜0.5mm）
取付偏心:0.4mmTIR
油:ATF＋研削粉2wt%
回転数:500rpm（右）
試験時間:10時間

図 4.9(b) 油漏れメカニズムのテスト結果（テスト1）

ーションはオイルシールリップにたまる異物が比較的小さくても,スピンドルの速度が増大するにつれて異物の近くで生じることも確認された.

これによって,上記の状況がオイルシールのオイルポンプ容量低下につながり,走行中の油漏れを引き起こしていることが確認された.異物の大きさが増大するにつれ,シールリップのオイル密封バランス位置が大気側に移動し,低速時や停止時に油漏れを引き起こす.このことは今回の研究前にはわかってい

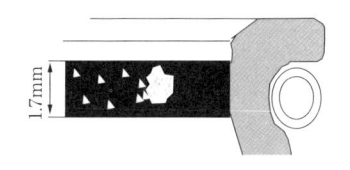

細かい異物も堆積して成長する

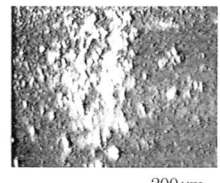

図 再現試験後の
摺動面内の異物
(Video, 10 rpm)

図 回収品摺動面の
異物
(SEM)

O/S:強制摩耗品（号口品:bw＝1.7mm）
油:ATF＋研削粉0.1wt%
回転数:500rpm（右・左）
試験時間:（運転5・休止19時間）×3

図 4.9(c) 油漏れメカニズムのテスト結果（テスト2）

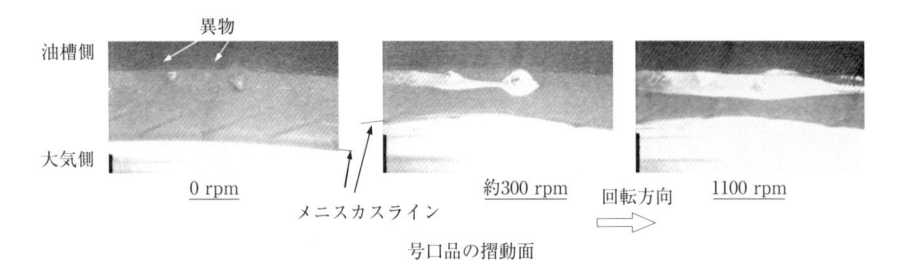

油槽側　　異物

大気側

0 rpm　　　　　　　　　　約300 rpm　　　回転方向　　1100 rpm
　　　メニスカスライン　　　　　　　⇒
　　　　　　　号口品の摺動面

異物の近傍でキャビテーション（回転時）→ポンプ能力低下
大気側への油の流出（停止時）→メニスカスバランス位置が
より大気側へ

O/S：強制摩耗品（bw＝0.5mm）
　　　号口品および対策ネジ品（パッキン材）
油：ATF＋研磨砥粒（＃80）

図 4.9(d)　油漏れメカニズムのテスト結果（テスト3）

なかったので，これまでのオイルシールの設計に組み込まれていなかった．

c. 故 障 解 析

　4.4.2項で述べたオイルシールからの油漏れのメカニズムを研究する以前は，NOKもトヨタも，油漏れのあるシールリップの摩耗は典型的パターン（摩耗故障）を辿るものと考えていた．個々のオイルシールの信頼性試験の結果に基づく経験的知識（経験則）によれば，トランスアクスルユニットは信頼性が高く，B10寿命（累積故障率が10％未満である期間）内は40万km以上を保証するはずであった．シールリップとドライブシャフトの接触面が滑らかであるため，中間の油膜との表面粗さによって，シールリップは徐々に摩耗するはずだと考えられた．

　しかしながら，4.4.2項で論じた実験の結果，ディファレンシャルケース内の歯車から生じる金属粒子がオイルシールリップの偏心摩耗を加速し，期待通りの設計寿命を得られなくしていることがわかった．摩耗パターンは単純でないことが推察できたので，市場クレーム品として返品されたオイルシールが油漏れ問題を再現するかどうかを確認する必要があった．

その目的で，調査・実験を以下のように行った．まず，返品された欠陥オイルシール（不良品）に加えて欠陥のないオイルシール（良品）を定期的に集め，油漏れの再現性をチェックして，目視によって比較した．つぎに，車両で油漏れ問題のあるトランスアクスルユニットと油漏れのないトランスアクスルユニットを定期的に集めて，同じ方法で油漏れの再現性をチェックした．オイルシールに欠陥のあるトランスアクスルユニットと欠陥のないトランスアクスルユニットの油漏れの有無状態を調査し比較したところ，上記のすべてのテストにおいて，不良品（欠陥オイルシール）からの油漏れが再現することが確認され，良品では油漏れが発生しないことが確かめられた．

これらのテスト結果に基づいて，以下に述べるようにしてワイブル解析を実施した．解析結果のプロット（クレームによる欠陥品に基づく）を図 4.10 に示す．図中には，オイルシールの油漏れの故障モードを表すバスタブ曲線が明確に読み取れる．三つの形状パラメータ（m）の値は 3 種類の故障モードに対応する．この図からつぎの新しい知識が得られた[4]．

① 初期には故障率が下がり（スロープ（m）＜ 1），中期には一定し（スロープ（m）＝ 1），後期には増大する（スロープ＞ 1），バスタブ型の故障率を示している．

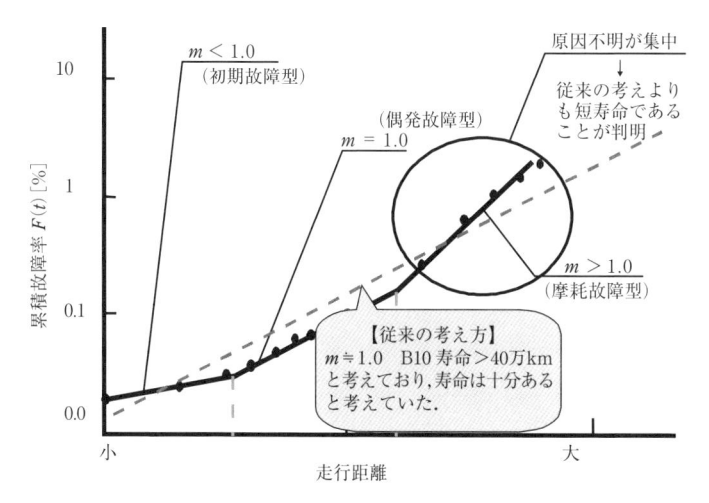

図 4.10　ワイブル解析結果

② 初期故障(故障率減少)は走行距離5万kmまでに生じる．中間範囲の偶発故障(故障率一定)は12万kmまでに生じる．最後に，この値より上で生じる故障(故障率増大)は摩耗故障によるものである．
③ B10モード寿命は約22万kmで，設計要件として明記されている値の約半分である．

こうした結果の信憑性を確認するために，その後のクレームはトヨタの故障解析システムDASを使って解析した．保証期間(保証対象となる年数)内に，生産各月によって分類したクレーム総数(同じ月に製造された車両で経験された生産月から現在月までのクレーム総数)を各生産月に製造された車両数で割ると，設計要件のほぼ2倍になる．これは上記の故障解析結果と一致する．

さらに筆者らは，五つの有力な摩耗要因(使用期間，走行距離，締め代，ゴムの硬度，リップ平均摩耗幅)の影響度を把握するため，過去に集められた油漏れのある部品と油漏れのないオイルシール単品を使ってそれらの因果関係を把握した．図4.11(a)に示すように，2群の線形判別分析によって要因解析を行ったところ，判別分析の結果はグループ1(油漏れのある部品)についてもグループ2(油漏れのない部品)についても，92.0％および91.7％という高い正の判別率を示した[16]．さらに図4.11(b)は判別に寄与する各要因の影響率を示している．得られた線形判別関数式における各説明変数の重み係数(偏回帰係数)から，もっとも影響が顕著なのはシールリップ部のゴム硬度であることがわかった．五つの要因の影響度は直交実験計画(L27)を使って得られたものである[4]．(ここで，3水準系の直交実験を用いたのは，それぞれに割り当てられた因子効果に非線形効果があるかどうか，技術的に把握しておくで

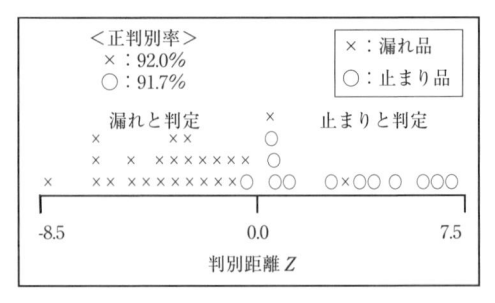

図4.11(a) 判別分析結果

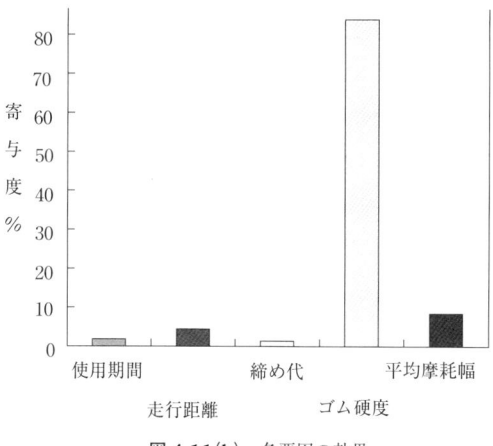

図 4.11(b)　各要因の効果

あった.）

　これらの分析結果は，固有技術の点でも説得力があった．知見として得られたこれらの分析結果の妥当性を検定するために，シールリップのゴム硬度と集められたほかのオイルシールの摩耗度の関連をさらに調べた．その結果，偏心摩耗はオイルシールの寿命を縮めやすいということが確認された．シールリップ部のゴム硬度が減るためである．これらの調査と分析結果は，これまでの定説や経験知（経験則）と一致する.

　このような調査と分析で得られた知見は，トヨタまたは NOK による従来のような別々の調査活動では実施できなかったものと判断しており，技術的に最高水準にある両社の協創タスクチーム「デュアル・トータルタスクマネジメントチーム」活動を通して達成できたものと考える．

d. 信頼性を改善するための設計変更

　得られた新たな知見（4.4.2，4.4.3 項で論じた）に基づいて，つぎの二つの信頼性問題に対処するために，いくつかの設計変更計画がつくられた．①ワイブル解析と視覚化によるテストの結果，トランスアクスルユニット内の歯車の歯面硬度が低く，かみ合い時の摩耗（金属摩耗粉による異物の発生）が多いことがわかり，その摩耗寿命を延ばす必要があると再認識された．②さらに，シールリップの摩耗に関わる要因分析により，シールリップ部のゴム硬度にはかなりのばらつきがあり，これを管理する必要のあることが確認された．

トランスアクスルの信頼性を改善するために，つぎの設計変更を実施した．
(1) 歯車表面のかみ合い時の摩耗抵抗の改善は，歯車材料と熱処理法の変更を通して，歯車表面硬度を増大することによって達成できた．
(2) シールリップのゴム硬度の平均値を上げ，設計公差を狭めた．これは，シールリップに関わる生産技術（生産ロット間のゴム硬度の品質バラツキを抑えるため，ゴム成形材料と混合工程などを含む）の改善とあいまって，工程能力の改善につながった．

ここで論じなかったそのほかの問題として，つぎのようなことがある．滑り面が摩滅してもオイルポンプ容量の減少を防ぐ，新しいリップ形状への設計変更計画を策定し実施に移行した．さらに加えて，異物の溶着による成長（とくにシールリップ摩耗時）を押さえるため，シールリップのゴム硬度の設計公差を見直し，工程能力を改善・確保することによって減少した．これらが効果を上げてB10寿命が40万km以上に増大した．その結果，生産月別クレームの累積数は10分の1に減少した．最終結果は当初の計画通り寿命の伸びを達成できた．

e. 科学的工程管理

この活動の目標は，NOKとトヨタの両方で製造工程の工程能力を確保し，適切な工程管理を実施することによって，量産されるオイルシールとトランスアクスルユニットの信頼性をさらに改善することであった．これは，所定の設計公差を満たすために，品質変動を管理し高品質を確保するための品質保証マネジメントシステムを構築することによって達成された．筆者が開発した，インテリジェントな科学的工程管理「インライン-オンラインSQC」を適用した[28]～[31]．この方法は"TPS‐QAS"（Toyota production system‐quality assurance system）といわれる，新たな製造工程の品質管理システムであり，サイエンスSQCを援用することにより，製品品質に影響を与えるおそれのある工程内異常を検出し，不良品が出ていくのを防ぐことができる．このようなインテリジェントな工程管理を通し，また油漏れ問題の解決に使ったIT（情報技術）を，さらにネットワーク化することにより，製品の信頼性を改善するための「欠陥管理モニターシステム」を実現した[29]．

オイルシール単品の信頼性向上のため，NOKでは金属オイルシールハウジ

ングの高同軸中心，コイルばねとシールリップ，それらのアライメント，オイルシールリップの接触幅，設計変更されたらせんねじの山の形が，生産中に適切に監視・制御され，オイルシールの高品質が確保された．

同様に，トヨタのトランスアクスルユニットについては，ドライブシャフトの真円度と表面平滑度の改善（ディファレンシャルケース内の歯車の磨耗を引き起こす金属粒子の減少につながる）が得られた．さらに，ARIM‒BL[29]（availability and reliability information manufacturing system body line）が導入され，工程の信頼性改善に寄与した．

筆者らの実証研究で，その有効性が検証された品質保証システム「トータルQAネットワーク」システム[14]と「絵マップ」（工程内の品質不良の発生状態を表すワーク拡大写真とその概要を要約したもの）システム[7]が組み合わされ当該工程に全面採用された．QAネットワーク表は，上流から下流までの品質保証体制を充実させることにより，不良品の流出を防止することによって信頼性を改善することを目指した（これは，トヨタで長年実施されてきたQC工程表，工作図，FMEA（故障モード影響解析）が援用されている）．同様に，絵マップを必要な工程に掲示し，工程内品質故障と初期現場故障との相関を明確に示し，生産現場にいる作業者の品質認識を高揚し，所定の品質管理基準の達成を目指した．ここではとくに，異物の制御についてはサイズが約 75 μm の異物（原因は作業中の手袋から出る糸くず，ごみ，粉塵など）が存在すると，油が漏れ始めるという新たな品質情報を提示した．これによって作業者は，そのような異物がトランスアクスルに入るのを防ぎ，オイルシールの早期故障を減らすことの重要性を認識し，いくつかの作業改善を実施できた．さらに，同様な絵マップは水平展開され，"トータルQAネットワークシステム"（TQAS）の一部として材料受入検査と部品物流にも使われ，期待した効果を得ることができた．

4.4.5　ま　と　め

このケーススタディは，トヨタが生産する車両のトランスアクスル用オイルシールの信頼性を改善するために，トヨタとNOKが合同でとった新しい種類のアプローチを扱っている．信頼性改善を達成するために，トヨタとNOKの

両方が関与する協創タスクチーム「デュアル・トータルタスクマネジメントチーム」が結成された．このチーム活動では，科学的アプローチを行うために，筆者らが提唱しその有効性が実証されている品質管理原論"サイエンスSQC"を援用している．この方法論には，「マネジメントSQC」，「SQCテクニカルメッソド」のコアメソッド技術が含まれており，チーム活動の科学的アプローチとして寄与している．

トヨタとNOKは，それぞれTDOD-Q5およびNDOS-Q8チームを編成し，テクノロジーマネジメント（TM），プロダクションマネジメント（PM），インフォメーションマネジメント（IM）の観点から，これらを統合化してトランスアクスルユニットの信頼性技術の改善をはかった．とくに，両社の研究開発および設計の2チーム（Q1，Q2）は緊密に連携し，油漏れの動的挙動を究明するための視覚化装置を開発したことで油漏れメカニズムを明らかにし，信頼性技術を高めるいくつかの新知見を得ることができた．これらの新知見とオイルシールの油漏れ（市場クレームデータ）のワイブル解析に基づいて，これまでのオイルシールの設計法並びにトランスアクスルユニットの設計法が修正され，トランスアクスルの油漏れに関する信頼性が改善された．適切な工程管理と"トータルQAネットワーク"活動を通して，オイルシール油漏れによるクレームはこれまでの10分の1に減少し，所与の効果を得ることができた．

世界的な技術課題であった懸案事項に対し，車両メーカーとサプライメーカーが協創活動を実施したことで広範なQCD研究活動が進み，両社が単独ではなし得なかった多くの技術的知見を得ることができ，市場クレームが8分の1以下になるなどの成果を得ることができた．

4.5 結　論

戦略的品質経営とSCMの新展開と題して，本章ではトヨタとNOKの協創タスクチーム活動を取り上げ，懸案となっている技術課題としてトランスアクスルユニットの信頼性技術向上に関わる研究とその成果について紹介した．

本章で言及している主題に関する特徴は，品質マネジメントを志向したトヨタサプライシステムの新たな方法論を提案し，その有効性を検証していることである．その特質の一つはデュアル方式トータルタスクマネジメントチームと

いう新たな協創チームを構成していることである．二つ目は品質マネジメントを的確に行うために，"サイエンス SQC"のコアメソッドであるマネジメント SQC，SQC テクニカルメソッドなどを組織的かつ科学的に実践したことである．そして具体的には，インフォメーションマネジメント（IM）・テクノロジーマネジメント（TM）・プロダクションマネジメント（PM）を知的にネットワーク化して，両社のビジネスプロセスの質を高めたことが，大きな信頼性技術の獲得につながったものといえる．

今回紹介した協創タスクチームの有様は，まさに日本的なサプライシステムの特徴を活かした「プラットホームによる品質マネジメントのサプライチェーン」である．ここで提示した科学的なアプローチは，今後グローバル・マーケティングを展開するうえでも必要な事柄であり，次世代型の協創活動の布石となるものであると考える．

参 考 文 献

[1]　梅沢豊，天坂格郎：トヨタグループにおける Quality Management のプラットホームとしての"パートナーリング"，オペレーションズ・リサーチ，44 (10), pp.560-571, 1999

[2]　(1) K. Amasaka: "Partnering Chains as the Platform for Quality Management in Toyota", *Proceedings of World Conference On Production and Operations Management* (POM Sevilla, 2000), pp.1-14, Sevilla, Spain, 2000
(2) K. Amasaka: Development of "Science TQM," A New Principle of Quality Management — Effectiveness of Strategic Stratified Task Team at Toyota —, *International Journal of Production Research*, 2003（to be published）

[3]　天坂格郎：自動車産業における品質マネジメントとサプライヤー—車両メーカーとサプライヤーの協業活動の実際，(財)中小企業総合研究機構，平成12年度調査研究事業「製造業における部品等発注システムの変化とその対応～自動車産業におけるサプライヤー存続の条件～」通巻番号74号，第2部，第6章，pp.135-163, 2001

[4]　(1) K. Amasaka and S. Osaki: "A Reliability of Oil Seal for Transaxle - A Science SQC Approach in Toyota —," *Case Studies in Reliability and Maintenance,* ed. Wallace R. Blischke and D.N.P. Murthy, John Wiley & Sons, pp.571-581, 2002
(2) K. Amasaka: A "Dual Total Task Management Team" Involving Both Toyota and NOK — A Cooperative Team Approach for Reliability Improvement of Transaxle, *Group Technology/ Cellular Manufacturing World Symposium — Year 2003,"Theme: Manufacturing Competitiveness,"* Columbus Ohio, pp.265-270, 2003

[5]　K. Amasaka: "A Study of Flyer Advertising Affect When TMS-S at Toyota," *Proceedings of the twelfth annual conference of the Production and Operations Management Society,*

POMS2001 JIT Lean Production Sessions, pp.1-8 (CD-ROM), Orland, Florida, April1,2001

[6] 天坂格郎:"経営技術とパートナリング―情報技術によるカスタマーサイエンス―", 日本経営工学会シンポジウム,基調講演,大阪工業大学,1999

[7] 天坂格郎,大滝正通:パートナーリングによる新たなTQMの展開―トータルタスクマネジメントチームによる"TQM-SP"の有効性,日本生産管理学会第10回全国大会講演論文集要旨集,pp.141-146,1999

[8] 天坂格郎ほか:自動車製造業のQCを見直す―トヨタにおけるSQCルネッサンスの展開,品質管理,**42** (4),pp.13-22,1991

[9] K.Amasaka :"TQM-S," A New Principle for TQM Activities, *Proceedings of The International Conference on Production Research Special*, Bangkok, Thailand, pp.1-6 (CD-ROM)

[10] 天坂格郎,長屋昭浩:"自動車における感性のエンジニアリング―LEXUS,"デザインプロファイル―デザインのサイコグラフィックス―,感性をめぐる商品開発,日本感性工学会編,pp.54-72,日本出版サービス,2002

[11] 天坂格郎,奥村幸英,田平信裕:"自動車足廻り部品の塗装品質の向上,"標準化と品質管理,**41** (2),pp.53-62,1988

[12] 天坂格郎,大海博吉,村井文雄:"自動車足廻り部品の塗装耐蝕性―協業によるQCD研究活動,"塗装工学,**25** (6),pp.230-240,1990

[13] K. Amasaka: "A Study on "Science SQC" by Utilizing "Management SQC"— A Demonstrative Study on A New SQC Concept and Procedure in the Manufacturing Industry, *Journal of Production Economics*, **60-61**, pp.591-598, 1997

[14] K. Amasaka and S. Osaki: "The Promotion of New Statistical Quality Control Internal Education in Toyota Motor — A Proposal of "Science SQC" for Improving the Principle of TQM —", *The European Journal of Engineering Education on Maintenance, Reliability, Risk Analysis and Safety*, **24** (3), pp.259-276, 1999

[15] K. Amasaka: "A Demonstrative Study of a New SQC Concept and Procedure in the Manufacturing Industry — Establishment of a New Technical Method for Conducting Scientific SQC —," *The Journal of Mathematical & Computer Modeling*, **31**, pp.1-10, 2000

[16] K. Amasaka: "Proposal and Implementation of the "Science SQC" Quality Control Principle," *Mathematical and Computer Modelling*, Pargamon Press, 2002 (to be published)

[17] 天坂格郎他:サイエンスSQC―ビジネスプロセスの質変革,名古屋QC研究会編,日本規格協会,2000

[18] K. Amasaka: "Application of Classification and Related Methods to the SQC Renaissance in Toyota Motor," *Data Science, Classification and Related Methods*, Springer, pp.684-695, 1998

[19] K. Nakamura: "Sealing mechanism of rotary shaft lip-type seals", *Tribology International*, **20** (2), pp.90-101, 1987

[20] Y. Kawahara, M. Abe and H. Hirabayashi: "An Analysis of Sealing Characteristics of Oil Seals," ASLE, *Transactions*, **23** (1), pp.93-102, 1980

[21] A.M. Lopez, K. Nakamura and K. Sek: "A Study on the Sealing Characteristics of Lip

参　考　文　献

Seals with Helical Ribs," *Proceedings of the 15th International Conference of British Hydromechanics Research Group Ltd 1997 Fluid Sealing*, pp.1-11, 1997

[22]　Y. Sato, A. Toda, S. Ono and K. Nakamura: "A Study of the Sealing Mechanism of Radial Lip Seal with Helical Ribs — Measurement of the Lubricant Fluid Behavior under Sealing Contact," *SAE Technical paper series*, 1999-01-0878, 1999

[23]　M. Kameike, S. Ono and K. Nakamura: "The Helical seal: Sealing Concept and Rib Design", Sealing Technology, International, (77), pp.7-11, Elsevier Science Publishers, 2000

[24]　H. Hirabayashi, M. Ohtaki, H. Tanoue and A. Matsushima: "Troubles and Counter Measures on Oil Seals for Automotive Applications," *SAE Technical paper series*, 790346, 1979

[25]　K. Amasaka: "New JIT, A New Management Technology Principle at Toyota," *International Journal of Production Economics*, **80**, pp.135-144, 2002

[26]　福智久，新井保男，小野盛光，鈴木孝明，天坂格郎:"サイエンスSQC"による"TDS-D"の提案—駆動系設計品質の改善を例として—, 日本品質管理学会第60回研究発表要旨集，pp.29-32, 1998

[27]　S. Sasaki: "Collection and Analysis of Reliability Information on Atomotive Industrie," *The 2nd Reliability and Maintainability Symposium*, JUSE (Union of Japanese Scientists and Engineers), pp.385-405, 1972

[28]　K. Amasaka and H. Sakai: Improving the Reliability of Body Assembly Line Equipment, *International Journal of Reliability, Quality and Safety Engineering*, **3** (1), pp.11-24, 1996

[29]　K. Amasaka and H. Sakai: Availability and Reliability information Administration System "ARIM-BL" by Methodology in "Inline-Online SQC", *International Journal of Reliability, Quality and Safety Engineering*, **5** (1), pp.55-63, 1998

[30]　K. Amasaka and H. Sakai: "A Study on TPS-QAS When Utilizing Inline-Online SQC—Key to New JIT at Toyota," *Proceedings of the Production and Management Society*, San Francisco, California, pp.1-8 (CD-ROM), 2002

[31]　天坂格郎編著，もの造りの原点：インテリジェンス管理図活用のすすめ—デジタルエンジニアリングによる高品質保証，日本規格協会，2003

5 サプライチェーン・マネジメントに関わる情報技術と業務改革 ──飯塚佳代

5.1 はじめに

　ここ数年のあいだに，サプライチェーン・マネジメント（SCM）をキーワードにした IT ツールがつぎつぎに浸透してきている．SCM に関するコンセプトの構築には日本企業も大いに寄与しており，なかでもグローバル規模の企業は先進的な取り組みをしている．しかし，さまざまな課題に直面し苦慮している企業も少なくない．たとえば，複雑化する環境下でのトータル SCM の実現，それに伴う業務改革や業務システムの標準化，業務パフォーマンスの向上を実現する IT インフラ構築などである．さらには，新たな IT インフラの実現方法としてのパッケージソフトウェアを中心とした IT ツールの活用といったものも，長年個別の手づくり情報システムが主流だった日本企業にとっては最近になって直面した課題でもある．これらの課題は個々に対応するものでなく，バランスを考慮した総合的な対応が必要である．本章では，まず SCM に関する IT ツールについて機能面と構造面の両面から概説する．つぎに，IT ツールの特徴を理解したうえで，IT 全体（ツールおよび個別の手づくり開発）活用を意識し効果を得るための業務改革の視点について考察する．そして最後に，業務改革と IT の活用の整合性をとりギャップを埋める手助けとなる新しいツールと方法論について述べていく．まず最初に現在の SCM の特徴と情報技術（IT）の位置づけについて述べる．

5.1.1　ここ数年の SCM の特徴── Bowersox による

　SCM は，周知のとおり原材料や部品の調達から生産，物流，販売へといた

る一連の「モノ」と「情報」の流れを効率化し，顧客満足を向上させ，生産性を高める経営手法である．昨今のSCMブーム以前から，SCMという言葉やその概念は存在していた．では，ここ数年のSCMはどのように新しいのであろうか．

　Bowersoxは，「SCMも，それを構成する概念そのものも真新しいものではない」と強調している．1920年代頃から現在にいたるまでのあいだに出てきたコンセプトとして，ABC在庫分析やクィックレスポンス補充，JIT，活動基準原価計算などさまざまなものをあげている．これらは，軍におけるロジスティクスなどから原型が生まれたものもあるが，それぞれが長い年月のなかで普及・発展の段階を経て統合的なシステムとなったものであるとしている[1]．

　これらのコンセプトに対し，日本がおおいに寄与してきたことはご存知の通りである．さらにBowersoxは（現在のSCMの）新しいポイントとしてつぎの六つのドライバーを示している．

- タイムベース競争——cash to cash cycle time
- 情報技術—レスポンスベースの事業体制，CPFR（collaborative planning, forecasting and replenishment）
- 同期化とスピード——一部だけが早くても，連携が悪ければ待ちが発生する
- 多機能アウトソーシング——機能のアウトソーシングからプロセスのアウトソーシングへ
- グローバリゼーション——ロジスティクス分野でのグローバリゼーション
- サプライチェーン・マネジメント——内部および外部，「協働」化によるマーケティングポジションの強化

　これらの項目が示すように，すでに存在していたSCMのコンセプトに加え，範囲を拡大し，多様化したパートナーシップのなかで最適化をはかることが新しいSCMの特徴といえるだろう．

5.1.2　競争優位のための，SCMによる12のドライバー
——Mentzerによる

　Mentzerは，SCMによる競争優位を築くためのドライバーとして，以下の12の原則をあげている[2]．

① サプライチェーン全体にわたって従来のビジネス機能をコーディネイトする
② コアコンピタンスでない機能についてパートナーとコラボレーションを行う
③ サプライチェーンのシナジーに注目する
④ 顧客は誰かを考える
⑤ サプライチェーンサイクルを確認し管理する
⑥ サプライチェーンの需要を予測するだけでなく管理する
⑦ 在庫ではなく，在庫の可視性が答えである（情報を資産の代替とする）
⑧ システムは，プロセスの上に据えるテンプレートである（ツールを問題にフィットさせるのであって，その逆ではない）
⑨ すべての製品が同等ではない
⑩ ビジネスのやり方をわかりやすくする
⑪ 戦術によって戦略の影が薄くなることのないようにする
⑫ サプライチェーン戦略と報酬システムが合っているか

　字面をみるときわめて基本的なことのようにみえる．しかし実際にはとくに原則の⑧や⑪について，IT 適用も含め SCM の IT プロジェクトを実行することが目的になってしまい，達成すべき目的を見失ってしまうケースも存在している．Mentzer が上記のような原則をあえて今示しているのは，実際事例への再度の戒めであるとも促えられる．

5.1.3　SCM における IT の位置づけ

　現在の SCM は，IT なしには考えられないといっても過言ではない．現に Bowersox や Mentzer が示した新しい SCM の多くは IT によって実現している．そのためか，「IT を導入しさえすれば，SCM の効率化が実現する」とまでは考えないにしろ，SCM の課題への対処を IT に必要以上に頼ってしまうケースが現実として見受けられる．当然のことながら，IT ツールの導入だけが即，SCM 改善に結びつくわけではない．では逆に，IT なしの SCM 改善や改革は存在するのであろうか．たしかに IT の変更をまったく伴わない，もしくはきわめて小規模の変更のみを伴う SCM の改善ももちろんある．たとえば，

原材料・部品の発注サイクルを短くするなどである．しかし，多くの場合，よりサプライチェーンの流れ全体を網羅したうえで，情報の流れを効率化することを考えるならば，何らかの形でITが大いに寄与することになる．SCMの適用範囲がより広くなり，よりスピードへの対応が求められる現在においてSCMのテコとしてのITの重要性は増してくる．しかし，テコはあくまでテコであって，それによってもち上げられるものが正しくなければ意味がない．そして企業にとってそのもち上げられるべきもの（すなわち価値）はいったい何であるか，を考えることが重要である．そしてそのもち上げられるべき価値をテコを正しく使ってもち上げられる仕組みをつくり上げることが業務改革であるといえるだろう．

次節では，SCMに関するITツールについて機能面と構造面の両面からみてみる．5.3節では，ITツールの特徴を理解したうえで，IT活用を意識し効果を得るための業務改革の視点について考察する．そして，5.4節では業務改革とITの活用の整合性をとりギャップを埋める手助けとなるツールや方法論について述べる．

5.2 SCM改革実現に関わるITツール

本章では，まずSCMに関わるITツールにどんなものがあるか，そしてそれらツールの関連性はどのようになっているかについてみていく．

5.2.1 業務機能による分類——計画系機能と実行系機能

SCMに関するITツールといえば，具体的に連想されるものは何であろうか．ある人はi2やManugistics，Adexaの製品であるサプライチェーン計画（supply chain planning, SCP）パッケージソフトウェア（以降パッケージと省略）を，またある人はERPパッケージを連想するようである．SCMには計画系と実行系の二つの業務機能があり，それらのあいだで計画情報と実績情報をやりとりしている．そして，それぞれの業務機能をサポートするパッケージが存在する．具体的には，サプライチェーン計画パッケージやサプライチェーン実行（supply chain execution, SCE）パッケージ，そして統合業務（enterprise resource planning, ERP）パッケージである．AMR ResearchではSCPパッケージ

と SCE パッケージのそれぞれを構成する機能を定義している[3]．それに対し，業務機能面で SCM に関するパッケージを一つの体系にまとめ関連性を含め示したのが図 5.1 である[4]．以下に，三つのパッケージの概要を述べる．

a. SCP パッケージ

SCP パッケージは SCM の計画系とよばれることもある．また，狭義の SCM パッケージという意味でもしばしば使われる．ビジネス誌でよく使われている SCM パッケージという用語は SCP パッケージをさすことが多い．APS（advanced planning and scheduling）パッケージとほぼ同義であるが，SCE パッケージとの対比を目的とした場合，SCP パッケージと表現することの方が多い．SCP パッケージは，具体的には需給計画，生産，物流といった分野に対するスケジューリングツールである．

SCP パッケージのなかには，もともと生産スケジューラーから発展していったものも多い．米国の場合は，ERP ベンダーなどがスケジューラー製品のベンダーを買収し，機能強化して SCP パッケージとなったケースが多い．日本の場合，古くからあった生産スケジューラーは MS-DOS から Windows に

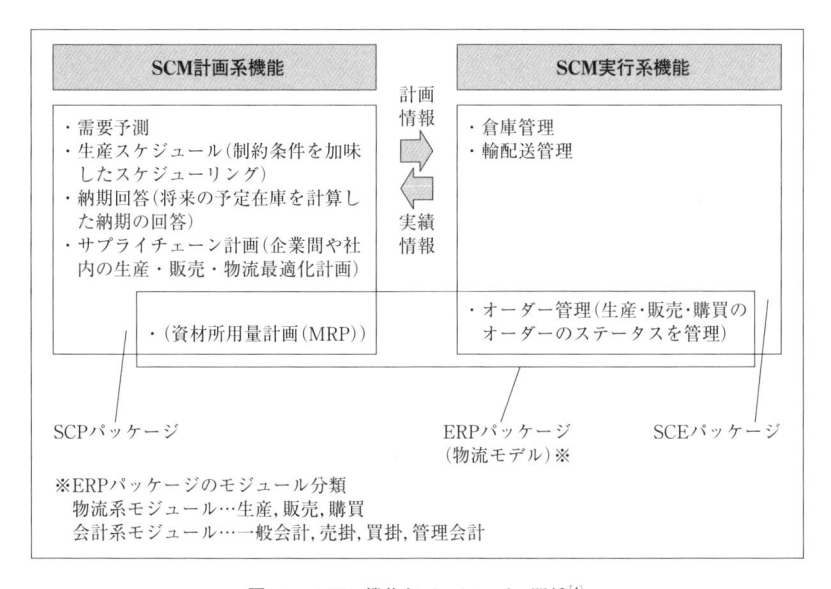

SCM計画系機能		SCM実行系機能
・需要予測 ・生産スケジュール(制約条件を加味したスケジューリング) ・納期回答(将来の予定在庫を計算した納期の回答) ・サプライチェーン計画(企業間や社内の生産・販売・物流最適化計画)	計画情報 ⇨ ⇦ 実績情報	・倉庫管理 ・輸配送管理
・(資材所要量計画(MRP))		・オーダー管理(生産・販売・購買のオーダーのステータスを管理)
SCPパッケージ	ERPパッケージ (物流モデル)※	SCEパッケージ

※ERPパッケージのモジュール分類
　物流系モジュール…生産, 販売, 購買
　会計系モジュール…一般会計, 売掛, 買掛, 管理会計

図 5.1　SCM 機能とパッケージの関係[4]

バージョンアップできずに廃れていったプロダクトがいくつも存在するのとは対象的である[5].

b. SCE パッケージ

SCE パッケージは，在庫管理，倉庫管理など，受注管理など主にロジスティクス関係のツールである．一部 ERP パッケージの販売モジュールと重複する機能も存在するが，主に SCE パッケージ独自の機能としてつぎのようなものをもっている．たとえば，自動倉庫との連動や，複数企業における拠点の異なるプラットフォーム上のシステムをリアルタイムでデータ連動できることなどである．

c. ERP パッケージ

名称にサプライチェーンの文字を直接含まないが，ERP パッケージもまた SCM を支えるツールである．ERP 研究推進フォーラム（日本における ERP 推進団体）が推奨している ERP に関する見解はつぎの通りである．「(企業の)経営資源を有効利用する観点から統合的に管理し，経営の効率化を図るための手法・概念である」[6]．この定義によると ERP は手法・概念である．ERP パッケージでは，販売・購買・生産管理・財務会計などといった業務分野ごとのシステムの単位をモジュールとよぶ．旧来の情報システムでは販売システムなどそれぞれが独立した別システムとして開発されてきたのに対し，ERP パッケージでは統合された 1 システムのなかの，一つの機能という位置づけになっている．複数のモジュールが統合された一つのシステムとして存在し，それらのデータがリアルタイム連動可能であることにより，SCM に必要な情報の流れの効率が向上しうるのである．

ここでは主な分類機能である 2 機能について述べた．最近になって日本でもよく聞かれるようになった IT ツールとして業務プロセスマネジメント/モデリング（business process management/modeling, BPM）ツールがあるが，それらについては，追って述べる．

5.2.2 パッケージの構造による分類——
パラメータ主体型と機能テンプレート主体型

前項ではまず，業務機能による SCM パッケージの分類についてみてきた．

5.2 SCM改革実現に関わるITツール

今度は，適用方法の視点でパッケージを分類することにする．適用方法による分類をするにあたり，まずレファレンスモデルについて述べる．レファレンスモデルとは，正式にいうと業務プロセスのレファレンスモデル，いわば雛型であり業務テンプレートともよばれるものである．ERPパッケージをはじめとするパッケージの特徴として，このレファレンスモデルに基づいた業務改革があげられる．

しかし，レファレンスモデルは誤って捉えられていることもある．その誤解とは，ERPパッケージには唯一無二の雛型があり，その雛型に合わせるのがERPパッケージの導入であるという誤解である．その誤解はさらに2パターンの誤解につながることが多い．一つは唯一無二の雛型なのだから絶対自社に合うはずがないという「ERPパッケージはとにかく使えない」論に結びつくことである．もう一つは，ERPパッケージの唯一無二の雛型にさえ合わせれば自社の業務はそれなりに整理されるだろうという「安易で受身」的な理解である．しかし，業務プロセスレファレンスモデルは唯一無二の雛型ではない．パラメータの数とそれらの組合せによる，ある程度の幅をもった雛型なのである（図5.2）．その雛型の幅のなかで，どこに自社の業務プロセスを落とし込むか，どうやって使いこなすかは個別の検討が必要になる．この作業しだいで，

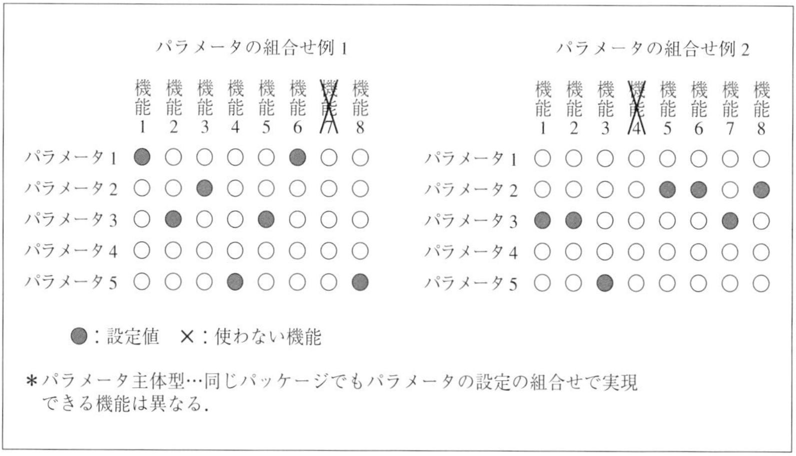

パラメータの組合せ例1								パラメータの組合せ例2							
	機能1	機能2	機能3	機能4	機能5	機能6	✕機能7	機能8		機能1	機能2	機能3	✕機能4	機能5	機能6	機能7	機能8
パラメータ1	●	○	○	○	○	○		○	パラメータ1	○	○	○		○	○	○	○
パラメータ2	○	○	●	○	○	○		○	パラメータ2	○	○	○		○	●	○	●
パラメータ3	○	●	○	○	○	○		○	パラメータ3	●	○	○		○	○	○	○
パラメータ4	○	○	○	○	○	○		○	パラメータ4	○	○	○		○	○	○	○
パラメータ5	○	○	●	○	○	○		○	パラメータ5	○	○	○		○	○	○	○

●：設定値　✕：使わない機能

*パラメータ主体型…同じパッケージでもパラメータの設定の組合せで実現できる機能は異なる．

図5.2　パラメータの組合せによる実現できる業務の差（イメージ）[4]

業務プロセスのパフォーマンスの向上をどれだけ実現できるかということに著しい違いを与える．こういったレファレンスモデルへの理解の不十分さによって，必要な業務改革が行えず，その結果 ERP パッケージや SCM パッケージといったツールの導入までうまくいかないというケースも決して少なくない．そもそも「ツールの導入」ということが主目的となること自体が問題ではあるが，これについては後で述べることにする．

じつは，ここまではパラメータ主体型とよぶことができるパッケージを中心に述べてきた．パラメータ主体型は，さまざまなシステム機能をパラメータ設定によって制御するタイプのものであり，パラメータ設定の組合せにより実現する機能に違いが出てくる．パラメータ主体型の場合，パラメータを設定しさえすればシステムはとりあえず動く．しかし，追加開発が多くなると本来の機能を活かせなくなってしまう．（パッケージの標準機能がもっている，雛型の幅のなかで対応できない機能については，個別にプログラム開発し，対応することになる．これを個別開発，あるいは追加開発などとよぶ．）

パッケージの構造によるもう一つの分類は，機能テンプレート主体型とよべるものである．幹と大枝レベルの機能テンプレートをもっているが，それのみではシステムとして動かず，枝葉の部分についてのある程度のつくり込みを前提としているものである．図 5.3 がそのイメージである．ある意味で従来の汎用大型コンピュータのパッケージに似ている．大枝とはいっても，すべての枝に相当する機能を使用するわけではなく，どの部分を選択するかを決めなくて

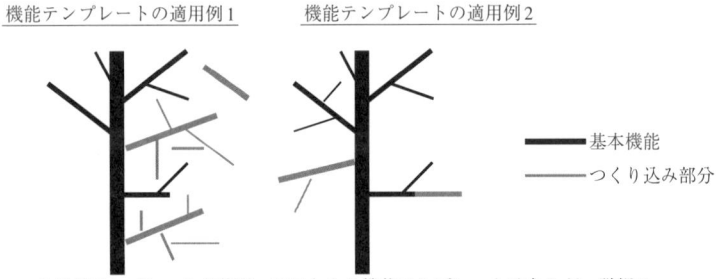

機能テンプレートの適用例1　　機能テンプレートの適用例2

━━━ 基本機能
──── つくり込み部分

＊機能テンプレート主体型…コアとなる機能テンプレートはあるが，詳細の部分はつくり込むことを想定している．

図 5.3 機能テンプレート型のパッケージの構造（イメージ）[4]

はならない．ある程度のつくり込みを想定しているため，導入時点での柔軟性は高いが業務改革を行わず現在の業務に合わせたつくり込みを行うと，後で大幅なつくり直しが発生してしまう可能性がある[4]．

5.2.3 パッケージを利用することのメリットと考慮点

　パッケージを活用することのメリットの一つが，レファレンスモデルに基づく業務改革が可能ということであるが，それ以外のメリットにはつぎのようなものがあげられる．①その後の時代背景的に必要になった機能を取り入れられること，②制度改定に対応できること，などである．パッケージを利用しているユーザーは定額の保守料をパッケージベンダーに支払うことによって，これらのパッケージ利用のメリットを享受できる．いわば，制度改定など，どの企業にも必要となる新機能の開発を，ユーザー群が一つのグループとなり，積み立てておいた費用によって短期間で共同開発をするようなものである．また，異なるユーザー企業どうしが，同じパッケージを用いた業務改革についての研究や勉強を共同で行うといった活動もある．たとえば，製薬業界はSAPのパッケージを利用している企業が多いが，それらの企業がユーザー会で一堂に会して共同での勉強会を行っている[7]．製薬業界にとっては新薬開発こそが競争であって，そのためにコストを集中し，業務コスト削減は共同で取り組もうということなのである．

　一方，考慮しなくてはいけない点としては，パッケージはつねに新たな機能を取り入れてバージョンアップを継続しており，企業側の情報システムもそれについていく必要があるということがあげられる．パッケージベンダー側は，必要以上に多くのバージョンに対するサポート要員を常時かかえることができないため，ある程度以上期間の経過したバージョンに対するサポートは打ち切られることが多い．頻繁にパッケージのバージョンアップを行えるような，情報システムの体制をもっていないと，その企業は古いバージョンのまま情報システムが残ることになってしまう．そうすると，新しい機能については基本的にすべて自社開発せざるをえないことになってしまう．パッケージであることのメリットを，それ以降は享受できなくなるのである．その可能性を考えると，中途半端に標準に合わせるよりも，すべて自社にマッチした情報システムを構

築したほうがよかったという場合さえ起こりうるのである．

5.2.4 ITツール導入に関する最近の傾向――より広範囲の最適化をなるべく短期間で

　ここまで，SCMに関するITツールにはさまざまなものがあること，またそれらの導入に関しての留意点についてみてきた．では，企業における実際の導入の傾向についてはどうだろうか．最近の傾向としては，より広範囲の最適化を目的とした業務改革への挑戦，およびITツールの短期間で導入といったことがあげられる．ERPパッケージなど，パッケージの導入には，「フェーズドアプローチ」とよばれるものと，「ビッグバンアプローチ」とよばれるものがある．フェーズドアプローチは，段階的に部分的な導入を行っていく方法のことである．たとえばERPパッケージであれば，会計系モジュール（財務会計，管理会計など）を第一フェーズで導入し，次フェーズで物流系モジュール（販売，購買，生産管理など）を導入するといったものである．それに対しビッグバンアプローチとは，対象となるモジュール（基本的に会計系と物流系，場合によっては人事系も）を一気に導入する方法である．フェーズドアプローチとビッグバンアプローチにはそれぞれメリットとデメリットがあり，一概にはどちらがよいとはいい切れない（表5.1）[8]．

表5.1　パッケージソフトウェアの導入アプローチ[8]

ビッグバンアプローチ	メリット	システムを一斉に導入するので，過渡的な業務運用・インターフェースプログラムなどの開発が発生しない． 成功すれば，コストも低くて済む可能性があり，システム導入の全体効果も早く得られる．
	デメリット/リスク	業務改革を一気に行う範囲が広くなり，コスト的にも要員的にも非常に負担がかかり，また一気にすべてうまくいくことを前提としているので，リスクも高い．
フェーズドアプローチ	メリット	段階的に導入するので，効果を確認しながらプロジェクトをすすめられる．プロジェクト規模からしてもビッグバンアプローチよりはリスクが低い．
	デメリット/リスク	過渡的な業務運用・インターフェースプログラムなどの開発が発生する．また後フェーズでのモジュール導入検討のさいに詳細機能の変更があった場合には，前フェーズで導入した機能にも新たに変更が発生する可能性がある．

最近の傾向で，ある広範囲を短期間での導入というのは，ビッグバンアプローチに相当する．デメリットやリスクがあるにもかかわらず，この方法を実施する割合が増加しているのは，それだけ全体最適の実現を早急に必要としているからであると考えられる．また，段階的な導入の場合，過渡的な対応が必要となることも理由の一つであろう．たとえば，第一フェーズではERPパッケージの会計系モジュールを導入し，第二フェーズで物流系モジュールを導入する場合，第一フェーズ終了後，第二フェーズ完了まではERPパッケージの会計系モジュールと旧来の販売システムや購買システムとの「つなぎ」のプログラムを用意しなくてはならない．単純につなぎの部分だけで済めばよいのだが，もともと全体のデータの流れを整理して設計されたERPパッケージは，販売・購買などがそれぞれ別システムで存在し，集計結果だけを別のシステムに渡すという従来のシステムの考え方とは発想も構造も異なる．そのため，過渡的とはいえ一部先に導入されたERPパッケージと既存システム間は，そのままデータを流すというプログラムでは済まないケースが多い．コスト的な理由からもこういった過渡的な対応をせず，全体最適をなるべく早く実現することを目的としてビッグバンアプローチを採用するケースが増えてきているのである．

この節では，SCMに関わるITツールについて，業務面，構造面，そして導入傾向についてみてきた．次節では，業務改革の視点からITツールをどう活かしていくのかについてみていく．

5.3 IT活用を意識した業務改革

5.3.1 業務改革の視点からのレファレンスモデル

SCMの一連の流れはさまざまな業務機能から構成されているので，全体の問題の構造を促えないと問題は解決しない．そもそもSCMは流れを効率化することによって効果を出すものであるから，全体の流れの構造を考慮した策でないと問題解決にはつながらない．そのうえでレファレンスモデルをみながら適用することが必要なのである．しかしSCMも，ほかの多くのマネジメントやITに関するアルファベット3文字の言葉と同様に，ツールにはどうしても手っ取り早さを期待してしまう声が出てくる．そして，その手っ取り早さ感か

らツール先行へと意識が向かってしまう場合もあるようである．

　たとえば，ある企業における今後取り組むSCMの重要な課題の項目として在庫の削減，納入充足率，品質，などの項目があげられるとする．これらの項目はSCPパッケージベンダーがうたっている効果の項目としてあげられていることから，SCPパッケージの導入が検討されプロジェクトが立ちあげられる．しかし，その途端に最終目的がパッケージの導入を成功させること，すなわち納期通りにシステムが稼働することなどにすり替わったようになることも少なくない．問題解決のための具体的な施策の検討と，それらを実行した際のトータルな仕組みとしての新業務の絵が描けないまま，一部業務を中心としたパッケージ導入を試みようとする．その結果として現行業務に関するところはマイナーチェンジ的な改善のみを行い，そのしわ寄せの部分をパッケージに期待してしまう例につながるのである．計画段階ですでに，本来の目標とその実現方法とがアンマッチを起こしているのである．

　ITはもはや単なる手作業の機械化の道具でないことは明白である．業務の流れ全体の効率や効果，そして経営に必要な情報を必要な人が把握できるツールであるべきだ．そのためには，ITを単に導入するだけではなく，業務改革を行う必要がある．業務改革の手順について従来は，業務面からの分析を徹底的に行い，その後でそれに基づいてITに関わる部分の設計を行う方法が中心であった．この場合，情報システムの機能を個別の企業ごとに設計・開発することが多いが，それなりにコストや期間を要することになる．その代わり，その企業特有の要望や業務改革で設計した内容に従ってすべての設計を行い，情報システムをその通りに実現させることになる．一方パッケージを適用する場合には，すでに用意されたレファレンスモデルと機能を考慮しながら，業務改革を行うことになる．レファレンスモデルを活用できればそれだけ効果は大きく，活用できない場合は逆に，レファレンスモデルと乖離したシステムが後々まで足枷になる．パラメータ型であればなおさら顕著となる．

5.3.2　SCMのもう一つの難しさ——関わる組織の多さ

　関連するITツールが多いと同時にまた，関わる組織が多いというのもまた，SCMの特徴である．生産計画，生産管理，販売，購買，経営企画，情報シス

テムとさまざまな部門の業務が関わっており，それぞれを担当するさまざまな組織が関わって，単純な1機能のパッケージ導入の話ではない．また，一企業内の場合と異なり，グループ企業などの複数企業にまたがる場合は，さらに複雑さを増す．これら多くの組織の業務を改革するには，プロジェクト上で「組織間の調整を行う組織」がうまく機能することも必要である．また，To‐Be（あるべき姿）の業務すなわち，業務改革後の業務に応じて人員の再配置，組織形態の改定などが必要になるが，このような点を考慮しながら「組織を調整する組織」が存在し機能することが非常に重要となる．

5.3.3 ITを活用した業務改革のためのアプローチ

そもそもITは業務効率を高めることを目的として導入されるべきものである．しかし，とくにパッケージについていえることであるが，ITで支援できる業務改革の可能性と限界を認識せずに，前工程である業務改革だけを行った場合，情報システム構築の際に手戻りが発生する場合が生じる．逆に情報システム再構築の「理由づけ」としての名目で業務改革を位置づけられるケースもある．これでは，業務の効率や品質の向上の観点なしに，パッケージを導入することだけが目的になってしまう．

では，SCMの業務改革のなかで，パッケージを含むIT活用はどのように考えればよいのか．そのカギは業務改革の姿勢を明確にすることである．たとえそのとき導入検討する範囲がせまくても，全体的業務改革視点で，その導入範囲について考えることが必要である．そのうえで推奨されるシステムの導入アプローチはつぎのようなものである[4]．

- 業務目標・業務改革の方針に基づいて使用するパッケージの選択を行い（図5.4 ①），
- そのパッケージが実現できる幅と目標を達成する業務プロセスの幅のなかで調整を行うのである（図5.4 ②）．
- パッケージの標準機能を使用する部分と個別追加開発の部分の切り分けは，以下の項目を考慮して決定する（図5.4 ③）．
  - ・最初に決めた業務目標・業務改革の方針
  - ・業務のアウトプットである効果と情報システムのインプットであるコスト

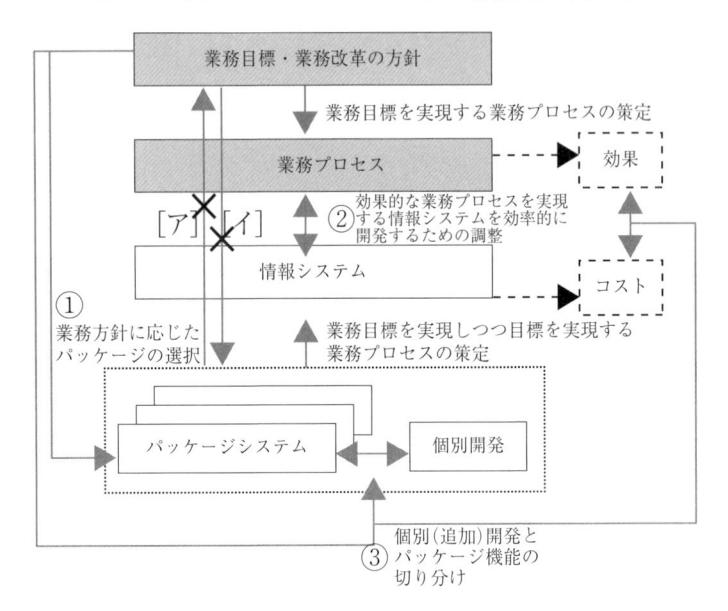

図 5.4 IT ツールを活かした業務改革のアプローチ

のバランス

※決してパッケージに業務を無理やり合わせるものでもなく（図 5.4 [ア]），また十分な見直しをしていない業務で機能を制限なく開発するものでも本来はない（図 5.4 [イ]）．パッケージの選択というシステムの計画は，業務改革の計画と連動すべきである（図 5.4 ①）．

- そして，業務改革の計画は，参画する組織の合意を得たものであることと同時に，業務のパフォーマンスをモニタリングする仕組みを組み込んだものにする必要がある．

明確な方針のないパッケージ導入はパッケージの利点を活用できないばかりか「パッケージに使われる」結果（パッケージの制約にしばられるだけの状態）にいたってしまう．それを避けるためにはパッケージを含めた情報システムの業務改革における目的を明確にすることが必須なのである．

5.4 ITを活用した業務改革の新たな可能性

5.4.1 業務プロセスマネジメント/モデリング（BPM）

前節までで，SCMに関するITツールはあくまで道具であって，明確な業務目標とそれを実現するための業務改革方針が明確であることが，真のSCM改革に必要なことを述べてきた．その前提の下での話になるが，現在さらなるSCMの効率化を促すであろう概念とツールが注目を浴びつつある．それは業務プロセスマネジメント/モデリング（BPM）およびBPMツールである．

全体最適の目標を明確にし，業務プロセスの整理を行い，SCPパッケージやSCEパッケージを導入することによって，在庫削減，オーダー納期遵守率などある程度の効果を得たとしても，SCMにはまだ改善余地がある場合が存在する（その度合いは業種などの個別の企業に関する属性や環境により異なる）．たとえば，ERPパッケージやSCEパッケージを用いて社内業務の実行系機能についてのかなりの部分がリアルタイム連動になり，SCPパッケージ

表5.2 Davenportによる「プロセス改善と改革の比較」の，SmithによるBPMへの拡張（参考文献[9]より）

比較要素	Process Improvement	Process Innovation	Third Wave BPM
変革のレベル	増強的	根本的	トータルライフサイクル
"As-Is"プロセスと"To-Be"プロセスの解釈	現在のプロセス，新しいバージョンへの改善	旧プロセス，連続性のない刷新	BPM能力がない状態，BPM能力がある状態
スタート時点	現在のプロセス	白紙	新しい，または現在のプロセス
変革の頻度	一度または継続的	断続的な一度	一度，断続的，継続的または発展的
必要な時間	短い	長い	リアルタイム
参加の形	ボトムアップ	トップダウン	トップダウンおよびボトムアップ
プロセスの数	同時にいくつか	一度に一つ	同時に多く
典型的な対象範囲	狭い，特的機能の範囲内	広い，機能横断的	企業体全体のプロセス管理
時間的範囲	過去と現在	将来	過去，現在，将来
リスク	中くらい	高い	低い
実現させるための主要手段	統計上の管理	情報に関する技術	プロセスに関する技術

を用いてリアルタイム連動したデータに基づく最適化の計画が可能になったが，自動倉庫など別システム（その企業自前のシステムや別パッケージなど）のデータが必ずしもすべてが全体業務プロセス視点で効率的に連動しない場合などである．また，取引先とのデータのやり取りのところでタイムラグが発生し，そのタイムラグが業務プロセス全体のボトルネックとなっている場合も考えられるだろう．そういったボトルネックをみつけ出し，より最適な業務プロセスを設計しそれを実現することが，BPM および BPM ツール導入の目的である．

BPM ツールの機能については次項で述べるとするが，BPM は，従来の業務改善や改革とどのように違うのであろうか．従来の業務改革の多くはどちらかというと改革そのものに焦点が当てられており，そのうえで改革後もモニタリングが大切だという認識であった．それに対して BPM は業務プロセスをモニタリングしそれを最適化することを前提とし，その仕組をプロセスライフサイクルとして組み込む改革であると考えられる[9]．従来，SCM で最適化を行う主な対象は「いつ」「どこに」「何を」「いくつ」つくる，あるいは買う，出荷するといった「モノ」の流れと，それに関連する「情報」の流れが中心であった．それに対して BPM は業務プロセスの最適化をダイナミックに行い続けることを前提としているのである．Smith は，従来の業務プロセス改革および改善と比較した BPM について，表 5.2 のように要素別に整理している．

5.4.2　BPM ツールの機能

BPM ツールの機能は主に以下の三つに分類できる．業務プロセスインテグレーション機能（システム連携機能），業務プロセスマネジメント機能（業務パフォーマンスモニタリング機能），業務プロセスモデリング機能（新業務設計機能）である．以下にその概要について述べる．

a.　業務プロセスインテグレーション機能（業務アプリケーション連携機能）

業務アプリケーション統合（enterprise application integration, EAI）ツールとよばれるものがこの機能に相当する．『日経 BP デジタル大辞典』によると EAI は「異種のアプリケーション間でデータを連携させる基盤ソフトおよび基盤技術．…この EAI ツールを基盤に置くことによって，多対多の連携が実現できる」とある．要するに，異なるアプリケーションシステム（パッケージで

あったり，個別開発であったりする）のインターフェースシステムをツールキット化することによって，業務プロセスの連結をより容易にすることを目的としたものである．多くのツールは，インターフェース機能をアダプターなどと称している．しかし単につないでデータを流すのではなく，最終的にどういう情報がどのように流れると業務が効率よくなるのか，どういう情報をどのようにレポーティングし，それにより経営の品質をどう高めるかという観点が必要である．その元になるデータを収集するのが後に記述する業務プロセスマネジメント/モニタリング機能であり，その設計を行うのが業務プロセスモデリング機能なのである．

b. 業務プロセスマネジメント機能（業務パフォーマンスモニタリング機能）

ワークフローツール（あるいはワークフロー管理ツール）とよばれるものが，この機能に相当する．先の『日経BPデジタル大辞典』による，ワークフロー（管理ツール）についての定義は，「ある業務ついての一連の流れのこと．業務に伴う情報の流れをコンピュータで管理し，連絡ミスや時間のロスを極力防止し，業務効率を上げることを目的としたシステム」となっている．とくに最近はモニタリングや分析機能が強化されている．しかし，モニタリングするための指標を明確にすることが前提であり，その指標が業務全体の目標と整合性の取れているものでなければ，モニタリングしている内容はただの数字を追う作業になってしまう．そのためにも業務目標を明確にし，どのように改革していくかが共有化されていないといけないのである．

c. 業務プロセスモデリング機能（新業務設計機能）

業務プロセスモデリング機能は，業務改革後の新しい業務プロセス設計のための機能であるといえる．しかし，これは従来のような積み上げ式の要件の詳細を一つ一つ設計するというものではない．また，単に業務の流れのみを記述したものでもない．目標となる指標を設定し，それを実現するための業務プロセスを設計していくことなのである．Scheerは，業務プロセスモデリングに関する著書のなかで，業務プロセスモデリングに関して，「（業務）プロセスエンジニアリングと（業務）プロセスと計画・管理，そしてワークフロー管理を"configure"する」という表現を使っている[10]．"configure"とは「特別な目的のために設計すること」である．当然のことながら，特別な目的とは，シス

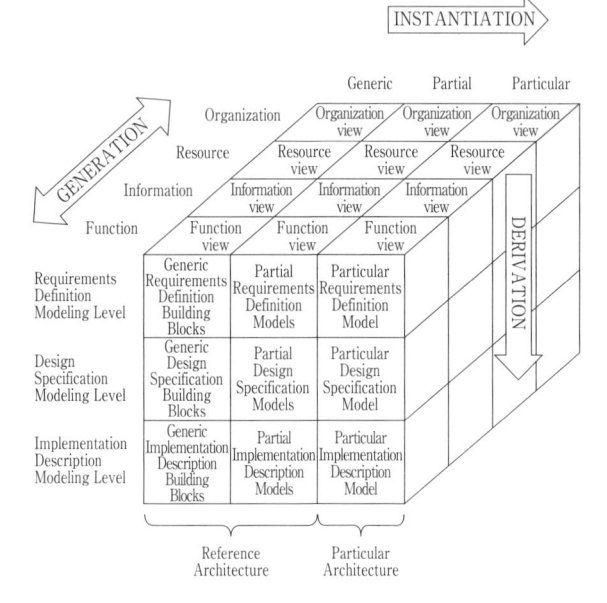

図 5.5　CIMOSA Cube の名で知られる CIMOSA Modeling Framework[11]

テムの導入といった目の前の目標ではなく，業務面からの目標なのである．業務プロセスモデリングの方法論そのものは，業務プロセスモデリングの機能が，最近の BPM ツールの一機能となる以前から存在していた．方法論の有名なものには，CIMOSA（図 5.5）や GERAM などがある[11][12]．CIMOSA は ENV40 003，GERAM は ISO WD15704 といった国際標準に基づいており，複数の企業または企業群での共通のフレームワークとして利用されている．さらにこれらのフレームワークを応用したさまざまなレファレンスモデル，レファレンスアーキテクチャーなどといわれる目的ごと（業種ごとなど）の業務の雛型モデル活用の試みが行われており，また適用方法についてさまざまな研究が行われている[13]．

これらのモデリング方法論は，業務プロセスを階層化した構造で記述し，（概要から詳細へ）部品化するといったものが多い．これらのモデルはいずれもインスタンシエーションという次元を含んでいる（図 5.6）．この次元のなかで，レファレンスモデルからの個別モデルの導出をモデリングとよぶことがで

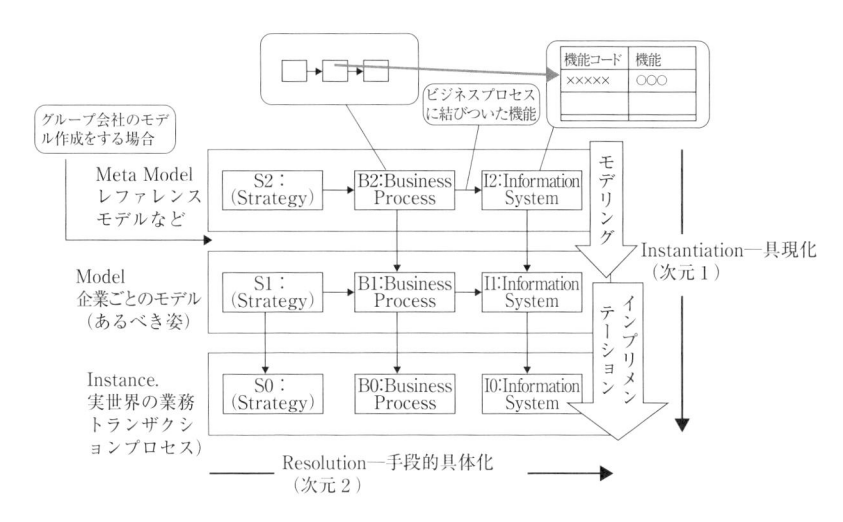

図 5.6 業務プロセスモデリングで必要な二つの次元（参考文献 [14] に加筆）

きる．この作業次第でシステムが目的としていた業務をどれだけ実現できるかに著しい違いを与える．そして，こうして構築された企業ごとのモデルをさらに実際のシステムとして開発し，新業務が稼働する状態にすることがインプリメンテーションなのである．このようにモデリングやインプリメンテーションの過程を通じてレファレンスモデルから企業ごとのモデルの作成，企業ごとのモデルから実世界の企業のビジネスを稼働させる具現化がインスタンシエーションである（モデルによっては名称が異なることもあるが，ほとんどの場合似たような次元をもっている）[14]．

これに対し，戦略から業務プロセスへ，業務プロセスを実現する情報システムという手段的具体化がレゾリューションであり，これら二つの次元を明確にすることが，業務目標を達成する仕組みづくりにとって重要なのである．

業務プロセスモデリングツールは，公開されている標準的なレファレンスモデルに準拠しているものが増えてきている．たとえば，サプライチェーンカウンシル（SCC，SCM 推進のための非営利団体．1996 年設立[15]）によるレファレンスモデルである SCOR（supply chain operations reference）モデル[16]などについて準拠したものである．

すべての BPM ツールがここで述べたような 3 機能を保有しているわけでは

ない．また，現在保有しているツールも，必ずしも初めからそれらの機能を保有していたわけではない．BPM ツールは，業務プロセスモデリングツール，ワークフローツール，EAI ツールといった異なった機能をもった製品であったケースが多いのである．その後それぞれが上位概念としての業務プロセスマネジメント/モデリングを網羅しようとしているのだ．そのため，もともと保有していなかった他の BPM の機能を強化しつつある．業務プロセスモデリングツールはモデリングの方法論とモニタリングのところは強いが EAI 機能やワークフロー機能は新しく開発されたものもある．逆に，EAI やワークフローから発展したツールは，当然インテグレーションは強くモニタリングの機能によってプロセスの品質をどんどん改善していくことができるが，上流の部分のモデリング方法論（戦略との整合性も含めて）の強化の必要性を感じており，コンサルティング会社などとのタイアップを進めようとしているツールベンダーもある．

過去に，ERP がブームになると，もともと生産管理だけのパッケージベンダーがあわてて会計モジュールを開発したり，また，人事モジュールだけのパッケージが別の ERP パッケージの異なるモジュールのインターフェース機能を装備することによって ERP パッケージの仲間と称し始めた．また，SCM パッケージがブームになりだしたときも，もともと工場内だけの超小型スケジューラベンダーがその製品を APS と自称した．最近の BPM ツールはそれらの動きに幾分似ているように思える．また ERP パッケージベンダーは，急激なスイート化（異なるシステムを一続きのシステム群にすること）戦略により SCM パッケージや CRM パッケージベンダーを買収したため，それらのパッケージ（ERP と SCM，CRM のそれぞれのパッケージ）の統合機能を必要とするようになってきた．その統合がデータだけでなく，業務の流れも含めたものである必要性から，ERP ベンダーも BPM を必要としてきているのである．

BPM ツールが SCM の業務改革のより新たな可能性を見出すツールだからといっても，その新たな機能を方針なしに用いることはかえって複雑さを増すことになり，本来の目標を見失っては本末転倒の結果をもたらしかねない．業務目標に従って設計した業務プロセスが本当に目標を満たすものであるかどうかを確認するために，バランストスコアカード（BSC）や活動基準原価計算

5.4 ITを活用した業務改革の新たな可能性

(ABC) によるシミュレーション機能をもっているものもある．これを使いこなすためにも，5.3節で述べたようなITを活用した業務改革のためのアプローチを認識しておく必要があるだろう．

5.4.3 先進企業の取り組み

ここまで，SCMに関わるITとその体系および最新のツール，そしてITを活用し業務改革で効果を産み出すための視点についてみてきた．ここで先進企業の取り組みのなかでいくつか共通してみられる点について触れたい．

① 従来の枠をこえた最適化への取り組みと階層的モデリングによるグローバルレベルの最適化

販売・生産・購買といった部門間をこえた最適化や自社の工場間や一部の取引先を含めた最適化は珍しくない．しかし，グローバルに展開するエレクトロニクス関連メーカーの多くの企業などは，グローバルレベル，国ごと，事業ごとに階層化あるいはマトリックスにして整理を行い，それぞれでの標準を定め，標準と個別の部分の業務プロセスおよびシステムの設計・維持の基準を明確にし，効率的な展開をはかっているところが少なくない．

② 業務プロセスモニタリングの組織

グローバルレベルでの最適化の仕組みを設計するにも，また，それを実際に

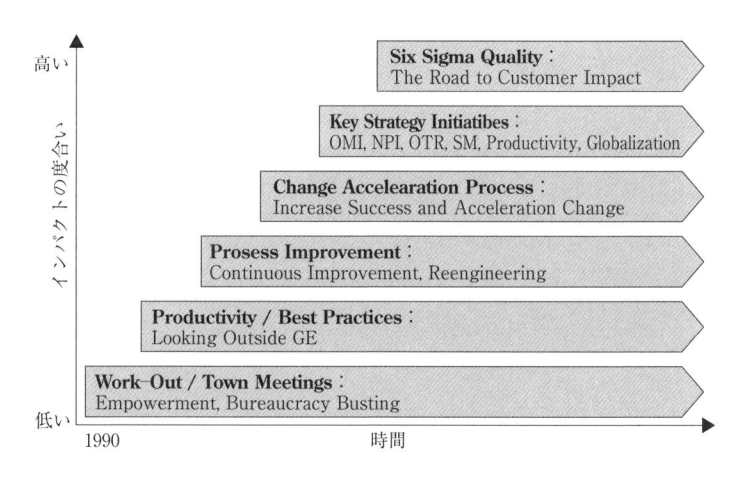

図 5.7 GEのプロセス改善の体系[17]

活用するにも，業務プロセスをどのように維持・改善していくかの意識を組織全体へ浸透させることが必要になってくる．組織的に業務プロセスモニタリングチームや研究所といった組織を設置し，業務プロセスの階層の整理，パフォーマンスの向上，社内への浸透のためのキャラバンなどを行うなどの例がある．

さまざまな企業がこういった取り組みを始めているが，ゼネラル・エレクトロニック（GE）などは早くからビジネスプロセス研究所を社内にもっている．業務プロセスや品質に関するさまざまな取り組みをつねにブラッシュアップし，体系化し続けている[17]（図5.7）．そしてビジネスプロセスを組織のレイヤーにより階層化するだけでなく，その組織のレイヤーごとの指標も明らかにしている[18]．

階層的モデリングによるグローバルレベルの最適化や業務プロセスモニタリングの組織の設置を行い，BPM ツールを活用している企業は米国企業だけではない．日本国内でもエレクトロニクス関連や自動車関連を中心に，業務の標準化やモニタリングによりさらなる効率化を行っている企業がある．こういった活動のなかでの BPM ツールの利用が増えつつある．

5.5　今後の課題

5.5.1　企業間関係の問題

前節で業務プロセスモデリング手法によって描かれた新たな業務プロセスとそれを支援する情報システムのつながり，そしてレファレンスモデルによる導出についての視点について述べてきた．しかし，企業間のそれぞれの目論みと全体最適への行動的側面を理解しなければ，全体最適は実現しない．

たとえば，需要の予測情報を購買側の企業と販売側の企業でやり取りしているとする．しかし，販売側の納期充足率が芳しくない場合，しばしば購買側は実際の注文数に上乗せした多めの発注を行うことがある．少しでも在庫を確保し，後で余分な在庫が出た場合は発注をキャンセルするという小ワザを使っているのである．短期的にはこのような小ワザを使うことにより，発注側は発注したプロダクトの欠品による機会損失を免れることにはなる．このような小ワ

ザが氾濫していることにより，受注側の生産工程が混乱しているケースも少なくない．ここで混乱しているコストはどこで負担されるであろうか．サプライチェーン上のどこか，つまり具体的には，発注側が負担しているのか，あるいは受注側が負担しているのか，または最終製品価格に上乗せさせているかなどであろう．このような状態でいくらリアルタイムの情報をやり取りしたとしても，全体最適視点でのコラボレーションは実現しない．

　商取引の企業間における情報交換の質，取引に関するコミットメント，および互いの信頼感について，それぞれ正の相関関係があることについてはすでにいくつかの研究結果が出ている[19][20]．つまり，取引する企業間の信頼関係などは情報の精度に影響を及ぼすということである．販売側企業が，取引している複数の企業から入手する情報の精度がまちまちであれば，場合によってその情報は十分に活用できないものになってしまう可能性がある．このような問題に対応すべく，企業間関係をマネジメントする仕組みや，「業務プロセスそのものを管理する業務プロセス」を取り込むことが提唱されている[21]．また，サプライチェーンカウンシルも，SCOR モデルに "enabling process"（「可能にする」プロセス）を追加した．この "enabling process" はまさに「（業務プロセスを）管理する業務プロセス」である．これらをうまく組み込んだ業務システムを IT で実現することが必要になってくるのである．

5.5.2　本当の意味での可視化

　SCM は，原材料や部品の調達から生産，物流，販売へといたる一連の「モノ」と「情報」の流れを効率化し，顧客満足と生産性とを高める経営手法であるが，そのための最適化手法と同時に「最適化するための情報を把握できるしくみ」にすることが必要である．SCM で論じられ続けている可視化とはそのことであり，それは，単純にデータがつながることではなく，本当に必要な情報が，必要なタイミングで必要な単位でみられることなのである．筆者は従来からこれを情報の「正しい精度と鮮度」を伴った最適化と呼んできたが，業務のパフォーマンス向上がより重要になった現在だからこそ，その重要性を改めて認識させられる．

　では，「正しい精度と鮮度」とは何であるのか．やはりこれも業務の最終的

な目標によって異なってくる．そのためにも前述の業務目標を明確にすることが必要なのである．

本章では，まず5.1節で現在のSCMの概要とITの位置づけについて述べた．5.2節ではSCMのITツールの機能面と構造面からの分類を行い，5.3節では業務改革の面について，そして5.4節ではITを活用した業務改革の新たな可能性について論じた．ここで述べてきたように，ITはあくまでテコであり，目標はテコでもち上げるべきものである業務的な効果なのである．現在のテコがいかなるものかを理解したうえで，どれだけどのようにもち上げるかを認識すること，つまり目標の設定が重要であることをここで再度強調しておく．また，そのテコを使うのは人間である．すでに国内外で事例があるように，新しい取り組みを全社にキャラバンしながら組織に浸透させるといった活動が必要になる．日本の企業の多くは「カイゼン」や小集団活動で培ったノウハウをこの分野でいっそう活かすことができるのではないだろうか．そのためにも，ここで述べたようなアプローチも一つの有効な方法であろうという提言をもって本章の結びとする．

参 考 文 献

[1] D.J. Bowersox: "Managing "21st Century" Supply Chain World" 99, Supply Chain Council, 1999
[2] J.T. Mentzer: "Twelve Drivers of Competitive Advantage Through Supply Chain Management," Supply Chain World 2003, Supply Chain Council, 2003
[3] AMR Research Supply Chain Strategy Group: "Supply Chain Outlook," The Report on Supply Chain Management, 1999
[4] 飯塚佳代: "SCMパッケージの効果的な導入のために," ITソリューションフロンティア2003年1月号,野村総合研究所, 2003
[5] 安田一彦: "エンタープライズ・アプリケーション・インテグレーション≡SCM／ERP／PSS／MESの統合", (社)日本鉄鋼協会計測・制御・システム工学部会第1回フォーラム資料, 1999
[6] ERP推進フォーラムホームページ, http://www.erp.gr.jp
[7] 鈴木広子・安田一彦: "医療用医薬品業界の企業情報システム化戦略—統合基幹業務システムERP導入の実態分析からの考察", 経営情報学会論文誌, 2001年6月号
[8] 飯塚佳代: "ERP導入の留意点" ERP勉強会資料, 2001.10
[9] H. Smith and P. Fingar: *Business Process Mnagement: The Third Wave*, Meghan-Kiffer Press, 2002
[10] A.W. Scheer: *ARIS−Business Process Frameworks*, Springer, 2000

参 考 文 献

[11] F. Vernadat: *Enterprise Modeling and Integration : Principles and Applications*, London: Chapman & Hall, 1996
[12] IFIP‐IFAC Task Force: "GERAM: Generalised Enterprise Reference Architecture and Methodology", Version 1.6.2, 1998
[13] 飯塚佳代, "エンタープライズアプリケーション適用の新たな視点と手法", NRI 技術創発レポート創刊号, 野村総合研究所, 2001
[14] K. Iizuka and M.J. Matsumoto: "Business Modeling Scheme in Collaborative Enterprise Frameworks," OOEF (Object Oriented Enterprise Framework)‐OOPSLA'99, ACM, 1999
[15] 飯塚佳代: "米国の SCM に関する企業の動き," NRI 情報技術レポート, No.99‐05, 1999
[16] Supply‐Chain Council, Inc.: SCOR Overview‐Overview of the SCOR Model" (http://www.supply-chain.org)
[17] General Electric Company: "The Roadmap to Customer Impact" (http://www.ge.com)
[18] B.D. Gladwin: "Construction, Verification and Validation of Discrete‐Event Simulation Models ", 3rd Annual Simulation Solution Conference, IIE, 2001
[19] K.S. Celly and G.L. Frazier: "Outcome‐Baed and Behavior‐Based Coordination Effort in Channel Relationships," *Journal of Marketing Research*, **33** (2), May 01 1996
[20] J.P. Cannon and W.D. Perreault Jr.: "Buyer‐Seller Relationships in Business Markets," *Journal of Marketing Research*, **36** (4), Nov 01, 1999
[21] K. Iizuka and M.J. Matsumoto: "CEM : Collaborative Enterprises Modeling with Supply Chain Relationship Connection," International Conference on Enterprise Information System 2001, ICEIS (in cooperation with AAAI and IEEE)

6 サプライチェーン・マネジメントと システム間連携技術 ——————坂元克博

6.1 はじめに

　企業を取り巻く外部環境は日々変化し，企業の競争力を維持するためにさまざまな業務改革が求められている．とくに一企業の枠をこえ関連する企業どうしが情報技術を背景として連携し，より付加価値の高い商品を顧客へ効率的に提供する仕組みを構築することが競争に勝つための要件となっている．本章では，サプライチェーン・マネジメント（SCM）構築について情報技術の観点から考察する．今後企業が生き残っていくためにはチェーンをもつことが重要であるが，このチェーンに対応したシステムをその都度再構築するのは大変な労力と費用が必要となり効率的でない．そこで，SCMシステムを構築するさいに有効と思われるエージェント技術やウェブサービス技術といった最新の情報技術の観点で考察する．

　今日多くの分野で市場が成熟し，商品の特性や仕様では優位性を発揮しにくい時代になっている．しかも，為替変動や急速な技術進歩といった激動する経済環境のなかで，企業は情報技術の発展により世界規模での競争を強いられている．他方，顧客側からのニーズはますます個性化・多様化し，製品ライフサイクルは短命化している．このような環境のなかで，企業は国際基準に適合した経営の効率化，世界と競争できるオープンなシステム，競争に打ち勝つためのコアコンピタンスの追求などが要求されている．

　これらの要求に応えるべく近年SCMなるコンセプトが注目を集めている．このSCMは突然出現したものではなく，過去のさまざまな最良の考え方や手法，その時代の最新の情報技術が融合して一つのコンセプトとして統合されて

きたものである.さまざまな考え方や手法としては,多品種少量時代の新しいマネジメントの出現（モジュール化の推進）,EDI (electronic data interchange)/CALS (commerce at light speed) などの標準化の進展,流通業界におけるQR (quick response)/ECR (efficient consumer response) の進化などがある.一方,情報技術としては,インターネット技術や顧客情報を処理するデータベース技術・ソフトウェア技術などの発展に支えられたものである.デルの経営は顧客とダイレクトに一体となり,関連する部品供給会社と同じ情報を共有化し,あたかも一企業体のようにダイナミックに活動する仕組みのなかで,SCP (supply chine planning) ソフトを活用して最高の生産性を実現する顧客中心のビジネスモデルを構築している.これは経営に情報技術を最大限に活用した一例であり,SCMは情報技術に支えられた経営技術であるといっても過言ではない.

いままた,インターネットを利用した企業間取引 (business to business, BtoB) に新たな変革が訪れている.いままでもシステムが連携し処理を進める形態としてはEDI（電子データ交換）システムなどがあったが,これは特定の相手とあらかじめ決めたやり方で接続するといった柔軟性の低い方法であった.これからの企業間取引では,これまで取引のなかった企業とやり取りすることが増える.どの企業と取引するのか,つまりどの情報システムどうしを接続するのかを事前に決めることはできないが,企業が生き残るためには未知のチェーンに対応せざるをえない状況にある.

さらに,SCMが目的とするところはチェーン全体の効率化だけでなく,顧客にすばやく安定的に製品を供給する迅速性や安定性,顧客の変化に柔軟に対応する柔軟性,顧客の多様な要求に応えられる多様性,顧客に対してより価値のある製品・サービスを創造する創造性もまたサプライチェーンにおける競争力となる.現在多くのSCMシステムやその製品が,販売予測,配送計画,生産計画,購買計画といったプランニングやスケジューリングを中心としたチェーン全体の効率化に焦点を当てているのが現状であるが,さらに完成度を高めるためには,各計画の基礎となる適切な情報を必要なときに外部環境から収集し計画の質を高める仕組みや,それらの計画情報を取引企業と同期させる仕組みを実現する必要がある.今後のSCMシステムはこのような要請に応えるこ

とが必要であり，そのようなシステムを構築するにはシステム自体が柔軟に対応可能で効率的にかつ短期間に低コストで構築できることが必須である．

そこでここでは，SCMシステムをネットワークアプリケーションの分散システムとして位置づけ，このようなシステム構築にエージェント技術を導入しこれらのニーズを解決することを考える．エージェント技術はネットワーク上で協調・交渉・集約といった社会的営みを行うソフトウェアシステムの実現と応用に関わる技術の新しい枠組みであり，環境が変化した場合にシステムとしてその変化に容易に対応できたり，予期しない出来事に遭遇したときにその状況を判断しそれに即した迅速な行動が可能になったり，分散した情報から真に必要な情報を探索したり，といったことを新たな開発コストや運用コストを発生させることなく実現可能な技術といえる．また，最新の情報技術の一つであるウェブサービス技術は，XML（extensible markup language）などのインターネット上の標準的なプロトコルを採用してシステム連携の同期・非同期の通信をサポートし，これによりシステム間のデータ交換が低コストで実現でき，さらにはエージェントが最適な行動を決定するために必要な知識源をほかの場所から取得できるような環境を提供してくれる．

このようなことを背景に，ここではまずSCMの目的・目標について再考する．つぎに，SCMシステムを構築するさいに今後有用となるであろう最新の情報技術であるウェブサービスとエージェント技術について議論する．そこでは，とくにエージェント技術をSCMに適用した例を通してマルチエージェントの基本技術・開発環境について論じる．

6.2 SCMの目標

1990年代後半から製品サイクルが極端に短くなり消費者の嗜好が多様化した現在，過剰在庫や欠品を防ぐ手法としてメーカーや卸・小売店を巻き込んだSCMが製造業や流通業で増えてきている．しかしながら，参加している企業すべてがそのメリットを享受するというSCMの理想に反し，取引のなかで強い立場にある一部の企業だけがメリットを得ているケースが少なくないといった報告や専門雑誌などにはSCMによる改革の失敗談の掲載もある[16]．

一般にSCMは「複数の取引企業がその枠をこえ，一つのビジネスプロセス

として経営資源や情報を共有して全体最適を目指し，プロセスの無駄を徹底的に削除する経営手法」と定義される．これは，異なる企業活動をいわゆる一つの一貫した企業という姿を想像させる．ERP（enterprise resource planning）が企業内での経営資源をリアルタイムに把握し資源の無駄を削減することを目的としているのに対して，SCM は企業間で協働しながらチェーン全体のプロセスの同期化と最適化をはかり利益増大を目的にしている．しかしながら，現実には各企業が独自の事業構想をもち自己利益を追求する存在であれば，企業間の調整が基本的に難しく一貫した企業としての全体最適は本質的に困難ではないか．商取引のなかで強い立場にある企業が自社の利益や都合を優先して弱者に強要してはいないか．SCM の目的が効率化だけに注目されるが果たしてそれだけなのだろうか．以下，これらの問題について再考してみる．

　SCM は企業連携による戦略的競争優位性を確保することを背景としたコンセプトであるが，サプライチェーンの競争力は効率性だけで決まるわけではない．さまざまな要求に応えられる多様性，要求に短時間に応答する迅速性，変化に対応できる柔軟性などもサプライチェーンの競争力である．いうならば，効率性を多様性・迅速性・柔軟性・安定性などを含めて広義に捉えるべきであり，SCM システムはこれらの機能を備えることが必要である．これに関して，根来は以下のような Fisher の主張を示している[18]．「ライフサイクルが長く，需要が比較的安定し，予測が行いやすい製品の場合は単に物理的コストをいかに削減するかに注力すればよいのに対して，ライフサイクルが短く需要が不安定で予測のしにくい製品の場合には，市場の情報をいち早く入手し諸活動にフィードバックするような情報処理面での迅速性・柔軟性を高める市場対応コストの削減の方が圧倒的に重要になる」．

　昨今 SCM への注目度が高いが，その議論がサプライヤー側の周辺に集中しているように思う．SCM は原材料の調達から最終製品の消費・回収までを一貫したフローとして捉えるものであり，消費者側からみたときのデマンドチェーンとしての議論も必要であろう．複数企業の活動のつながりは製品に対する付加価値活動のつながりとみることもできるので，企業は自社の活動を向上させるため他社の付加価値活動にも当然関心をもたざるをえない．製品の価値はその機能だけで決まるわけではなく，納入までのリードタイムや特急注文への

対応のよさといった他社への働きかけなども影響する．また，製品の機能改革や新製品開発を行うためにはほかの企業と協働して改善しなければならないこともある．そのためには，顧客や販売店・部品メーカーなどの的確な情報提供が不可欠であり，情報の正確性・迅速性が求められる．つまり，物流チェーンの管理・改善を行うことは必然的に情報チェーンの管理・改善の側面も要求されるのである．段階を踏むごとに要求量が変動するという「フォレスタ効果」とよばれる現象は情報チェーンの管理・改善によって改善されることが知られている．

サプライチェーンに参加する各企業は潜在的に異なる事業構想や製品構想をもっている．そのため，チェーン全体として満たすべき最終顧客に対するニーズやチェーンの競争力に関する認識が必ずしも一致しているとはかぎらない．系列会社や協力企業の場合は同じ価値を共有しているので調整は比較的容易であるが，そうでない場合は各企業の意図する方向が一致せず，チェーン全体の意図する競争力強化の方向を調整することが非常に困難になる．これを解決するためには，まず各企業の個別の事業構想や製品構想を相互に認識し合ったうえでビジネスルールの明確化が必要である．調整のための基準ルールは最終消費者のニーズとなる．なぜなら，チェーン全体の競争力を評価するのは最終消費者であり，製品の需要量を決定するのが最終消費者であるからである．チェーンに参加する各企業は自社の情報を適切にチェーン全体に提供し，他社の事業構想や製品構想を参照しながら自社の事業構想や製品構想を変化させていくことが求められる．このためには，情報チェーンとしては数量などのデータ以外に各企業の事業構想や製品構想，固有の経験則といった知識源など数値化できない情報も提供することが調整を容易にし，チェーン全体の競争力を向上させる要因と考えられる．

これらのことを考えると，情報チェーンの重要性が認識できる．ここでいう情報チェーンは生産量とか納期といった数値情報だけでなく，各企業の事業構想や独自の経験則といった知識情報をも含んでいる．知識源は機密性を有するものもあるが，それを重要視するあまりSCMが目的とする本来の協調調整が歪んでくるおそれがあるため，各企業体は主体性をもって提供情報を選択管理すべきであろう．これらの知識情報は企業間での差異の調整におおいに役立つ

ものと思われる．

6.3 ウェブサービスとシステム連携

　現在の経済環境のなかで緊急度が高く重要視されているのが社内外のシステム連携であり，多くの業務プロセスはほかの社内システムや社外パートナー企業とのシステム間連携をウェブ技術により実現している．具体的には EAI（enterprise application integration）を介して，顧客管理や在庫管理，財務管理システムなどを企業内で統合しながら，パートナー企業のシステムとの連携をはかるといった事例が一般的なものとなっている．しかしながら，EAI でのシステム連携では接続するシステムごとに依拠したアダプターを開発する必要があり，またシステム構築の柔軟性とそれに要するコストなどの点で問題点が指摘されている．システムが連携し処理を進める形態としてはこれまでも EDI システムなどがあったが，これは契約を結んだ特定の相手とあらかじめルールを決めておいたやり方で接続するといった柔軟性の低い方法であった．

　これに対しウェブサービスは，WSDL（Web services description language），SOAP（simple object access protocol）といった XML をベースとしたプロトコルを中核として，アプリケーション間の同期あるいは非同期の通信をサポートし，ウェブアプリケーションの疎結合による連携を目指している．これにより企業はより柔軟性の高いシステムを低コストで構築でき，さらには構築したシステムは標準技術を利用することから，将来システムを拡張するさいにも資産を活かせる可能性が高くなる．現在ではウェブサービスを実現していくための環境もかなり整っていて，運用環境となるサーバー製品の主要なものはすでにウェブサービスへの対応が完了しており，開発環境においてもウェブサービス開発に向けたフレームワーク製品が数々登場している．このようにウェブサービスに向けたシステム環境はすでに整備が進んでおり，各企業にはシステム連携の次なるステップへ向けた取り組みが求められている．

　ウェブサービスがもっとも大きなインパクトを与えるのは企業間 EC（electronic commerce）である．BtoB では，どの企業と取引をするのか，つまりどの情報システムどうしを接続するのかを事前に決めることができないし，これまで取引のない企業とやり取りすることも増える．今後，SCM システムの構

築，マーケティングデータの交換，複数企業によるECシステムの共同開発などあらゆるかたちで企業間がつながり始める．このとき，標準的なインターフェースを介してシステムどうしを連携可能にするウェブサービスが威力を発揮する．すでに稲畑産業では[17]，サプライヤー企業の生産管理システムから直接最新の発注計画情報を取得できるようSCMシステムの一部をウェブサービス化している（図6.1）．

ウェブサービスを構築するには図6.2の手順で進められるが，そこではいくつかのポイントがある．最低限必要なのは，HTTP（hyper text transfer protocol）やFTP（file transfer protocol）といったIP（internet protocol）ベースのプロトコルを使ってアクセスできるようにすることである．このようにしておけば，ファイアウォールを導入している企業でも通信がしやすいし，SSL（secure socket layer，暗号化通信）を用いてセキュリティを高めることも可能となる．そして，データを交換する場合はXML形式で行うようにすることである．XMLを使えば，やり取りするデータの形式を柔軟に変更できるため容易にシステム変更が可能になる．さらには，SOAPを利用したシステム間の連携を細かく制御したり付加機能を組み込んだりすることである．SOAPはXMLデータを電子的な封筒に収め，宛先やデジタル署名などの情報を付加するためのメッセージ仕様である．送付したいXMLデータをSOAPボディに，デジタル署名やルーティング情報などの付随情報はSOAPヘッダーに格納す

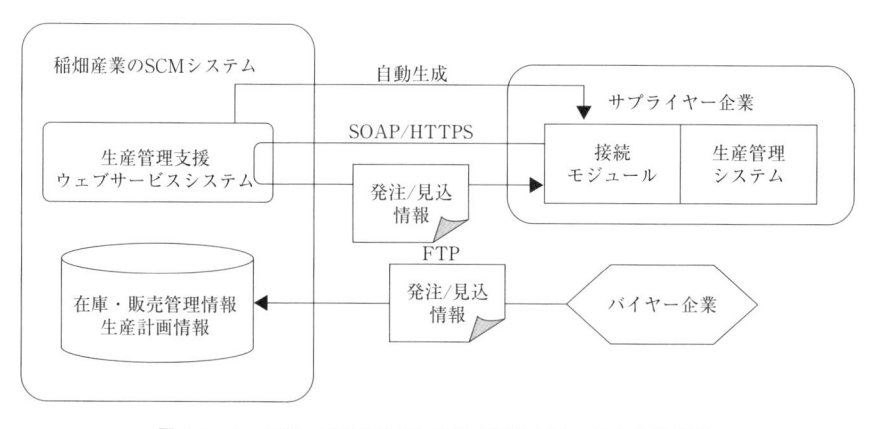

図6.1 ウェブサービスを活用した例（文献［17］p.21に加筆修正）

Step 1 ウェブサービス機能の決定	利用しやすく，状態管理が不要な単位 通信量が削減できる単位
Step 2 システム構成の設計 　　　インターフェース・コンポーネント・セキュリティ・エラー処理などの設計	業界標準の通信データ形式を採用する WDSLファイルやXMLスキーマを活用する 設計手法に合ったSOAPの通信手段を採用する 開発言語やツールの制約を考慮する
Step 3 開発・実装 　　　開発ツールの選定 　　　プログラム開発	
Step 4 最適化	
Step 5 実稼働	

図 6.2　ウェブサービスの構築手順とそのポイント

る．SOAP メッセージ全体は SOAP エンベロープ（封筒）で包み込む．SAOP メッセージを受け取ったシステムは，XML データをどのシステムに転送すればよいか，送付されてきた XML データが変造されたものではないかなどを判定し柔軟に処理できる．なお，SOAP メッセージを伝送する通信プロトコルにはおもに HTTP を利用する．これは，SSL に対応していて特別な設定をしなくとも多くのファイアウォールを通過でき，要求と応答が対になっているため伝送結果がただちに取得できるという理由からである．

　SAOP への対応が済んだら，最後に開発したウェブサービスをウェブサービス・ディレクトリである UDDI（universal description, discovery and integration）レジストリーに登録しその場所を公開することになる．UDDI はその名の通りサービスの記述と発見・統合を実現するための枠組み，つまりウェブサービスのプラグ＆プレイを実現する枠組みを提供する．UDDI に登録された情報はウェブブラウザーで UDDI のウェブサイトから検索できるほか，専用の API を利用してプログラムからも処理可能である．UDDI に登録するには，ビジネス主体（企業や団体など）の情報（businessEntity），そのビジネス主体が提供するサービスの内容（businessService），サービスが提供する機能の利用方法（bindingTemplate），機能のインタフェース仕様を定めたサービス型（tModel）の四つの情報が必要である（図 6.3）．ポイントとなるのは四つ目の

```
<businessEntity>：ビジネス主体
   ビジネス名（企業名など）
   接続情報（URL，メールアドレスなど）
   分野情報（業種など）
   ...
   <businessService>：ビジネスサービス
      産業コード
      サービス名
      ...
      <bindingTemplete>：機能の利用法
         インターフェース名
         サービス型の識別子（tModelKey）
         ...
```

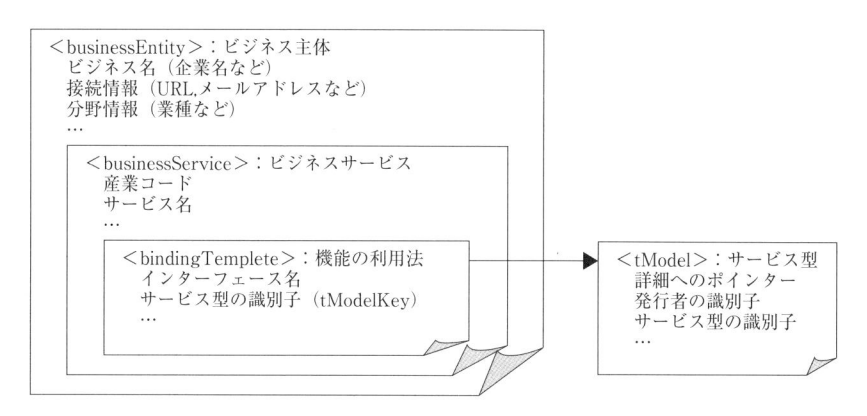

```
<tModel>：サービス型
   詳細へのポインター
   発行者の識別子
   サービス型の識別子
   ...
```

図 6.3 UDDI に登録する情報

サービス型で，サービスの機能がどのようなインターフェース仕様に基づいて実装されているかを定義する部分である．UDDI の利用者が利用可能なサービスを探すときは，この tModel の識別子をキーとして businessService を検索する．なお，tModel にはサービス型の仕様を直接記述するのではなく，別に用意された定義ファイルへのポインタを記述する．この定義ファイルを記述するのに用いられるのが ESDL（ウェブサービス記述言語）である．WSDL ファイルでは，ウェブサービスに入出力するデータ型を XML スキーマなどで定義する．定義できる内容は，ウェブサービスの機能を RPC（remote procedure call）のようによび出す場合のインターフェース仕様や，やり取りする XML データのタグセット仕様などである．

このようにウェブサービスを開発し公開することは何ら難しいことはない．SCM における企業間や部門間でのシステム連携を実現するうえで，ウェブサービスはシステムの大幅な変更なしに実現できる現実的な選択肢の一つになる．さらに，この技術は企業間での知識情報獲得の手段としても利用可能である．企業がウェブサービスシステムの構築を進める背景には激化する競争を乗り切るためであり，今後の BtoB システムは，特定企業間を常時つなぐのではなく，必要なときにプラグ＆プレイでつなぐことを前提として構築することが要求される．

6.4 エージェント技術

6.4.1 エージェントの特色

　エージェントは自身が状況を判断し行動を決定するところに特徴がある．エージェントを簡単な言葉で定義すれば以下のようにいえる．与えられた漠然とした目標や要求に対して，自分で計画を立案し移動し，他と交渉して不足している情報を自分で探索し（あるいはつくり出し）ながら目標を達成するまでこれらをくり返すソフトウェアである．つまり，エージェントは以下の特徴を最低限備えていることが必要となる．自らが計画を生成し（プランニング機能），その計画に沿って行動する（計画実行機能）ことである．計画が失敗したときは，その根拠となった情報を更新して再度計画を生成したり，また，エージェント自身がもつ属性やメソッドを自由に変化させることも必要であろう．さらには，新しい未知の情報を得るために居場所を変化させることもできなければならない．

　現在開発されたシステムで扱われているエージェントは，これらの特徴をすべて備えているわけではない．それらの特徴の一つあるいはいくつかを備えたモデルでさまざまな研究を重ねている段階である．たとえば，インターフェースエージェントは自立性や外見などに重点をおき人間とのコミュニケーションをその目的とするエージェントであり，モバイルエージェントは移動性に重点をおき，大量の情報のなかから必要な情報を選別して取り出すことを目的としたエージェントである．

　エージェントは自分が所有する知識（情報）やそのエージェントがおかれている環境が所有する知識を利用して計画を立てる．与えられた目標に対して効率的な計画を立てるためには，必要な情報がどこにあるかを簡単にみつけ出すことができなければならない．たとえば，チェーンのなかに知識源が存在すればこのようなことが簡単に行える仕組みができ，これはウェブサービスをチェーンに導入することによってただちに実現可能である．

　マルチエージェントは問題を解決する単一のエージェントの集まりであり，エージェントたちが互いに交渉し合意形成をはかるよう協調する．マルチエージェントの協調性とは，いくつかに分割された問題を複数のエージェントが分

担して解決する，あるいは，複数の独立した活動からいかにして一つの仕事が合成されるかといったものである．したがって，マルチエージェントが得意とする内容は大きく分けて2通りある．一つは，複数のエージェントが分散して分割された問題をそれぞれ担当しその解決を目指すタイプのものである．このとき，各エージェントが創出する部分問題の解は問題の分割階層に基づいて統合されていく．このタイプは各エージェントが部分タスクを独立して処理できる場合に向き，エージェントどうしの通信は契約ネットを代表とする直接通信が適している．一方，もう一つの処理は，各エージェントがほかのエージェントからの結果（情報）に基づいて各自の問題を解くタイプのもので，複数のエージェントが各自の処理結果をもち寄り，互いに影響しあいながら問題解決し，全体として解の品質が向上することを目指している．このようなタイプの通信は黒板モデルを代表とする間接通信が適している．

　エージェントがもつ自律性，成長性，協調性といった特徴を考慮すれば，正しくエージェント技術は SCM システムが要求している機能を実現するうえで最適な技術である．新しくスケジューリングの方法が開発されれば，それを知識やアルゴリズムとしてエージェントに与えればよいし，活動の意思決定に役立つ情報を得たければエージェントどうしが相互に協調し合った結果を自動的に提示させるようにすればよい．このようなさまざまな特徴をもつエージェントに対して明確にいえることは，エージェント技術は一つの分野の技術だけでつくり出せるものではなく，たとえば，知識処理技術，マルチメディア技術，インターネット通信技術など複数の分野の技術が応用されていることである．

6.4.2　研　究　例

　ネットワークの発展に伴い地理的・時間的な制約が緩和され，これまでになかった新しい形態の企業活動が生まれている．たとえば，e ビジネスで代表されるようにネットワークを使って情報を適切に流通共有させ，多様かつ変化の激しい市場や顧客ニーズに迅速に対応することが可能となっている．複数の企業をあたかも一つの企業のように活動する仮想企業もその例である．ここでは，エージェント技術を活用して，情報流通の支援や分散された部門活動をうまく調和をとりながら進めるための支援を例として取り上げる．これらの例を紹介

することは今後のエージェント技術の活用の指針となるからである．

a. PACT

PACT（Palo Alto collaborative testbed）[3]は，地理的に分散された複数の部門が協調して一つのシステムの設計作業を行うコンカレントエンジニアリングのための支援システムの基本的な枠組みを構築することを目的として，米国のスタンフォード大学，ロッキード，ヒューレット・パッカードが共同で行った実験プロジェクトである．この実験プロジェクトの具体的な対象としてはロボットのマニピュレーターの設計が取り上げられていて，機構設計，装置設計，制御ソフトウェア設計などの部門が同時並行的に設計を協調して行うものである．一つの設計対象に対して，各部門がそれぞれ異なる立場から設計しシミュレーションを行い，その結果を相互に情報交換して設計を修正していくという手順で進められている．

PACTでは，各設計部門で使われる設計支援システム（ツール）をそれぞれ一つのエージェントとして捉え，それらがファシリテータとよばれる機構で相互に接続されるアーキテクチャーで構成され，システム相互間の知識共有や全体の作業進行に関する支援技術などが研究されている．各エージェントは独自の知識ベースと推論機構をもった知識処理システムとして考えらており，情報や知識を交換する手段としてエージェント通信言語が提供されている．具体的には，米国防省高等研究計画局（DARPA）の知識共有プロジェクトで開発されたKQML（knowledge query and manipulation language）と知識交換用の知識表現言語であるKIF（knowledge interchange format）を採用している．通常の通信言語の上に，そのメッセージが何を伝えようとしているかを指示することで通信を円滑にしようとするものである．また，KIFは各エージェントでの知識表現方法の違いを吸収するために採用され1階述語論理に基づいた方法となっている．

ファシリテータはエージェントどうしの情報交換や協調処理を支援する機構であり，基本的に通信機構とエージェント管理機構の二つの機能をもっている．通信機構はコネクションモジュールであり，TCP（transmission control protocol）/IPプロトコルをベースとしたエラー訂正などを含むメッセージ通信機能やメッセージのルーティング機能を提供する．エージェント管理機構は配下の

エージェントの初期化や実行状態の監視などを行う．ファシリテータはアーキテクチャーの中心的な役割を果たす知的エージェントであり，このような仕組みを使うことで，異なる機能をもつエージェント間での通信が可能となっている．ここで提案された情報交換の枠組みや，部門間で独自に設計したものを相互に交換しながら修正していくための実現方法は，SCM構築においてもおおいに参考となる．

b. ISCM

トロント大学のFoxらによる統合化サプライチェーン管理システム（ISCM）の研究では[5]，製品を受注し，原材料を受け取り，製品を製造し，顧客へ配送するという一連の企業活動の集合をサプライチェーンとして捉え，これらを効率的に行うためにそれぞれの機能が統合化されチェーンで発生する出来事にすばやく応答するために企業間の機能調整が必要であるとしている．彼らはこの企業活動を大きく需要管理，生産計画の工場への割当，製造のスケジューリング，資材の調達の四つとし，さらにサプライチェーンの管理機能を，意思決定の時期とそのときの決定の範囲（大きさ）で長期戦略レベル，短期戦術レベル，日常業務レベルの三つに分けている（図6.4）．長期的戦略レベルでは，製品をどこに振り分けるか，最良の資源配分戦略は何かといった問題を扱い，短期的戦術レベルでは，需要予測，スケジューリング，リードタイムの短い材料の発注，製品要求を満たすための時間外スケジュールといった問題を扱う．また，日常業務レベルでは，在庫展開，詳細なスケジューリング，機械が故障したときに注文をどこで処理するかといった問題を処理すると位置づけている．

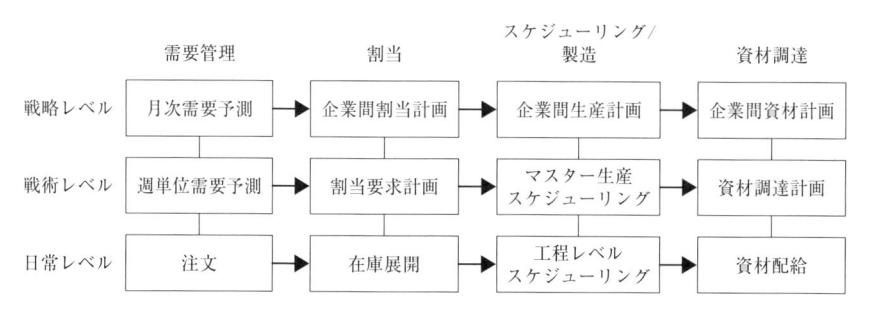

	需要管理	割当	スケジューリング／製造	資材調達
戦略レベル	月次需要予測	企業間割当計画	企業間生産計画	企業間資材計画
戦術レベル	週単位需要予測	割当要求計画	マスター生産スケジューリング	資材調達計画
日常レベル	注文	在庫展開	工程レベルスケジューリング	資材配給

図6.4 サプライチェーン管理機能[5]

彼らは，サプライチェーンを複数の知的ソフトウェアエージェントで管理されるものとしてマルチエージェントシステムとして実現している．環境が動的に変化するなかで，これらのエージェントを統合化するには協調行動が重要な要因であり，サプライチェーンの意思決定を最適化するためには，エージェントは局所的な最適化だけでなく，その決定がほかのエージェントに与える影響までも含めて決定しなければならなし，チェーン全体を最適化するような代替案を選択するようにしなければならない．さらに，これらのエージェントはその活動の場としての企業情報構造（enterprise information architecture, EIA）内に存在するとしている．この EIA は，分散されている情報がネットワーク上のどこにあるかといった情報環境を提供しそれら情報の一貫性を管理する．つまり，EIA が提供する情報は大域的に一貫性があり，エージェントが要求した大域的な情報を検索し提供する場であり，あるエージェントがほかのエージェントにとって興味ある情報を生成し，ときにはその情報を知りたがっていたエージェントに伝達する場でもある．

エージェントは機能エージェントと情報エージェントとよばれる二つのタイプがあり，機能エージェントはサプライチェーンの活動を計画/制御するもので，情報エージェントは情報/通信の共有化を提供することでほかのエージェントをサポートするものである（図 6.5）．機能エージェントとしては以下の 6 種類のエージェントを考えている．

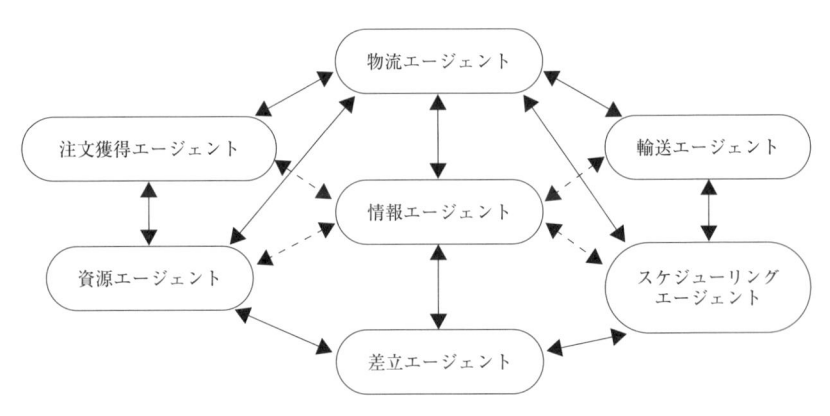

図 6.5　ISCM エージェント[5]

注文獲得エージェント（order acquisition agent）：このエージェントは，顧客からの注文を受けて価格や納期などの交渉，注文の仕様変更や取消しといった顧客要求などに応答する．そして，顧客から獲得した注文情報や仕様変更などの情報を物流エージェントに通信する．また，生産計画が顧客情報を満たしていないときには，このエージェントは実行可能な計画となるように顧客と物流エージェントで行われる交渉にも参加する．

物流エージェント（logistics agent）：このエージェントは，与えられたサプライチェーンの目標を達成するための最良の実行可能な計画を立案するために，複数の工場や資材提供元，配送センター間での調整事に応答し，原材料の供給者から最終製品の顧客までのサプライチェーンにまたがる製品や資材の動きを管理する．このエージェントへの入力は，顧客からの注文，輸送計画，資源可能量，工場での生産スケジュールであり，出力は各工場や供給者への生産量や輸送量である．

輸送エージェント（transportation agent）：このエージェントは物流エージェントで決められた工場内の移動量を満たすための運搬資源の割当と輸送計画を立案する．輸送計画では種々の輸送手段やルートが考えられている．

スケジューリングエージェント（scheduling agent）：このエージェントは工場内での生産スケジュールや再スケジュールを立案する．このエージェントへの入力は，物流エージェントからの生産量，資源エージェントからの資材情報，差立エージェントからの現スケジュールのなかで計画通りに実行されていないもので，その出力は差立エージェントに送る詳細な生産スケジュールである．このエージェントは，工場内に存在する種々の制約と目標のトレードオフを調べる能力があるため，実行不可能な状況が生じたときに調整者のように振る舞うことができる．たとえば，残業を考慮したり，複数の資源を選択可能にしたり，要求量を少し増やすといった具合である．

資源エージェント（resource agent）：このエージェントは資材の在庫管理と購買管理の両方の機能をもっている．つまり，スケジュールが実行できるように資源の使用可能量を動的に管理したり，資源の需要量を推定したり，注文ごとの資源必要量を決定したりする．また，このエージェントは，費用を最小化し運搬量を最大にする供給者の選択も行う．このエージェントの入力は，ス

ケジューラーからのスケジュール,供給者からの資源に対する使用可能量,工程現場からの資源到着時刻,差立からの資源消費量である.出力は資源到着時刻,資源利用可能量,供給者への注文指示である.

差立エージェント (dispatching agent):このエージェントはスケジューリングエージェントからの情報に基づいて製造の指示や再スケジューリングの依頼を出す.与えられたスケジュールが守られていないときには,このエージェントは修復のためにスケジュールエージェントに通信する.このエージェントの入力情報は,スケジュールエージェントからのスケジュール,工場現場の状態,資源の使用可能量である.出力は作業の開始時刻と現在のスケジュールからの逸脱部分である.

これらのエージェントはそれぞれ自律的に動作し,問題が発生したときは情報エージェントの助けを借りながらほかのエージェントと協調して問題を解決する.各エージェントは COOL (coordination language) で記述され,エージェント間の通信には KQML が使用されている.また,エージェントは基本的に状態遷移で処理される.たとえば,物流エージェントは注文獲得エージェントから注文を受け取ると処理を開始し(オーダー受取り済み状態),注文に不備があれば注文獲得エージェントに質問を行い(質問状態),注文が完全になったら注文の分解を行い(オーダー分解済み状態),成功するとさらに実行チームの形成を試みる(契約ランク付け状態,小チーム編成済み状態).実行チームとの契約が終了すると処理を終了する(成功状態).

一方,情報エージェントは情報への共有アクセスや基本的な情報管理サービスを提供するもので,エージェント間の作用をサポートする.情報エージェントは,機能エージェントから定期的に依頼された情報や機能エージェントからの質問に対する正確な回答を提供する.さらに,情報エージェントは機能エージェントから提供された情報と自身が記憶した情報を活用して,ほかの機能エージェントから要求された情報の内容性や一貫性を保持するように動作している.

エージェント間での調整を実現するために,各エージェントは基本的に以下の機能をもっている.つまり,エージェントは制約に基づいた問題解決が行え,複数の代替案を生成できる能力があり,局所的な目標や制約の一部を緩和する

表 6.1 SCM システムがもつべき特性

特性	説明
分散性	非同期処理を行うソフトウェアエージェントとして管理機能を分離分割する
動的性	エージェントは要求された機能を非同期的に実行する
知的性	エージェントは AI や OR で使う問題解決方法を利用して，その機能の専門家と働く
統合性	エージェントはほかのエージェントの機能能力を認識し，それにアクセスできる
応答性	エージェントはほかのエージェントからの情報や意思決定をたずねることができる
反応性	エージェントは要求通りに振る舞うような修正に対応できる
協力性	エージェントは問題の解をみつけるときにほかのエージェントと協力する
作用性	エージェントは問題解決時に人間と一緒に働く
常時性	エージェントは常時応答でき，その質は応答に与えられた時間に比例する
一般性	エージェントは広範囲な領域に順応しなければならない
順応性	エージェントは人間組織から要求された変化にすばやく順応することが必要である

能力をもっている．Fox らは，このような機能や権限をもたせることでエージェント間の作用を実現できるとしており，またエージェントシステムとして設計するときの指針や問題，つまりサプライチェーンの諸活動をどのようにエージェントに振り分けるか，エージェントがほかのエージェントの振る舞いにどのように影響を与え制約しているのかというエージェント間の関係，俊敏性（解の質），モジュール内に含まれた知識の有効性といったことを指摘している．表 6.1 は，SCM システムにエージェントを導入したときにエージェントがもつべき特性を示している．

協調のための処理は複雑で状況に応じて変化するため，現状では人間が簡単にその変更を行えるような仕組みが提供されている．本来は多様な状況に対応できる知性をエージェントが備えているべきで，今後，信用度や効用値に基づく信念の扱いや分散制約充足の成果を取り入れて，より自律的なシステムの構築が求められることになるだろう．

6.4.3 エージェントの設計・開発・利用環境

エージェントはその目的や用途に応じてさまざまな機能や構造をもち，自身がおかれた環境と情報交換しながら動作する必要があることから，その構成要素としては，外部の環境を認識する機構（センサー部），自身が行うべき処理や行動を決める機構（意思決定機構），決定した処理や行動で得られる結果に基づく環境への働きかけを行う機構（エフェスタ）が基本的に必要となる．エ

ージェントを設計・開発するための汎用的なツールや枠組みを提供するのがエージェント・プラットフォームである．そこでは，エージェントの設計・開発環境を提供する仕組みだけでなく，エージェントの実行環境が搭載されたコンピュータ環境やネットワーク環境までもが求められることもある．

一般にソフトウェアエージェントをベースとした形態では，ネットワーク環境上に利用者用や設計者・管理者用のコンピュータ環境が分散配置され，そこにエージェント処理環境を含むエージェント実装環境が搭載される．つまり，エージェント・プラットフォームはエージェントシステムの設計・開発や運用などが効率的に行えるサービスを提供することだといえる．現在，表 6.2 にあるようなエージェント・フレームワークが研究開発されている．

設計・開発するエージェントのアーキテクチャーはそれがもつ意思決定機構に依存する．知識ベースに基づく推論機構を利用して意思決定機構を実現しているエージェントは熟考型エージェントとよばれ，アルゴリズムなどを利用してより専用化・簡素化された意思決定機構を実現しているエージェントは反応型エージェントとよばれる．熟考型は問題に対する回答のすばやさというよりは得られた回答の質，計画機能の精度を高めることが求められるエージェントで実現され，反応型はある一定の範囲の回答をすばやく得ること，回答の応答性を高めたいことが求められるエージェントで実現される．エージェントシステムを構築する場合，単一の集団として設計されることは少なく，SCM をエージェントで設計するときのように熟考型や反応型のエージェントが複合する

表 6.2 エージェント・フレームワークの研究状況[15]

	実装環境	実装言語	通信プロトコル	エージェント言語	エージェント通信言語
OAA	SunOS, Windows	C, Java, Lisp, Prolog, VB	TCP/IP	C, Java, Lisp, Prolog, VB	ICL
JAFMAS	JDK	Java	TCP/IP, UDP/IP	Java	KQML
JAT Light	JDK	Java	TCP/IP, SMTP, FTP	Java	KQML
Agent Builder	JDK	Java	TCP/IP	Java	KQML
ADIPS/DASH	JDK, Windows	Java	TCP/IP	ADIPS/R, ADIPS/S	KQML Subset

場合がほとんどであり，フレームワークとしてはこれらの要求にも応える必要がある．

また，移動性に着目した場合，エージェントは定住型と移動型に分けられる．移動しない定住型エージェントは固有の場所に存在し，TCP/IP ベースのネットワーク通信サービスを利用してほかの固有場所に存在するエージェントと協調動作する．通常，マルチエージェントシステムではこの定住型エージェントが仮定されていることが多い．一方，移動型エージェントはネットワークで接続された複数のプラットフォーム間を渡り歩く機能を備えたエージェントで，現在モバイルエージェントとして数多く開発されている．

エージェントは自身の行動を決定するためにほかのエージェントを含む外界と情報交換をする．プラットフォームはこのようなエージェント間の通信の仕組みを提供する必要がある．エージェント間の通信では，相手と直接通信する形態と掲示板などを介して間接的に通信する形態が考えられる．さらに，エージェントどうしの通信内容の構文（記述形式や意味など）を決めておく必要もある．これは，一般にエージェント通信言語の体系として利用者や設計者に提案されるもので，プラットフォームでは，このようなエージェント通信言語を支援する機能を提供する必要もある．

6.5 ま と め

近年の市場構造はメーカー主導型市場から消費者主導型市場に変化し，その市場でのニーズ変化が早くなっている．そこで注目されたのが SCM である．業務フローの見直しや情報システムの構築で，サプライチェーンすべての過程をトータルで効率化し全体最適を目指す考え方である．その目的はサプライヤーから小売業者までの全過程の企業間で情報共有や協働の問題解決などにより，在庫やコストの削減，納品のリードタイムの短縮などを実現することにある．情報技術の発達に伴い，以前に比べ比較的安価に情報システムを実現することが可能になり，精度の高い SCM を構築可能になっている．

しかしながら，経営環境は時々刻々と変化し，市場や顧客のニーズの変化はもちろんサプライヤーや競合企業，自社の株主や投資家も急激に変化する．ニーズに即した対応が SCM の成功の鍵ともなるが，これらの変化を吸収すべく

SCMでのシステム間の連携，情報の整合性や伝達方法などをその都度変革していては莫大な時間と費用を要する．SCMシステムに柔軟性が要求されるゆえんである．SCMで柔軟性が要求されるシステム間の連携においてはバーチャルな機能連携が必要であり，これを実現する方法の一つとしてエージェント技術の活用やウェブサービスの導入がある．取り上げた二つの例は，ウェブサービスやエージェント技術がSCMに与える柔軟さの有効性を意図したものである．とくに，エージェントのもつ自律性は，環境変化に即応した情報の共有化や同期のとれた行動を与えてくれるものと確信する．

参 考 文 献

[1] Axelrod: *The Complexity of Cooperation : Agent-Based Models of Competetion and Collaboration*, Princeton University Press, 1997
[2] M. Barbuceanu and M.S. Fox: "Capturing and Modeling Coordination Knowledge for Multi-agent Systems," *International Journal on Cooperative Information Systems*, 5, Nos.2 & 3, pp.275-314, 1996
[3] M.R. Cutkosky, *et al*.: "PACT: An Experiment in Integrating Concurrent Engineering Systems," *IEEE Computer*, 26 (1), pp.28-37, 1993
[4] FIPA：エージェントの標準技術仕様，http://fipa.comtec.co.jp/fipatrans/
[5] M.S. Fox, *et al*.: The Integrated Supply Chain Management System, Internal Report, Department of Industrial Engineering, University of Toronto, 1993
[6] IBM：Web Services アーキテクチャの概要，http://www-6.ibm.com/jp/developer-works/webservices/
[7] IBM：UDDI Version2 とその日本語訳，http://www-6.ibm.com/jp/developer-works/webservices/
[8] Jacques Ferber : *Multi-Agent Systems —An Introduction to Distributed Artificial Intelligence*, Addison-Wesley, 1999
[9] Microsoft：Web Services Description Language (WSDL) 1.1, http://www.microsoft.com/japan/developer/workshop/xml/general/wsdl.asp
[10] 石川博："インターネットビジネスをモデルから理解する—e-ビジネスモデル入門，"情報処理，41 (10), 20, pp.1142-1149, 2000
[11] 高橋克巳："モバイル環境下での情報収集を支援するエージェント，"人工知能学会誌，14, No.4, pp.590-597, 1999
[12] 寺野隆雄，倉橋節也："エージェントシミュレーションと人工社会・人工経済，"人工知能学会誌，15 (6), pp.966-973, 2000
[13] 戸田光彦，山口高平，新谷虎松：知能化技術と意思決定支援システム，計測自動制御学会（編），コロナ社，1994

参 考 文 献

- [14] 西岡靖之：APS―先進的スケジューリングで生産の全体最適を目指せ，日本プラントメンテナンス協会，2001
- [15] 西田豊明他：エージェント工学，オーム社，2002
- [16] "SCM 機器からの脱出," 日経コンピュータ 5.6 号，2002
- [17] Web サービス完全ガイド，日経 BP 社，2002
- [18] 根来龍之："サプライチェーンマネジメントのエージェントモデル，経営情報学会誌，**7** (3)，1998
- [19] 根来龍之，坂爪裕："KFC サプライプロセスの発展と改善," IE レビュー，**40** (1)，1999
- [20] 服部文夫他：エージェント通信，オーム社，1998
- [21] 福島美明：サプライチェーン経営革命，日本経済新聞社，2000
- [22] 本位田真一他：エージェント技術，共立出版，1999
- [23] マイケル・カニンガム（伊豆原弓訳）：B2B 戦略入門，日本経済新聞社，2001

7 サプライチェーン・マネジメントにおけるプランニング/スケジューリング統合技術
―――――西岡靖之

7.1 はじめに

　製造業のものづくりが，もはや一つの企業ですべてをまかなうことが不可能となっている現在，サプライチェーン・マネジメントが，非常に重要な経営課題となっている．従来の日本的なサプライチェーンとしては，いわゆる「ケイレツ」ということばで代表されるファミリー企業間の密接な連帯構造をベースとしたネットワークが存在していた．しかしながら，固定的な従来のネットワークでは，変化にたいする機敏な対応がとれないことや，いままでにないよりいっそうのコスト削減圧力などにより，伝統的な日本的サプライチェーンは崩壊しつつある．

　かわって登場したのが，欧米型のサプライチェーンである．これは，コンピュータとネットワークを最大限に利用し，経営資源の最適配置と，リスク分散を合理的かつ効率的に行うように設計し具体化したものである．たとえば，同一種類の資材や部品を供給するサプライヤーは，できるだけ集約することでスケールメリットをもたらしコストを削減する．また，原材料の製造から最終顧客に対する販売にいたるサプライチェーンのなかで，中間にある問屋などで付加価値を生まない不要な機能はどんどん排除されている．

　さらに，従来のサプライチェーン・マネジメントは，販売担当，購買担当などそれぞれの担当者が，サプライヤーや顧客に対してほとんどフェースツーフェースのコミュニケーションをベースとした情報連携を行っていた．これに対して，昨今のサプライチェーンでは，EDI化がますます進み，担当者の裁量の余地はほとんどなくなりつつある．そして，サプライチェーンの構成やサプ

ライヤーの選択なども，客観的な数値情報を基に，計算機上のモデルのなかですべて議論されるようになりつつある．

このような状況のなかで，日本の製造業は，担当するパートのなかで単に高品質のものを安く納期どおりにつくればよいという部分最適化の思考ではなく，サプライチェーン全体の最適化の思考が要求されるようになってきた．つまり，顧客が望んでいるレベルにあった品質を，必要なときに必要な量だけ提供するために，それぞれのサプライチェーンのメンバーは何をしなければならないかをつねに考えていなければならない．そして，そのためには，各メンバーが，生産計画/スケジューリングを連携，協調させながら，生産を実施していかなければならない．

本章では，このような背景をふまえ，昨今注目されている APS（advanced planning and scheduling）技術の SCM への適用について議論する．とくに，サプライチェーン・マネジメントにおける生産計画/スケジューリングの役割と可能性，そして，これからの展望について述べる．まず，7.2 節で，APS の概念とその目指すところを説明し，7.3 節でサプライチェーン・プランニングと APS との関係について解説する．また，7.4 節では，企業間の計画連携のパターンを分類整理し，7.5 節で，PSLX コンソーシアムが提案している規約およびガイドラインを紹介する．そして，7.6 節において PSLX を用いたシステム実装について議論し，最後に 7.6 節で本章を総括する．

7.2 APS とは

製造業の生産計画では，これまで MRP 方式，製番方式，そして JIT 方式（またはかんばん方式）などが多く用いられてきた．生産の効率化を考え，まとめ生産を行う場合には，MRP 方式が優れているが，多品種少量生産でかつ在庫を極力減らしたい場合には，製番方式が有効となる．一方，需要がある程度安定的に推移しており，将来にわたっても一定の需要が見込めるような場合には，かんばん方式が有効である．このような理由から，個々の製造業は，自分のおかれた環境に合わせて，もっとも適している生産計画の形態を採用し，そしてそれぞれに独自の拡張を加えてきた．

しかし，昨今の製造業がおかれた環境をみると，多品種少量で短納期，需要

変動は大きく，そして将来の需要予測はあまりあてにならない，という状況である．MRP方式は，計画主導であるために生産現場の変化に追随することが難しく，また固定化された見積リードタイムの問題などが大きなネックとなっている．製番方式は，基本的に受注してからつくり始めるために納入リードタイムがかかり，さらに歩留まりの変動が大きい場合の管理が非常に困難であるという欠点をもつ．さらにかんばん方式は，先にも述べたように，平準化された定常的な需要がないかぎり成立しない．

　APSは，このような従来の生産計画やスケジューリングの枠をこえた新しい管理技術あるいは手法である．その背景には，文字通り，生産計画と生産スケジューリングという二つの技術が存在しており，それらが統合したものがAPSということもできる．ここで，生産計画とは，簡単にいえば「何をどれくらいつくるか」に関する意思決定であり，具体的な生産オーダーを明らかにするための意思決定である．一方，生産スケジューリングでは，生産計画で生成されたオーダーに対して，「どのオーダーをいつどこで誰がつくるか」を決定する．APSでは，この生産計画とスケジューリングを統合することで，従来のさまざまな手法がもっている欠点を克服しようとしている．

　図7.1は，PSLXコンソーシアム（http://www.pslx.org）が提案しているAPSの概念図である．図において，横方向はサプライチェーンの流れを，縦方向はエンジニアリングチェーンの流れを表している．従来のサプライチェーンの多くの議論では，顧客からオーダーを受注し，それに応じて製品を製造して顧客へ届けるというサイクルの連鎖をいかにマネジメントするかがポイントであった．ここでオーダーとは，その製造業があらかじめ製品としてカタログなどによって公開されているものに対する要求であり，数量や納期などが指定される．一方で，一回かぎりの生産や特注品の生産のように，あらかじめ製品の特徴や形状が決定していないような場合には，その都度設計作業が必要となる．つまり，図7.1におけるデマンドからサプライへの破線で示した大きなサイクルを単位として，チェーンが連鎖していくようなケースもある．

　ここで，APSは，サプライチェーンとエンジニアリングチェーンの交差点に位置づけられ，それらの流れを同期化させる役割をもつ．つまり，APSが相手としているのは，顧客であり，サプライヤーであり，設計部門であり，そ

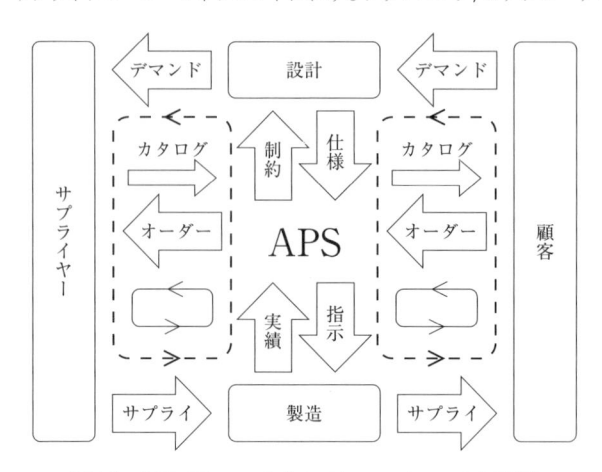

図 7.1 APS のスコープ (http://www.pslx.org より引用)

して製造部門となる．そして，そこで，先に述べたように，APSの本来の定義である計画とスケジューリングという，企業の個々の部署がこれから行うべき行動に関する意思決定を統合的に行う．APSは，戦略のレベルから戦術，そしてオペレーションのレベルまで一貫したフレームワークで，これからの変化の激しい競争市場の中で企業が生き残っていくための重要な技術として位置づけることができる．

製造業の統合的管理システムとしては，ERP (enterprise resource planning) があり，すでに情報システムとして多くの実績がある．このERPは，概念としては，製造業のさまざまな業務と意思決定を統合的に扱おうというものであるが，現実に存在する情報システムの現状は，APSのコンセプトを実現するものではない．たとえば，生産計画についていえば，MRP (material resource planning) またはMRP II をベースとした旧来のロジックを用いており，生産スケジューリングとの統合にはほど遠い内容である．また，設計業務との連携については，ほとんど何の考慮もされていないといってよい．

従来型の業務における計画からスケジューリングにいたる流れは，おおむね図7.2のように表すことができる．製造業における計画は，大きく生産計画と能力計画に分かれ，生産計画のサイドでは，製品ファミリー，個別製品，資材/コンポーネント，そして最終的には個々のオペレーションを対象として品目

7.2 APSとは

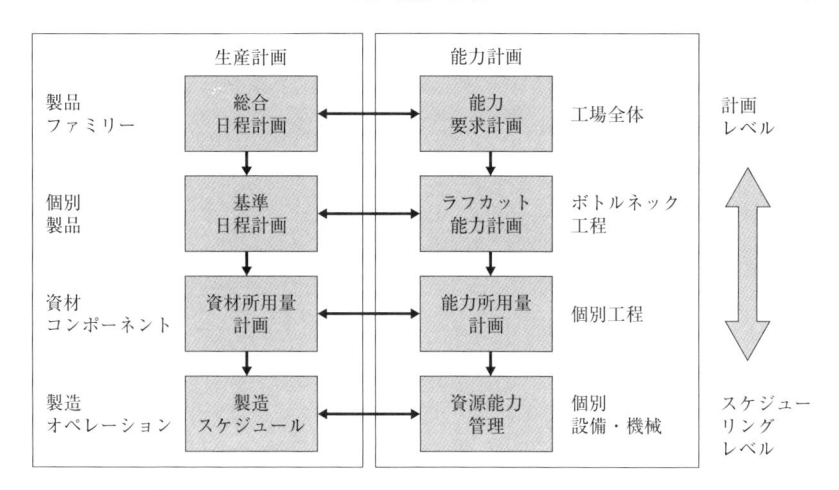

図 7.2 製造業における計画からスケジューリングにいたる流れ

を主体とした意思決定が行われている．一方で，工場全体，注目すべきボトルネック工程，個別工程，そして個別の設備や機械を対象とした能力に関する意思決定も同時に行われている．そして，これらの二つの流れは，ともにラフで粒度の粗い計画からスタートし，徐々に詳細化していき，最終的には，時間制約の厳しいスケジューリング問題として展開されていく．

このような従来の意思決定の流れは，通常，ラフな計画を策定してから実際の製造スケジュールに展開するまで2〜3か月というサイクルを要していた．需要がある程度見通せるような市場環境のなかでは，この仕組みは機能していたが，変化の激しい市場環境では，中期的に策定した計画をそのまま詳細に展開できない場合が多く，最終的なスケジューリングが，現実とかけ離れたものとなることが多々ある．短期的なオーダーや，生産現場の状況をダイナミックに加味したスケジューリングを行いつつも，上位の生産計画との整合性をつねに維持できるような仕組みが必要となっている．

生産計画とスケジューリングを統合的に扱う APS では，図 7.3 に示すように，このような問題を，個々の独立した業務モジュール間が相互にコミュニケーションし合うことで解決しようとしている．生産計画とスケジューリングの統合といった場合，それらを一つの問題として解くというアプローチもあるが，

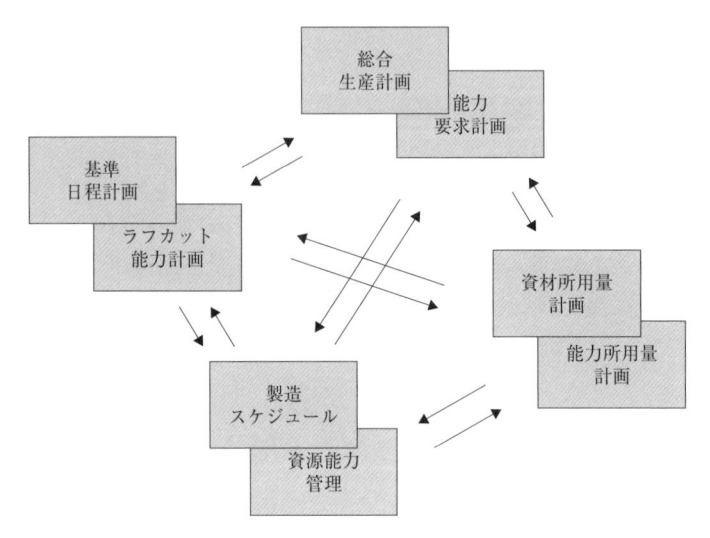

図 7.3　APS による計画とスケジューリングの統合イメージ

製造業における生産計画や負荷計画など，現状のさまざまな意思決定を単一の問題として扱うことは，現在の計算機能力をもってしてもほぼ不可能に近い．そこで，筆者らの提案している APS では，従来は個々のモジュール間の情報の流れが一方向でしかなかったものを，双方向にすることで相互に連携させ，最終的にそれぞれの機能を柔軟に組み込んだ解を提示できるようにしようというアプローチをとっている．

7.3　SCP と APS

製造業の計画業務にとって，APS は意思決定のための頭脳あるいはエンジンとなる．一方，現在の ERP は，意思決定のための情報を組織のさまざまな場所から集め，そして意思決定の結果を実際に組織の隅々にまで伝達するためのインフラとして役立っている．つまり，APS は ERP システム（計画系機能を除く）の存在がなければ，成立しないものであり，逆に ERP は，APS によってその効果を最大限に発揮することが可能となる．

ただし，ERP は，一般的に企業内部の情報処理を扱うものであり，販売部門において，顧客からのオーダーを受けたところからスタートし，購買部門に

おいてサプライヤーへ資材オーダーを発行するまでの流れと，それに付随する業務プロセスを管理している．一方，近年非常に注目されているサプライチェーン・マネジメントは，そのオーダー元である顧客や，その顧客にとっての顧客といったサプライチェーンの最下流から，サプライヤーのサプライヤーといった最上流までを想定し，さらに途中の輸送や物流プロセスをも含めた全体最適化を目指している．明らかに，この種の問題は，ERP がもつ機能をこえたものであり，新しい仕組みが必要となる．

　このような要求に対応して提案されているシステムが，SCP（サプライチェーン・プランニング）システムである．SCP では，メーカー，サプライヤー，物流センター，小売業者などをそれぞれモデル化し，最終需要に応じていかにサプライチェーン全体が効率よくダイナミックに生産，物流，販売できるかについて議論する．まず，最前線の小売業者から得られた需要情報または需要見込み情報をもとに，必要な在庫配置を計算し，合わせてそれらの在庫を供給する輸送方法を求め，最終的に各メーカーやサプライヤーの生産計画につなげる．そこで得られた結果は，関係する企業や部署に送られ，サプライチェーン全体が一体となって最終顧客への付加価値を高める．

　現時点でこの手法は，サプライチェーンのプロセス全体を垂直統合し一つの企業が統括できるような場合や，サプライチェーンのリーダー企業が，取引の力関係からほかのチェーン上のメンバーに強制力をもっているような場合に，効果をあげることができる．一方，各サプライチェーンのメンバーが対等なかたちで Win–Win の関係を構築していこうというアプローチを成功させるには，個々の企業間の利害関係をどのようにして調整するかなど，いくつかの困難な問題を解決しなければならない．

　SCP と APS との関係について説明する．APS はすでに述べたように，企業における生産計画やスケジューリングに関する意思決定を統合的にあつかうための手法あるいは仕組みである．APS の管理対象を，企業内のみではなく企業間へも適用しようという試みも可能であるが，おそらくこれは SCP のアプローチと同等のものとなる．一方，APS の対象をあくまで企業内部あるいは，独立した意思決定単位の内部における計画やスケジューリング問題に限定させ，それらの意思決定を複数の APS 間でいかにして連携させるかというアプ

ローチも存在する．筆者らは，このうち後者のほうが有効であると考えている．

SCP は，サプライチェーン全体のモデルを構築し，そのなかでいちど最適化を行った後，企業単位の個々の部分問題に分割するというトップダウンのアプローチをとる．これに対して，APS は，まず個々の企業が意思決定を独立した環境で行い，それらの企業を，状況に応じてできるかぎり協調させ，連携させようというボトムアップのアプローチをとる．そして，サプライチェーンのリーダーが存在しないような場合や，一つの企業が買収などの垂直統合によりチェーン全体を管理制御が可能でないような場合には，APS によるボトムアップのアプローチが有効になると期待している．

トヨタ生産方式をはじめとして，多くの日本の製造業では，サプライヤーとの取引関係のなかで，計画の連携がすでに随所で行われている．たとえば，メーカーから短納期でサプライヤーへ注文を出す場合には，必ず内示情報という事前の注文をあらかじめ送っている．この内示情報というのは，メーカー側の生産計画の一部であり，関連するサプライヤーにその情報を加工して伝えているのである．そして，このような例以外にも，計画に関係するさまざまな情報が，従来の日本的なサプライチェーン間では行き来していた．

しかし，ここで重要なのは，それらの情報がどちらかといえば，担当者の解釈を必要とするアナログ情報である場合が多く，計算機で扱うことが不向きであるという点である．そして，仮にそれらが計算可能な形式のものであったとしても，どのようにしてその情報を活用したらいいかについて，きちんとした手法や理論が存在していなかった．APS は，このような問題に対する一つの答えを提供してくれる．

7.4 企業間連携の方式

サプライチェーンを構成する各企業がもし APS を実装した場合，さまざまな企業間連携の形態が想定できる．どのような形態が存在するかについて整理しよう．企業間の情報のやり取りとして，まず，最初に着目すべきものは，受注情報/発注情報である．一般に，大手製造業においては，受発注の多くの部分が EDI（電子商取引）化されており，最近では Web–EDI といったインタ

ーネットを利用した形式での普及も進行中である．

ただし，この受発注情報の多くは確定情報である．これは，APSが扱う情報のほんの一部にすぎない．APSが得意とする計画とスケジューリングの統合化によるコスト削減やリードタイム短縮，さらにはスループット最大化といったことを実現するためには，これらの確定情報以外に，計画情報あるいは見込み情報など，さまざまなタイプの情報が企業間で交換されることになる．

APSによる企業間の連携について考える場合，企業間でやり取りされる情報，または共有化している情報に着目しながら，連携のタイプを分類しよう．企業間連携には，以下のような四つのレベルが存在する．

(1) トランザクションレベル

まず，企業間で，倉庫の在庫情報や資源の負荷情報を共有する例が考えられる．これらの情報は，生産現場の作業結果や検査結果といったトランザクション情報，またはそれらを多少加工することで手に入る．この種の情報を利用すると，たとえば，在庫情報を共有化することで，サプライヤーがメーカーからのオーダーをある程度予測したり，メーカーが物流センターや卸の在庫をみながら生産計画を作成することなどが可能となる．さらに，負荷情報は，あらかじめ製品をオーダーする前にこの情報を照会することで，オーダー受理の可能性を事前に知ることができる．さらには，生産座席予約システムのように，指定納期に対する製品別の生産能力情報を計算することで，受注時の納期回答の機能をもたせることも可能である．

(2) フォーキャスティングレベル

これは集約された生産計画のレベルで，メーカーとサプライヤーとが情報交換する例である．またはメーカーの需要予測や，より消費者に近い小売店などが作成する需要予測情報を共有することで，より精度の高い計画やスケジューリングが可能となる．需要予測を共有化する例としては，CPFR（collaborative planning, forecasting and replenishment）などとして，すでに実用化の例が報告されている．また，集約された生産計画の共有という意味では，メーカーとサプライヤーとのあいだでやり取りしている中期的な生産内示情報などがこれに相当する．

(3) プランニングレベル

プランニングレベルの情報共有あるいは連携は，具体的な生産計画，つまり，どの製品をいつどれだけ生産するか，という情報を共有することで実現させる．もっとも一般的なのは，基準日程計画（master production schedule, MPS）を取引先と共有する方法である．この例としては，気配り生産方式などがあげられる．気配り生産方式では，サプライヤーはメーカーの生産計画の公開を条件に，その計画が滞りなく実行できるように資材の供給を保証する．つまり，メーカーからサプライヤーへの個別のオーダーがなくても，サプライヤーが気配りをしながら納入するというものである．VMI（vender managed inventory）はこの概念をより具体化したものと考えることができる．

(4) スケジューリングレベル

最後にスケジューリングレベルの情報連携は，製品レベルのみではなく，個々の部品のレベルまで遡り，それぞれの作業単位でスケジュールを共有するものである．たとえば，サプライヤーの最終工程の作業と，メーカーの生産プロセスにおける最初の工程の作業とは，時間的に密接に関係する場合が多い．これらの異なる企業における個々の作業スケジュールをダイレクトに連携させることで，あたかも二つの企業の独立したスケジュールが，同一企業の前後する一連の工程のスケジュールであるかのごとく管理することが可能となる．

さらに，メーカーとサプライヤー間で，物流工程が存在し，たとえばトラックで部品を運送するような場合には，その運送という作業も連携の対象となる．一般に，輸送工程は，定期便，臨時便，定期ルート，そして輸送の積載量など，いくつかの特殊な制約が存在するために，これらを生産と合わせた統合的な問題として扱うことは難しい．しかし，このような生産システムとロジスティクスシステムとの統合を，スケジューリングレベルでの連携の問題としてダイナミックに管理すれば，よりタイムリーなサプライチェーンの管理が可能となる．

7.5 PSLXによる計画連携

企業間でさまざまな情報をやり取りする場合に，実際問題として，それらの情報の形式や情報伝達の方法をどうするかが重要なテーマとなる．じつは，こ

の問題は，単に技術的な問題ではなく，多くの場合，企業間の経営戦略や政治的な駆け引きに影響される．技術的には理想的な連携が実現できるような場合でも，現実にはそのようにはいかない例が多い．生産計画・スケジューリングに関する連携も同様であり，それぞれの企業や IT ベンダーが個々に独自の仕様を提案していくと，多くの規格が乱立し，かえって利用者にとって使いづらいものとなってしまう．

PSLX は，このような状況のなかで，関連する IT ベンダーがコンソーシアムをつくり，最初から規格を統一すべく仕様策定に取り組んだ非常に画期的な取り組みである．2003 年 6 月に勧告された技術仕様書のなかには，製造業が APS を構築する場合に必要となるさまざまな価値ある情報とともに，企業間で情報を交換する場合に用いるべき共通ルールや記述方式が規定されている．

PSLX コンソーシアムによって勧告された PSLX 技術仕様書では，まず，「ガイダンス」において，仕様書の全体構成を説明するとともに，この仕様書が対象とする図 7.1 に示したような APS のスコープを明確にしている．そして，それ以降は，全部で 5 部構成の仕様書からなり，それぞれのパートでは，以下のような内容が記述されている．

(1) APS による製造業のグランドデザイン

仕様書の第一部では，製造業が IT 化を行うにあたって避けてはならない各企業のグランドデザインの策定を強調し，そのために有用となるいくつかの情報と簡単なガイドラインを示している．従来の製造業の IT 投資は，しっかりとしたグランドデザインがないままに，いきなり個別業務のシステム化の議論に入っていたため，最終的に満足のいく成果を得られないケースが多かった．この反省を踏まえ，「APS による製造業のグランドデザイン」では，個々の製造業が，企業として向かうべき方向をまずはじめに定めることを強く推奨し，それを受けるかたちで IT システムを位置づけている．

(2) APS エージェントモデル

第二部の「APS エージェントモデル」では，システム構築の視点から促えた APS として，エージェントモデルという PSLX 独自の概念をベースとしたアーキテクチャーを提案し，そこで守るべき仕様を規定している．PSLX におけるエージェントとは，企業の全体システムに対して個別の業務に相当する各

サブシステムの単位に相当する．それぞれ自律的に機能しながらも，サブシステム間のより密でダイナミックなインタラクションが可能なように，お互いのインターフェースを公開している点が特徴である．このような主体的な仕組みが，PSLX が提案するエージェントモデルとなっている．

(3) PSLX ドメインオブジェクト

　第三部で定義されている「PSLX ドメインオブジェクト」は，生産計画や生産スケジューリングに関連するさまざまなデータを表現するさいの共通モデルである．この共通モデルは UML によって記述されている．この共通モデルを表す UML の各クラス名は，PSLX が提案する APS におけるオントロジー（ドメインを定義するための必要最低限の語彙の集合）ということができる．「PSLX ドメインオブジェクト」で定義されているクラスとして，品目（item），作業（operation），オーダー（order）などがある．また，品目のサブクラスに資源（resource）がある．そして，品目と作業を結ぶ関係クラスとして生成（produce）や消費（consume）があり，資源と作業を結ぶ関係クラスとして割当（assign）がある．

(4) XML 標準規約

　第四部の「XML 標準規約」は，PSLX 技術仕様書のなかで実装に関する規約の中心部分となっている．この部分では規約として実際の開発に直結する仕様を定義しており，ここで示されている内容に従わなければ，個々のサブシステム間でのデータ交換ができず，APS のためのコラボレーションが実現しない．「XML 標準規約」は，仕様書としてさらに三つのパートに分かれている．パート1では，XML のタグ構成とその用法を規定し，パート2では，インターフェース仕様が定義され，そして，最後にパート3では，既存の通信規約とのバインド方法が示されている．たとえば，XML による情報交換メッセージの内容を以下のリストに示す．

リスト：XML メッセージ記述サンプル

```
<pslx>
<item name ="製品 X"/>
<resource name ="資源 K"/>
```

```
<operation name ="作業 A">
<duration value ="PT3H"/>
<produce item ="製品 X"><qty value ="10" unit ="個"/></produce>
<assign resource ="資源 K"/>
</operation>
<order name ="K003" operation ="作業 A">
<duetime><time value ="2003-04-20T12:00:00"/></duetime>
</order>
</pslx>
```

(5) PSLX 共通用語辞書

　PSLX 技術仕様書の第五部では，第一部から第四部までで用いられている用語を横断的に整理し，簡単な解説を示している．ここで定義している用語は，PSLX における共通用語として位置づけられており，各仕様書の理解を助けることを目的としている．現時点では，ここで定義した用語を実際の生産現場やシステム開発の現場で使用することを強制するものではないが，将来的には，この分野の標準用語としての利用に発展できたらと考えている．

　このように，PSLX 技術仕様書は，生産計画・スケジューリングに関する異なるアプリケーションソフトウェアを連携させ，全体として協調させるための基本的なルールあるいは規約として重要な役割をもっている．現在，ここで定義された仕様をもとに，いくつかの実用システムの開発が進められており，さらに，グローバルスタンダードとするために OASIS などの国際的な団体における議論も進行中である．近い将来，これが製造業における企業間連携のスタンダードとなる日がくるだろう．

7.6　企業間連携の具体例

　ここで，具体的な企業間連携の例をあげる．7.4 節において，いくつかの企業間連携のレベルを示したが，ここであげる例は，今後さらに重要な技術となるであろうスケジューリングレベルの連携である．

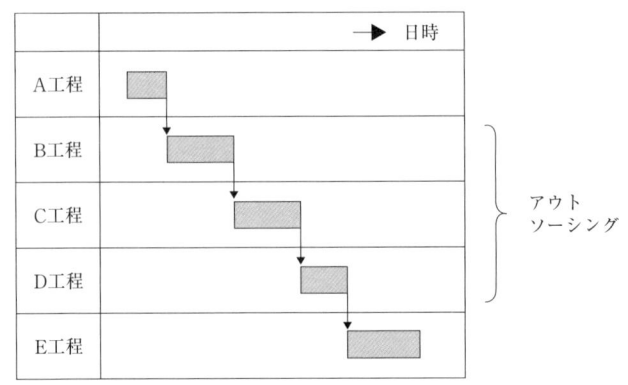

172　7. サプライチェーン・マネジメントにおけるプランニング/スケジューリング統合技術

(a) X社の生産スケジュール（オリジナル）

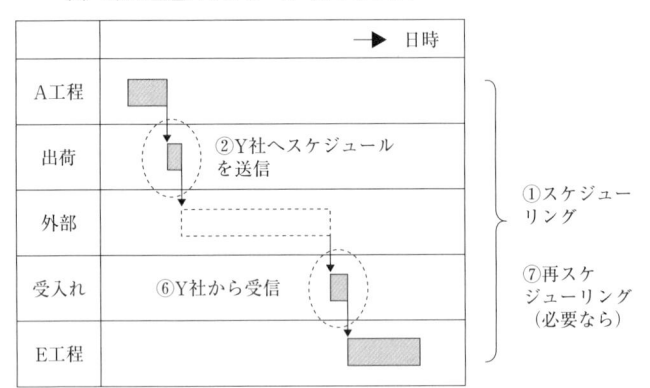

(b) X社の生産スケジュール（外部委託後）

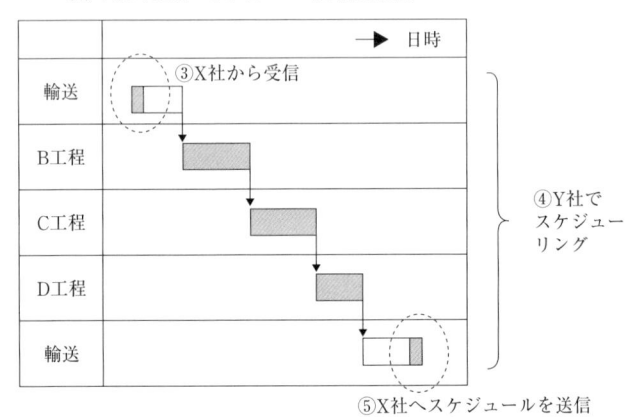

(c) Y社（協力会社）の生産スケジュール

図 7.4 工程のアウトソーシングにおけるスケジュール連携

図7.4(a)は，セットメーカーX社の生産をガントチャートで表したものである．対象となる製品は，工程Aから工程Eまでの五つの工程を経て生産される．このなかで，工程B，工程C，工程Dからなる部分は，外部の協力企業Y社に生産を委託することが可能となっているものとする．X社の生産量に対して，これらの工程の生産能力が不足している場合には，必要に応じてこの協力企業Y社を利用する．

このように，外部の協力企業に生産を委託する場合には，コストが割高となることのほかに，生産リードタイムの増大が大きな問題となる．これは，輸送時間や入出荷のオーバーヘッドがかかること以外に，外部の企業であるという理由からくる安全余裕が含まれている点が大きい．外部の企業であるために，社内のような綿密なスケジュール管理が行えないために，資源の競合や進捗遅れなどを見込んだ長めのリードタイムを設定せざるをえないのである．

ここで，Y社がX社に対して，図7.4(b),(c)のようにインターネットを介して自社のスケジュールを随時公開したらどうなるであろうか．さらに，Y社は，定期的に再スケジューリングを行っており，自社のスケジュール情報を現実と一致するように管理しているものとする．X社は，このY社の情報を利用して，自社のスケジュールを必要に応じて更新することができる．つまり，これは，X社とY社に別々に分かれた一連の工程が，インターネットを介して連携可能であることを示している．

この例では，Y社は，従来のケイレツ取引にあるようなX社の従属的な立場であることは前提としていない．Y社は，X社に対して，すべての工程情報を公開する必要はないのである．図にあるように，Y社は，X社にとっての受入作業のスケジュールのみを公開すればよい．一方で，Y社はX社の出荷作業のスケジュールを事前に知ることができれば，より効率的な生産や輸送が可能となる．

このように，セットメーカーとその協力企業とのあいだで，スケジューリングレベルでの連携が可能となれば，外部工程のなかにあらかじめ余裕時間を設定しておく必要がなくなり，リードタイムが劇的に削減可能となる．さらに，いままではブラックボックスであった協力会社の生産工程がある程度みえるようになることで，顧客に対する正確な納期回答や，オーダー変更に対する迅速

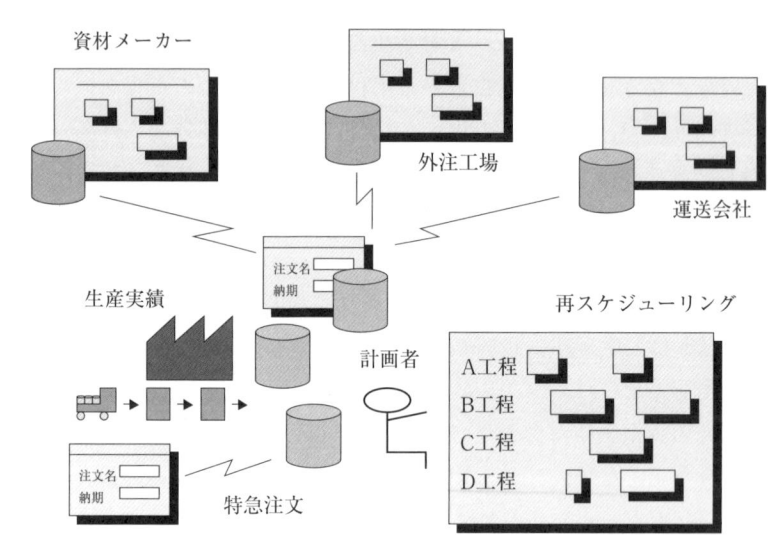

図 7.5　インターネットを用いた再スケジューリングの仕組み

な対応が可能となる．

　図 7.5 に，インターネットを利用した企業間での情報交換をベースとした再スケジューリングのイメージを示す．企業間連携において，本章であげたスケジューリングレベルでの連携は，単に企業間でスケジュール情報や実績情報のみが交換されるだけでは効果がない．それらの情報をベースとして，企業内部において生産計画やスケジューリングがダイナミックに変更される仕組みが必要となる．したがって，APS による生産計画と生産スケジューリングの統合は，これからの SCM をより効果的に実現するための重要な技術として位置づけられる．

7.7　お　わ　り　に

　本章では，サプライチェーン・マネジメントにおける生産計画・スケジューリングの統合について紹介した．とくに，異なる企業が，計画やスケジューリングシステムを連携させるためのパターンをあげ，SCM の今後の方向性について議論した．本章の内容は，PSLX という標準化がベースとなっている．これらのインターネットに対応した SCM のためのデータ交換の標準化は，現在，

欧米を中心に非常に積極的に取り組まれており，日本からも PSLX のような情報発信の事例が徐々に生まれつつある点は非常に明るい材料である．

本章のなかでは，複数の企業の関係にフォーカスし，企業内部でおもに機能している APS についてはあまり深く議論しなかった．本来，生産計画と生産スケジューリングはどのように連携し，統合するべきかという議論が APS の出発点にあるが，この話題については，別稿に譲ることにする．製造業における生産管理は，APS という新しい流れのなかでこれから数年のあいだに急速な勢いで変化していくことが予想されており，これらの企業内部における管理方式の変化は，本章で述べた企業間の関係の変化と渾然一体となって進んでくだろう．

そして，それらの流れを受けた製造業は，それぞれがおかれたビジネス環境と，これから向かうべき経営理念や企業文化を織り交ぜながら，APS をその企業の頭脳あるいは神経系として位置づけるとともに，それぞれに適したビジネスモデルをもう一度つくり直すという大仕事を行っていかなければならない．おそらくその成果が，つぎの 10 年間あるいは 20 年間の競争優位性を大きく左右するものとなるに違いない．

参 考 文 献

[1] 西岡靖之："APS（先進的スケジューリング）による製造業の新たな展開，"経営システム，**12**（1），pp.9–13, 2002
[2] 西岡靖之：APS-先進的スケジューリングで生産の全体最適を目指せ！，日本プラントメンテナンス協会，2001
[3] 西岡靖之："生産スケジューリングの最新動向，"機械と工具，**47**（8），pp.14–18, 2003
[4] 西岡靖之："PSLX：生産計画/スケジューリング関連の情報記述標準化への取り組み，"オートメーション，**48**（5），pp.25–27, 2003
[5] 西岡靖之："PSLX：生産計画・スケジューリングの標準仕様，"*IMS*，**14**（4），pp.17–22, 2003
[6] PSLX コンソーシアム：PSLX 技術仕様書 http://www.pslx.org, 2003

8 モジュール化戦略と延期・投機の原理に基づいたサプライチェーン在庫モデル

――――――― 竹田 賢

8.1 はじめに

　近年，製造業ではサプライチェーン・マネジメントの実践が一つの重要な経営課題となってきている．サプライチェーン・マネジメントは，顧客価値創造のためのマネジメント・テクノロジーの総称であり，具体的には，原材料の供給会社，製造業者，工場倉庫，卸，小売，顧客をつなぐサプライチェーンとデマンドチェーンの効率化をはかり，顧客満足の最大化を目的とした経営手法である．ここで，顧客満足に影響を及ぼすサプライチェーン上での顧客価値の形成プロセスは，たとえば，図 8.1 のように表される．

　このように，サプライチェーン上の在庫は顧客価値の形成プロセスに深く関係している．ここでいうまでもなく，顧客価値を生まないまま長時間サプライチェーン上に滞留する在庫は，とくに製品ライフサイクルが短い今日において

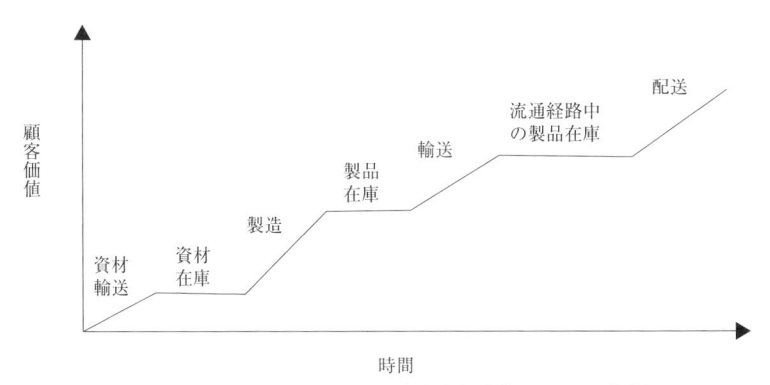

図 8.1　顧客価値の形成プロセス（参考文献 [1] 図 6.9 より作成）

は，デッドストックとなる危険性が高い．一方，顧客に対して即応性が求められる現在の経営環境の下では，サプライチェーン上にある在庫は短いリードタイムで顧客の要求する仕様の製品を納入するための手段である．なぜなら，顧客の要求仕様を完全に満たすためには，基本的には顧客が製品を注文してから生産を開始する受注生産（make to order）方式で対応しなければならないが，一般的には納入リードタイムが顧客の要求納期より長くなるからである．そのため，製造業者，とくに，製品ライフサイクルの短いハイテク産業などでは，見込生産と受注生産の中間的なやり方で顧客に対応している．見込み生産と受注生産の違いによる生産・流通プロセスの構造は，マーケティングの分野において延期（postponement）と投機（speculation）の原理によって説明されている[2]．具体的には，延期とは最終製品としての特徴を付加する時期をできるかぎり遅らせるものであり，基本的に受注生産の形態をとる．この場合，顧客ニーズに適合した製品を生産するため，売れ残りによるロスや欠品による機会損失は排除されるが，納入リードタイムが長くなる．一方，投機は最終製品の需要予測を行い，実需が確定する以前に計画的に生産や物流を行う考え方である．投機の場合は見込み生産の形態を取り，大量生産による規模の経済性が確保できるとともに，顧客に対する納入リードタイムが短くて済むというメリットがある．ただし，予測と実需が乖離した場合にはデッドストックが生じる．このように，延期と投機は対極的な関係にあるため，多くの製造業でみられる見込み生産と受注生産の中間的なやり方は，延期と投機のどちらか一方を選択するといった二者択一的ではなく，それらを融合した原理（以後，延期・投機の原理と略称する）によって説明されよう．ここで，延期・投機の原理がうまく機能するためには，投機においては需要の質的・量的変化に対して柔軟性の高い製品構造をもった中間在庫の定義が重要であり，一つの方向性としてモジ

---

*1 青木昌彦・安藤晴彦著「モジュール化—新しい産業アーキテクチャの本質」[3]では，『モジュールとは半自律的なサブシステムであって，ほかの同様なサブシステムと一定のルールに基づいて互いに連結することにより，より複雑なシステムまたはプロセスを構成するものである．そして，一つの複雑なシステムまたはプロセスを一定の連結ルールに基づいて，独立に設計され得る半自律的なサブシステムに分解することをモジュール化，ある（連結）ルールの下で独立に設計され得るサブシステム（モジュール）を統合して，複雑なシステムまたはプロセスを構成することをモジュラリティという』と定義している．

ュール化戦略が考えられる．モジュールという言葉の定義についてはさまざまなものが存在する[*1]．

現在，モジュール化戦略と延期・投機の原理を組み合せたサプライチェーン戦略は，マスカスタマイゼーション[*2]やキャッシュフロー経営を実現するうえで有効な考え方である．

そこで本章では，モジュール化戦略と延期・投機の考え方を取り入れたサプライチェーン在庫モデルを取り上げる．具体的には，顧客とのあいだで取り決めた製品納入に関する期間（以後，許容応答時間とよぶ）内に製品を納入し，所定のサービス率を実現するために必要な製品およびモジュール在庫量を決定するためのモデルを説明する．

8.2 モジュール化戦略とモジュール生産

8.2.1 モジュール化戦略[4]

まずはじめに，モジュール化戦略を前提としたサプライチェーン在庫モデルを構築する理由について説明しよう．インターネットという情報ネットワークが世界中に張り巡らされた結果，企業間の連携は，限定された特定企業間で取引を行う"クローズ"なものから，世界中のさまざまな企業と取引を行う"オープン"なものへ，また，製品開発，調達，製造，販売，物流活動を自社グループや系列で一貫して行う垂直統合から，たとえば，EMSや3PLといった，ある業務に関して高いレベル（品質，納期，コストなど）をもつ企業に業務を委託（アウトソーシング）する水平分業へとサプライチェーンの構造が変化してきている．末松千尋は，オープン水平分業という枠組みにおいて成功している京都のハイテク産業を取り上げて，その成功要因の一つが，"モジュール＆インターフェース方式"であることを指摘している[4]．モジュール＆インターフェース方式は，付加的な個別対応は最小限に留め，あらかじめ用意してあるさまざまなモジュールを標準的なインターフェースによって接続し，その組合せによって顧客ニーズに対応するものであるため，マスカスタマイゼーションを実現するうえでの一方法である[*3]．

[*2] 同じ製品を大量に生産するときと同程度のコストで，個々の顧客ニーズにあった製品を迅速に提供すること．

また，モジュール＆インターフェース方式は，製品開発，調達，生産，マーケティング，販売，組織設計，企業情報システムなど，企業のさまざまな業務において応用可能な概念であり，これらの業務プロセスを，共通のモジュールをベースとしたやり方で統一，統合することによって，おのおのを個別対応しているときと比較して効率と効果の向上が期待できると考えられている．したがって，モジュール＆インターフェース方式によるモジュール化戦略は，市場が成熟し競争が激化しているなか，サプライチェーンにおける在庫ネットワークを最適化するための考え方を提供しているといえよう．

8.2.2 モジュール生産

ここでは，モジュール化戦略の構成要素であるモジュール生産について説明する．モジュール生産は，複雑化する機能・構造を要素分解し，一定のルールに基づいて機能や構造から一体性のあるものをできるかぎり組み合わせ，統合して生産するやり方である[5]．

モジュール生産の特徴をおおまかに整理すると以下のようになる．

① モジュール単位の納入によって組立メーカーでは在庫管理の手間が省け，コスト削減につながる．また，取引するサプライヤーの数が減少し，管理コストが抑えられる．

② 生産ラインを短くすることができ，生産リードタイムが短縮できる．生産リードタイムが短くなれば，納期回答の精度がよくなる．たとえば，自動車

---

*3 その理由として，モジュール＆インターフェース方式では，以下のものがメリットとしてあげられている[4]．
① 独立した各部の活動・成果の連結・統合による全体作業の効率化
・事前に処理（開発，製造など）されているモジュールを組み合わせるだけで（カスタマイゼーションは最小限）なので，完成品への処理時間が短縮される．
・モジュールの組合せ作業は単純化されるため必要な技能も人件費も低下する．
・つくりおきが可能なので，作業が平準化される．
・分業体制が明確なので，参画企業によるコスト/リスク分散が可能となる．
② インフラなど，共通部の共有による単位コストの削減
・モジュール（とくにプラットフォームモジュール）は共通に使用されるので，単位コストが大幅に低減化する．
③ 各部の独立性による競争の促進
・一つのモジュール作成に複数の企業が競争するため，コスト，品質，納期が改善される．

8.2 モジュール化戦略とモジュール生産

```
                    メインライン
              ┌──────────────────┐
              │    P₁,…,Pₙ       │
              └──────────────────┘
                 ↑            ↑
          ╱─────────╲    ┌──────────┐
         ( M₁,…,Mₘ  )    │ S₁,…,Sₗ  │
          ╲─────────╱    └──────────┘
           サプライヤー      モジュールライン
```

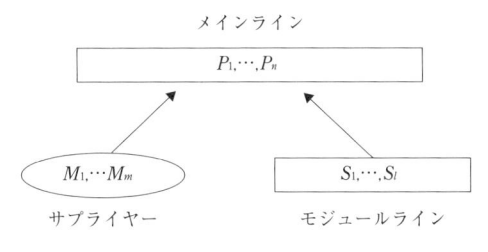

図 **8.2** モジュール生産の概念図

産業におけるモジュール生産では，メインラインの脇にモジュールライン（モジュールを組み立てるためのサブライン）を設置することでメインラインの長さを短縮し，モジュールラインとの同期化を行って自動車を生産する仕組みが構築されている．その結果，メインラインの負荷が軽減され，効率的かつ生産計画の変更などに対して柔軟性のある生産ができると考えられている．図 8.2 は，メインラインで n 種類の製品 P が生産の対象となっており，サプライヤーから供給されている m 種類のモジュール M と自社のサブラインで製造される l 種類のモジュール S の何種類かを用いて製品が生産されることを示している．

③ BOM（bill of material）の構造が単純になり，生産計画や受注オーダーの変更に伴う MRP（material requirement planning）の再計算やダイナミックペギングに対応しやすくなる．加えて，固定リードタイムと実際のリードタイムの誤差が小さくなり，製品完成までのリードタイムの見積り精度がよくなる．

④ モジュールの組合せによって，顧客の多様なニーズに対応できる．たとえ

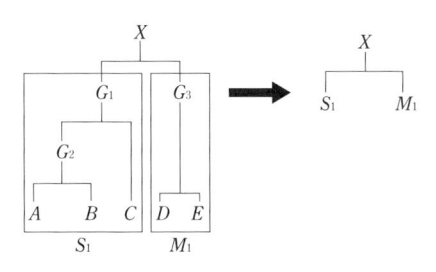

図 **8.3** モジュール化による BOM の簡素化

ば，モジュール X, Y, Z がそれぞれ l, m, n 種類のオプション対応が可能であるとすれば，X, Y, Z モジュールを1個ずつ組み合わせて製品が構成される場合，$(l + m + n)$ 種類のモジュールから $(l \times m \times n)$ 種類の製品バリエーションが考えられる．たとえば，$l = 10, m = 20, n = 30$ とすれば，60 種類のモジュールから 6000 種類もの製品バリエーションがつくられる．ここで，もし3種類のモジュールをすべて使用する必要がない場合も含めると，製品バリエーションはさらに増加する．

⑤　1種類のモジュールがさまざまな製品に共通して利用できる場合，当該モジュールに対する需要量は安定し，需要予測の精度がよくなる．表 8.1 は，1～100 の一様乱数を使って，10 期間の各製品（$P_1 \sim P_5$）に対する需要を生成したものであり，モジュール（M）の需要量は各期の製品需要量を合計して求めたものである．モジュール需要の変動係数が個々の製品のそれより小さくなっており，モジュールに対する需要量が安定していることがわかる．このような理由により，たとえば自動車メーカー間でモジュールを共有したり，メーカー内の複数種類の製品に共通モジュールを活用し，在庫量を圧縮するケースが徐々に増えている．

以下のように，需要予測に基づいてあらかじめモジュールを製造あるいはサプライヤーから補充しておけば，顧客の仕様が明らかになった段階で必要なモジュールを組み合わせて小さい在庫リスクで短期間に製品が完成できる．この

表 8.1　モジュール需要の安定化

期	1	2	3	4	5	6	7	8	9	10	AV	SD	CO
P1	94	25	97	73	84	6	95	11	44	19	55	37	0.7
P2	28	80	51	9	20	25	65	71	24	9	38	26	0.7
P3	34	70	99	31	80	29	5	16	39	79	48	31	0.7
P4	80	22	57	35	17	6	64	36	62	2	38	27	0.7
P5	96	27	25	42	71	85	41	35	60	68	55	25	0.5
M	332	224	329	190	272	151	270	169	229	177	234	65	0.3

〔記号の説明〕
P1～P5: 製品種類，M: P1～P5 に共通して用いられるモジュール，AV: 需要量の平均値，SD: 需要量の標準偏差，CO: 変動係数（= SD/AV）

ように，モジュール化戦略は，延期・投機の原理に適った考え方であり，その中心課題であるサプライチェーン・ネットワークにおける在庫量最適化のためのモデル化が重要である．

8.3 サプライチェーン在庫モデル

8.3.1 前 提 条 件

a. サプライチェーン・ネットワークの構造

　サプライチェーン在庫モデルの構築にあたり，以下のような単純なサプライチェーン・ネットワーク構造を仮定する．ここで，段階1はサプライヤーが保有するモジュール，段階2はサプライヤーからメーカーに配送されたモジュール，段階3は前処理が終了したモジュールを表している．オープン水平分業モデルの観点からは，複数のサプライヤーから同一種類のモジュールを納入する形態が考えられるが，今回のモデルでは問題を簡単にするために，サプライヤー選択に関する点は取り上げない．つまり，図8.4に示すように，段階1と段階2のモジュールが1：1となるような関係を仮定する．このように，複数種類のモジュールが各サプライヤーから補充され，受入作業や品質検査などの前処理が行われた後，製品の生産に利用できるようになる．また，1個の製品に同じモジュールが2個以上使われることはない．

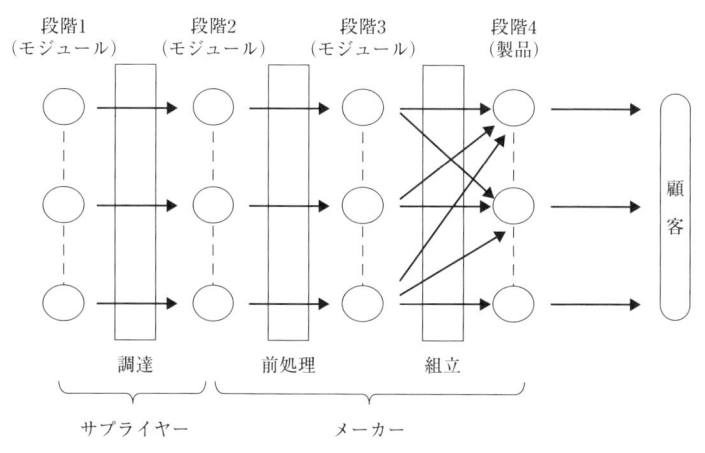

図 8.4 対象とするサプライチェーン・ネットワークの構造

b. 生産プロセスと生産速度

　前処理作業や組立作業については，ライン生産，ジョブショップ生産，セル生産など，いかなる生産プロセスで行ってもよい．そのため，生産能力に関しては，生産プロセスのタイプに依存しない単位時間当たりの生産量を表す生産速度というパラメータを導入する．生産速度は，生産オーダーと加工時間から求められる負荷量に依存した値として定義し，製品の生産量と組合せであるプロダクト・ミックスによって変化する．

c. 需要の発生と生産指示方式

　各製品に対する需要（顧客オーダー）は，1日あるいは半日のような一定期間（以後，期と略称する）ごとに集計され，提示される．ただし，各製品の需要量分布は，過去のデータから推定できるものとする．提示された顧客オーダーはまず製品在庫に引き当てられ，製品在庫で対応できない分は緊急度の高い生産オーダーとしてモジュール在庫（段階3）に引き当てられ，製品の組立が行われる．同じ期においてその後，次期の顧客オーダーに備えるため，製品およびモジュール在庫の減少分を補充するための生産を行う．ここで，前者のオーダーを緊急度の高い生産オーダー，後者を緊急度の低いオーダーとよび，具体的には，D_k を製品 k の需要量，I_k を製品 k の在庫量とした場合，緊急度の高い生産オーダー UO_k と低い生産オーダー NO_k の量はそれぞれ，式 (8.1)，(8.2) によって算出される．

$$UO_k = \begin{cases} 0 & (I_k \geq D_k) \\ D_k - I_k & (I_k < D_k) \end{cases} \tag{8.1}$$

$$NO_k = \begin{cases} D_k & (I_k \geq D_k) \\ I_k & (I_k < D_k) \end{cases} \tag{8.2}$$

d. 許容応答時間と目標サービス率

　本生産・在庫モデルにおいて，顧客と生産者とのあいだであらかじめ取り決められた製品納入に関する許容期間（すべての顧客に対して等しい値を仮定する）を許容応答時間とよび，パラメータとして取り扱う．また，顧客オーダーの合計と許容応答時間内に対応できたオーダーの割合からサービス率の値を定義する．

8.3 サプライチェーン在庫モデル

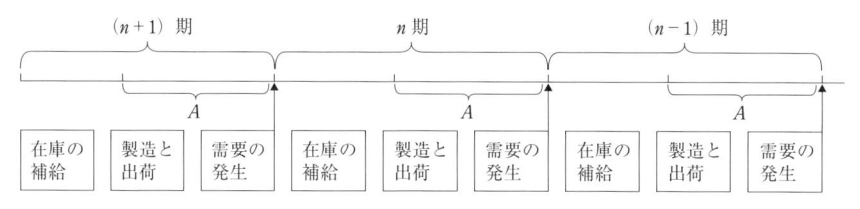

図 8.5 需要の発生と生産・在庫処理の概念図

$$\text{サービス率} = \frac{\text{許容応答時間内に対応できた顧客オーダー数}}{\text{すべての顧客オーダー数}} \tag{8.3}$$

e. 調達について

サプライヤーへのモジュール在庫（段階 2）の補充指示は，製品の需要が発生した時点で即座に行われ，当期の生産で使用した量のモジュールが次期の期首に必ず供給されているものとする．

f. 需要量と生産能力の関係

各期では，当期に発生した需要を満たすための生産と，次期の需要に対応するために在庫を補充するといった 2 種類の生産が行われるが，そのために必要な生産能力は長期的にみて確保されているものとする（図 8.5）．図中の A は許容応答時間の長さを表している．

8.3.2 モデルの説明

ここでは，前述した条件の下で，需要が発生してから許容応答時間内に製品を出荷し，事前に設定した目標サービス率を満足するために保有すべき製品および段階 3 のモジュール（以後，モジュールと略称する）の期首在庫量算定に関するモデルの内容を説明する．

まずはじめに，製品 k の在庫を I_k 保有した場合，製品在庫で対応可能な注文量の期待値 U_k は，製品 k の需要量を表す確率変数を x_k，x_k の確率密度関数 $f_k(x_k)$ を用いて，式 (8.4) のように表される．

$$U_k = \int_0^\infty x_k f_k(x_k) dx_k - \int_{I_k}^\infty (x_k - I_k) f_k(x_k) dx_k \tag{8.4}$$

製品在庫で対応できない注文はモジュールを組み合わせて対応することにな

り，したがって，許容応答時間内にどれだけの量の製品を組み立てられるかがサービス率に影響する．ここで，各製品の組立をランダムな順序で行うものと仮定すれば，製品の平均生産速度の理論値 μ_k は，製品在庫で対応できない注文量 B_k の期待値 $E(B_k)$，製品 k の加工時間 τ_k，製品品種数 n を用いて式（8.5）によって見積もることができる．

$$\mu_k = \frac{E(B_k)}{\sum_{k=1}^{n}\tau_k E(B_k)} \tag{8.5}$$

ただし，$E(B_k) = \int_{I_k}^{\infty}(x_k - I_k)f_k(x_k)dx_k$

この値からモジュール j が消費される速度の理論値 σ_j は，モジュール j が組立に必要となる製品の集合を K_j とした場合に式（8.6）のように表されるので，許容応答時間内におけるモジュール j の消費量 P_j は式（8.7）で求まる．

$$\sigma_j = \sum_{k \in K_j}\mu_k \tag{8.6}$$

$$P_j = \sigma_j A \tag{8.7}$$

つぎに，許容応答時間内にモジュール j を P_j 使用した場合，製品在庫で対応できなかった注文量を平均的にどれだけ処理できるかについて説明する．

モジュール在庫で対応しなければならない注文量は，製品在庫で対応できない注文量に等しいから，その量（以後，モジュール j への変換需要量とよぶ）を表す確率変数を z_j とすれば，z_j の期待値 $E(z_j)$ と分散 $V(z_j)$ は式（8.8），（8.9）で求められる．ここで，モジュール j への変換需要量 z_j は，中心極限定理によって正規分布で近似する．

$$E(z_j) = \sum_{k \in K_j}E(B_k) = \sum_{k \in K_j}\int_{I_k}^{\infty}(x_k - I_k)f_k(x_k)dx_k \tag{8.8}$$

$$V(z_j) = \sum_{k \in K_j}\left\{\int_0^{I_k}E^2(B_k)f_k(x_k)dx_k + \int_{I_k}^{\infty}(x_k - I_k - E(B_k))^2 f_k(x_k)dx_k\right\} \tag{8.9}$$

$$h_j(z_j) = \frac{1}{\sqrt{2\pi V(z_j)}}\exp\left\{-\frac{(z_j - E(z_j))^2}{2V(z_j)}\right\}$$

したがって，モジュール j への変換需要量に対して許容応答時間内に処理できる量の期待値 Q^j は，以下のように表される．

$$Q^j = \int_0^\infty z_j h_j(z_j) dz_j - \int_{P_j}^\infty (z_j - P_j) h_j(z_j) dz_j \tag{8.10}$$

前述したように，各製品はランダムな順序で生産することを想定しているため，モジュール j は当該モジュールを用いて組み立てる製品の平均生産速度に比例して各製品の生産に割り当てられると考えてよい．つまり，式（8.11）によって許容応答時間内に製品 k の組立に利用できるモジュール j の期待値 Q_k^j が定まる．

$$Q_k^j = \frac{\mu_k}{\sigma_j} Q^j \tag{8.11}$$

この値から，モジュールを組み立てて許容応答時間内に対応可能な製品 k の期待値 Q_k は，製品 k を組み立てるのに必要なモジュールの集合を J_k として式（8.12）で算定される．

$$Q_k = \min_{j \in J_k} Q_k^j \tag{8.12}$$

以上により，目標サービス率 S を製品全体に定義した場合，以下の関係式が満たされなければならない．

$$\sum_{k=1}^n U_k + \sum_{k=1}^n Q_k \geq S \sum_{k=1}^n \int_0^\infty x_k f_k(x_k) dx_k \tag{8.13}$$

さらに，上記の式が意味をもつためには，許容応答時間内にモジュール j が P_j だけ製品の組立に利用できなければならない．ここで，許容応答時間内に段階2のモジュールから供給可能なモジュール j の量 G_j は，モジュール j の加工時間を δ_j，品種数を m，モジュール j の平均生産速度 μ^j（式（8.14））を用いて式（8.15）によって求まる．

$$\mu^j = \frac{\int_0^\infty z_j h_j(z_j) dz_j}{\sum_{j=1}^m \delta_j \int_0^\infty z_j h_j(z_j) dz_j} \tag{8.14}$$

$$G_j = \mu^j A = \frac{E(z_j)}{\sum_{j=1}^{m} \delta_j E(z_j)} A \tag{8.15}$$

したがって，モジュール j の在庫量 SI_j は，許容応答時間内に消費される量 P_j と供給される量 G_j の差として求められる．

$$SI_j = \max(P_j - G_j, 0) \tag{8.16}$$

8.3.3 最適在庫構成のための定式化

　8.3.2 項では，許容応答時間，目標サービス率，製品需要分布と製品およびモジュール在庫量のあいだの関係を解析した．解析結果からわかることは，許容応答時間内に顧客の注文に対応し，所定のサービス率を実現するために必要な在庫量は一意に決まらず，さまざまなパターンが考えられる点である．延期・投機の原理に従えば，顧客の要求が確定するまでは，最終仕様が決まっていないモジュールの状態で在庫を保有することが望ましい．ただし，顧客の注文に対してすべてモジュール在庫から対応できるかどうかは，許容応答時間の長さや生産能力に依存する．たとえば，許容応答時間が 0 であれば，製品在庫を保有して顧客に対応する投機を採用する必要があり，逆に，許容応答時間が十分に認められれば延期で対応できる．生産能力に関しては，許容応答時間内に注文量を処理できるだけの余裕があれば延期で対応できる．ここで特筆すべきは，8.3.2 項で示した在庫モデルでは，投機，延期，延期・投機が自動的に判断される点である．できるかぎり投機を避けて延期で対応するためには，許容応答時間や生産能力が与えられた状態において，サプライチェーンの上流で在庫をもつ在庫構成（最適在庫構成）が望ましい．したがって，最適在庫構成は重みつき在庫量 I を目的関数とし，8.3.2 項の解析結果を制約条件とした以下の最適化問題を解くことによって求められる．

〔目的関数〕

$$I = W_1 \sum_{j=1}^{m} SI_j + W_2 \sum_{k=1}^{n} I_k \qquad (W_1 \ll W_2)$$

〔制約条件〕
式 (8.13),(8.16)

8.3.4 仮想負荷変化率による平均生産速度の調整

在庫モデルで定義した平均生産速度は,生産オーダーをランダムな順序で処理した場合の理論的な値である.したがって,段取り時間が長いためロット生産を採用しなければならない企業や,ジョブショップのような複雑な生産形態の場合には,実際の生産速度の値と理論値が乖離する.このような乖離は,上記以外にも材料不足,機械故障,作業者の欠勤など,さまざまな要因によって発生する.したがって,このような状況を在庫モデルに反映する仕組みが必要である.ここでは,仮想負荷変化率というパラメータを導入して,それらを式 (8.5),(8.14) の分母で計算される負荷量に乗じることによってみかけ上の負荷量を計算し,平均生産速度の乖離が生じるさまざまな状況に対応する考え方を説明する.具体的には,製品とモジュールの生産プロセスにおける仮想負荷変化率をそれぞれ λ_f,λ_s とすれば,製品 k の平均生産速度 μ_k,モジュール j の平均消費速度 σ_j,平均生産速度 μ^j はそれぞれ $\mu_k(\lambda_f)$,$\sigma_j(\lambda_f)$,$\mu^j(\lambda_s)$ に変化する.

$$\mu_k(\lambda_f) = \frac{\mu_k}{\lambda_f} \tag{8.17}$$

$$\sigma_j(\lambda_f) = \sum_{k \in K_j} \mu_k(\lambda_f) \tag{8.18}$$

$$\mu^j(\lambda_s) = \frac{\mu^j}{\lambda_s} \tag{8.19}$$

したがって,許容応答時間内に利用可能なモジュール j の量 P_j は,$P_j(\lambda_f, \lambda_s)$ に変化する.

$$P_j(\lambda_f, \lambda_s) = \min\{P_j(\lambda_f), P_j(\lambda_s)\} \tag{8.20}$$

ただし,$P_j(\lambda_f)$ と $P_j(\lambda_s)$ はそれぞれ,式 (8.21),(8.22) で求められる.

$$P_j(\lambda_f) = \sigma_j(\lambda_f) A \tag{8.21}$$

$$P_j(\lambda_s) = SI_j + G_j(\lambda_s) = SI_j + \mu^j(\lambda_s)A \tag{8.22}$$

仮想負荷変化率を与えることによりモジュールの組立によって許容応答時間内に対応できる注文量の期待値は Q_k から $Q_k(\lambda_f, \lambda_s)$ に変化する.

$$Q_k(\lambda_f, \lambda_s) = \min_{j \in J_k}\left[\frac{\mu_k(\lambda_f)}{\sigma_j(\lambda_s)}\left\{\int_0^\infty z_j h_j(z_j)dz_j - \int_{P_j(\lambda_f,\lambda_s)}^\infty (z_j - P_j(\lambda_f,\lambda_s))h_j(z_j)dz_j\right\}\right] \tag{8.23}$$

以上の解析によって,最適化問題を構成する制約条件のうち,式(8.13)を式(8.24)に,式(8.16)を式(8.25)に取り換えれば,さまざま生産状況を反映した最適在庫構成が求められる.

$$\sum_{k=1}^n \{U_k + Q_k(\lambda_f, \lambda_s)\} \geq S\sum_{k=1}^n \int_0^\infty x_k f_k(x_k)dx_k \tag{8.24}$$

$$SI_j = \max\{(P_j(\lambda_f, \lambda_s) - G_j(\lambda_s)), 0\} \tag{8.25}$$

8.3.5 ハイブリッドアプローチによる平均生産速度の見積り

8.3.4項で導入した仮想負荷変化率は,現実のさまざまな状況が関係するため,正確な値を解析によって求めることは難しい.したがって,平均生産速度を正確に見積るためには,シミュレーションモデルの活用が望ましい.図8.6

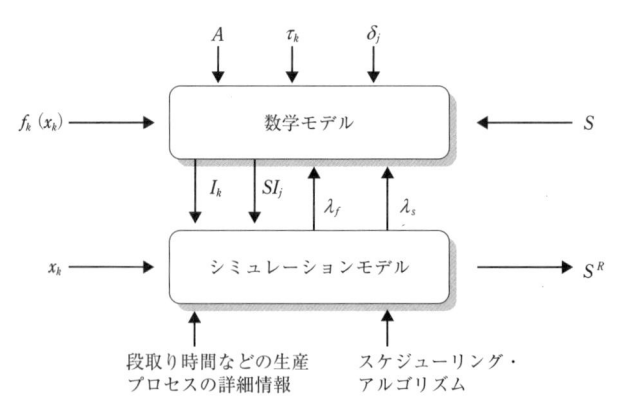

図 8.6 ハイブリッドアプローチのフレームワーク

は，数学モデルとシミュレーションモデルを補完的に利用したハイブリッドアプローチの概念図であり，これによって，仮想負荷変化率と平均生産速度の見積りができ，現実のさまざまな状況を反映した最適在庫構成を算定することができる．

以下に，ハイブリッドアプローチを用いた最適在庫構成算定の手順を示す．

〔手順〕

Step1: 許容応答時間 A，目標サービス率 S，各製品の需要量を表す確率密度関数 $f_k(x_k)$，モジュール j の加工時間 δ_j，製品の加工時間 τ_k を与え，最適化問題を何らかの最適化手法で解いてモジュール SI_j と製品の在庫量 I_k を算定する．ただし，最初の段階では仮想負荷変化率 λ_f, λ_s の値は1とする．

Step2: 解析で仮定した確率密度関数 $f_k(x_k)$ に従って需要 x_k を数期間にわたって発生させ，Step1で求めた在庫量の下で生産と在庫の処理をシミュレーションし，各生産期ごとに緊急度の高い生産オーダーを処理するのに要した時間（仮想負荷）とサービス率の値 S^R を求める．

Step3: シミュレーションによって得られたサービス率 S^R が目標サービス率 S を実現していない場合はStep4へ進み，実現している場合は終了する．

Step4: 仮想負荷から仮想負荷変化率 λ_f, λ_s を計算し，Step1に戻る．

8.4 数 値 例

本節では，8.3節で示した在庫モデルによって，延期・投機の原理に沿った在庫構成が求められ，さらにその在庫構成の下で目標サービス率が達成できることを確認した結果について紹介する．なお，本数値実験では，最適在庫構成を求めるための最適化手法として，シミュレーティド・アニーリング（simulated annealing, SA）法を用いている．SA法の基本アルゴリズムについては，章末付録を参照のこと．

8.4.1 実 験 条 件

① 目標サービス率 S: 95％
② 許容応答時間 A: 480分
③ 期の長さ: 1日（1440分）

④ 仮想負荷変化率：1
⑤ 段階2のモジュール在庫量：顧客オーダーに基づいて出される緊急度の高いオーダーと低いオーダーが処理できる分の在庫量を保有する．
⑥ サプライヤーからの調達：遅延なく供給される．
⑦ モジュールの前処理および製品の組立時間（分/個）

表8.2 モジュールの処理時間と製品の組立時間

モジュール（段階3）		製品	
モジュール名	処理時間	製品名	組立時間
A ($j = 1$)	3.0	ABC ($k = 1$)	10.0
B ($j = 2$)	2.0	AB ($k = 2$)	6.0
C ($j = 3$)	3.0	BC ($k = 3$)	4.0

注）製品ABCはモジュールA，B，Cをそれぞれ1個，製品ABはモジュールA，Bをそれぞれ1個，製品BCはモジュールB，Cをそれぞれ1個必要とする

⑧ 製品1日あたりの需要量分布（正規分布）

表8.3 需要量分布のパラメータ

	製品ABC ($k = 1$)	製品AB ($k = 2$)	製品BC ($k = 3$)
平均	25	30	45
分散	3^2	4^2	5^2

⑨ 重み
  ・モジュール在庫量（段階3）に対する重み：$W_1 = 1$
  ・製品在庫量に対する重み：$W_2 = 100$
⑩ シミュレーティド・アニーリングで与えるパラメータ
  ・温度：$T = 10$，$T_{end} = 0.1$
  ・同一温度での探索回数：$iteration = 5$
  ・温度冷却スケジュール：$T \leftarrow T \times 0.9^\gamma$（$\gamma$は冷却回数の累積値）
  ・各製品の在庫量初期値：各製品の平均需要量
  ・計算回数：10回

8.4 数 値 例

表 8.4 在庫構成の相違

	最適在庫構成	製品中心の在庫構成
製品 ABC ($k=1$)	29	20
製品 AB ($k=2$)	11	24
製品 BC ($k=3$)	10	36
製品在庫量の合計	50	80
モジュール A ($j=1$)	13	10
モジュール B ($j=2$)	36	18
モジュール C ($j=3$)	28	20
モジュールの在庫量合計	77	48
重みつき在庫量（目的関数）	5077	8048

8.4.2 実 験 結 果

表 8.4 は，シミュレーティド・アニーリングによって得た在庫構成のなかで，I がもっとも小さい最適在庫構成と，制約条件を満たす在庫構成をヒューリスティックな方法によって求めた結果（以後，製品中心の在庫構成とよぶ）を比較したものである．この表からわかるように，最適在庫構成と製品中心の在庫構成のあいだには明確な相違が認められ，重みつき在庫量の値に反映している．重みつき在庫量は，モジュール在庫量に1，製品在庫量に100を係数として乗

表 8.5 シミュレーション結果

サービス率の平均		許容応答時間遅れの平均	
最適在庫構成	製品中心の在庫構成	最適在庫構成	製品中心の在庫構成
94.8	95.9	104.2	189.7
94.2	93.3	90.6	184.0
95.2	96.1	89.6	139.1
95.8	96.5	103.6	163.8
95.8	96.9	114.1	146.8
95.9	93.5	89.6	163.8
94.0	95.4	107.4	162.0
94.8	96.0	104.7	138.6
95.7	94.8	90.3	140.1
94.3	96.2	111.6	128.6
10回の平均 95.0	10回の平均 95.5	10回の平均 100.6	10回の平均 155.6
10回の標準偏差 0.73	10回の標準偏差 1.22	10回の標準偏差 9.64	10回の標準偏差 20.42

じて合計したものであり，この値を在庫投資費用として捉える場合は，最適在庫構成の算定によって在庫投資費用がどれぐらい削減可能であるかという経済性に関する試算となる．

表8.5は，二つの在庫構成の下で表8.3に示した需要量分布に従う需要を1日単位で1年間発生させ，生産と在庫処理を行うシミュレーションを10回行った結果である．

許容応答時間内に対応できた注文量から求められるサービス率に関しては，いずれの在庫構成の下でも目標サービス水準の95%を平均的に満足する結果となっている．また，サービス率のばらつきは最適在庫構成のほうが小さくなっており，延期・投機の原理が顧客の抱く信頼性の点でも効果的に働いていることがわかる．また，許容応答時間に対応できなかった注文が，その後どれぐらいの期間で対応できるかを表した許容応答時間遅れに関しても，延期・投機の原理に関する優位性が確認できた．このような傾向は，製品需要のばらつきが大きくなるほど顕著になることも確認できた．

8.5 ま と め

本章では，モジュール化戦略と延期・投機の原理に基づいたサプライチェーン在庫モデルについて説明し，簡単な例題を用いて在庫ネットワークの最適化結果を示した．ここまでで述べてきたように，モジュール化戦略は企業間や部門間の連携に重要な役割を果たすとともに，延期・投機の原理を活用するうえで有効な考え方であるため，今後，多くの企業で検討が行われるであろう．本章がサプライチェーンの効率化に向けた生産方式のあり方を考えるきっかけとなれば幸いである．

付録　シミュレーティド・アニーリング法[7]

シミュレーティド・アニーリング（simulated annealing）は，さまざまな分野で使われている数理的な最適化の手法である．シミュレーティド・アニーリングの特徴として，つぎの二つがあげられる．

① シミュレーティド・アニーリングは焼鈍しのことであり，その物理現象を最適化の一種であるという観点からみることによって発明された最適化法で

ある．
② モンテカルロ法のように乱数を使う確率的な計算法である．
以下にシミュレーティド・アニーリングのアルゴリズムを示す[7]．

```
1  procedure アニーリング；
2  begin
3    初期化（状態，温度，回数）；
4    repeat
5     for 回数 do
6      begin
7       Move（つぎの状態 from 状態）；
8       if 評価関数（つぎの状態）＜評価関数（状態）
9       then 状態：＝つぎの状態
10      else
11        if random [0,1] ＜ exp (評価関数(状態)－評価関数(つぎの状態))/温度
12        then 状態：＝つぎの状態
13      end
14      設定（温度，回数）；
15    until 終了基準
16  end；
```

このように，シミュレーティド・アニーリングの基本的なアルゴリズムは，現在の解（present state）とその解を摂動して求められたつぎの解（next state）の評価値を計算し，評価値が改良されていれば100％，そうでない場合でもある確率で解を移行して探索を行うものである．移行確率は評価値の改悪の程度と温度とよばれる制御パラメータによって決められ，改悪の程度が大きい場合や温度が低いときは移行確率が低くなるようにアルゴリズムが構成されている．

ここでは，サービス率が目標サービス率をどの程度下回るかを表す E_1 と，在庫量の加重和 E_2 を評価尺度として取り上げた．

表　つぎの解への移行条件

	E_1	E_2	移行条件
CASE1	改善	改善	100%
CASE2	改善	改悪	移行条件式 I
CASE3	改悪	改善	移行条件式 II
CASE4	改悪	改悪	移行条件式 I かつ II

$E_1 = 100 \times \max(S - S', 0)$

$E_2 = I$

ここで，S' は現在の在庫量の下で解析から求まるサービス率の値であり，E_1 の値が 0 の場合は目標サービス率を満たしている．したがって，E_1 の値が 0 で E_2 の値が小さいほどよい在庫構成となる．以下に，シミュレーティド・アニーリングによる最適在庫構成の計算手順を示す．

[シミュレーティド・アニーリングを用いた最適在庫構成法]

Step1：目標サービス率 S，許容応答時間 A，製品在庫量の初期値 I_k，需要量分布，仮想負荷変化率 λ_f，λ_s，初期温度 T，終了温度 T_{end}，同一温度での探索回数 $iteration$ などの入力パラメータの値を決定する．

Step2：$\mu_k(\lambda_f), \sigma_j(\lambda_f), \mu'(\lambda_s)$ を計算し，モジュール在庫量 SI_j を算出する．

Step3：評価値 E_1 (*present state*)，E_2 (*present state*) を計算する．

Step4：新しい製品在庫量を以下のようにして定め，Step2 と同様に SI_j を求めて E_1 (*next state*)，E_2 (*next state*) を計算する．なお，$[a, b]$ は a 以上 b 以下の整数値を表す．

$I_{j,k} \leftarrow I_{j,k} + [a, b]$

Step5：つぎの解への移行を表の条件によって決定する．ここで，解が移行した場合，E_1 (*next state*) および E_2 (*next state*) の値をそれぞれ E_1 (*present state*)，E_2 (*present state*) に代入する．

Step6：探索回数が $iteration$ を満たしていない場合は探索回数を 1 増加して Step3 へ，満足する場合は探索回数を 1 にセットするとともに，温度を冷却して Step7 へ進む．

Step7：温度が T_{end} より高ければ Step4 へ，低ければ終了する．

[移行条件を決定する式]

$$random\ [0,1) < \exp\left[\{E_1\ (present\ state) - E_1\ (next\ state)\}/T\right]$$
…移行条件式 I
$$random\ [0,1) < \exp\left[\{E_2\ (present\ state) - E_2\ (next\ state)\}/T\right]$$
…移行条件式 II

参 考 文 献

[1] M. クリストファー（田中浩二監訳）：ロジスティクス・マネジメント戦略，東洋経済新報社，1999
[2] 田村正紀，堀田一善，小島健司，池尾恭一訳：動態的マーケティング行動，千倉書房，1981
[3] 青木昌彦，安藤晴彦：モジュール化，東洋経済新報社，2002
[4] 末松千尋：京様式経営—モジュール化戦略，日本経済新聞社，2002
[5] 中根甚一郎：BTO 生産システム，日刊工業新聞社，2000
[6] 野口亘：日本発・最先端"生産革命"をみる，日刊工業新聞社，2003
[7] 米田清："シミュレーティド・アニーリング〔I〕—組合せ最適化問題の汎用的解法—," IE レビュー，**32** (4)，pp.63-68，1991
[8] 竹田賢：受注即応生産方式の設計と運用に関する研究，青山学院大学博士学位論文，2001
[9] 黒田充他：「APS の調査と研究報告書」，日本オペレーションズ・リサーチ学会，2003
[10] K. Takeda and M. Kuroda: "Optimal Inventory Configuration of Finished and Semi-finished Products in Multi-stage Production/Inventory System with an Acceptable Response Time," *Computers and Industrial Engineering*, 30, Nos.1-2, pp.251-255, 1999
[11] M. Kuroda and K. Takeda: "A Collaborate Approach of Mathematical and Simulation Models to Optimizing Quick Response Production Systems," *Proceeding of the First World Conference on Production and Operations Management* (CD Rom), POM Sevilla, 2000

索　引

欧　文

APS　160, 161
APSパッケージ　115
ARIM-BL　105
B10ライフ　100
BOM　181
BPMツール　125
bullwhip effect　37
CIMOSA　128
configure　127
CPFR　35, 167
DOS-Q　91
EAI　126
ECR　7, 35
ECR効果　38
EDI　42, 166
EDLP　38
EIA　150
enabling process　133
ERP　140, 162
ERPパッケージ　116
FBA委員会　54
FBAコラボレーション取引　55, 59
IM　88
ISCM　149
ITツール　111
JIT　5, 160
MPS　168

MRP　160, 162, 181
MRP II　162
Nadlerのワークデザイン　13
NDOS-Q8　91
OASIS　171
Optnerのシステム論　13
PACT　148
PM　88
POSシステム　31
PSLX　169
PSLX技術仕様書　169
PSLXコンソーシアム　161
QCD活動　81
QR　6
SA法　191
SCE　115
SCEパッケージ　116
SCORモデル　129
SCP　114, 138, 165
SCPパッケージ　115
SOAP　143
SQCテクニカルメソッド　87
TDOS-Q5　91
TDS-D　93
TM　87
TPS-QAS　104
UDDI　144
UML　170
VMI　7, 168
Web-EDI　166

Win-Win 19, 165
XML 139, 170

ア 行

アウトバウンド 6
アパレル流通 53
油漏れメカニズム 87
暗黙知 91

一括配送 33
移動型エージェント 155
インターネット 173
インターフェース 170
インターフェースエージェント 146
インバウンド 6
インフォメーションマネジメント 88
インライン-オンラインSQC 104

ウェブサービス 142

エアレーション 98
エージェント 169
絵マップ 105
延期 178
延期原理 42
延期・投機の原理 178
エンジニアリングチェーン 161

オイルシール 88
　——の油漏れ 80
　——の密封メカニズム 90
オイルシール油漏れの動的挙動 88
オイルシール可視化装置 97
オイルシール設計 90
オイルシールリップの動的挙動 97
オーダー変更 173
卸再編成 34
オントロジー 170

カ 行

下位問題 16
科学的工程管理 104
掛け率設定 75
仮想負荷変化率 189
カテゴリーマネジメント 47
ガントチャート 171
かんばん方式 5

機会主義的行動 73
企業間パートナリング 80
企業間連携 23, 166, 171
企業情報構造 150
基準日程計画 168
機能エージェント 150
機能テンプレート主体型 118
キャビテーション 98
協創活動 80
協働 20
業務アプリケーション統合 126
業務改革のアプローチ 124
業務テンプレート 117
業務パフォーマンスモニタリング機能 127
業務プロセスインテグレーション機能 126
業務プロセスマネジメント/モデリング 125
業務プロセスマネジメント機能 127
業務プロセスモデリング機能 127
許容応答時間 179, 184
緊急度の高い生産オーダー 184
緊急度の低いオーダー 184

駆動系オイルシール 80
駆動系ユニット 80
グランドデザイン 169
グローバルマーケティング 79

計画発注 59

ケイレツ　159
系列外の部品メーカー　86
欠陥管理モニタシステム　104

構造的最適化　15
　──の実現要件　18
顧客価値　5
顧客最重視の品質経営　79
顧客チーム　47
故障解析　100
個別開発　118
コンストレイン　15

サ　行

サイエンスSQC　87
在庫情報　167
最適在庫構成　188
最適在庫構成法　195
差立エージェント　152
サプライチェーン・マネジメント　4,
　　159, 177
サプライチェーン在庫管理　179
サプライチェーン在庫管理モデル　183

視覚化によるメカニズムの究明　96
資源エージェント　151
市場による調整　69
　──の限界　68
システムレベル　14
自動車信頼性調査　83
自動車製造業　79
シナジー効果　66
シミュレーションモデル　190
シミュレーティド・アニーリング法　194
ジャストインタイム　5
車両メーカーとサプライヤー　80
熟考型エージェント　154
需要予測　167
上位問題　16

上位問題の下位問題に対する解の質的優越性
　　17
消化率　60
情報エージェント　152
情報共有　1, 20
　──と構造最適化の関係　22
情報の在庫置換性　7
シールリップ　88
新業務設計機能　127

スケジューリングエージェント　151
スループット　167

生産計画　161, 162
生産スケジューリング　161
生産速度　184
生産内示情報　167
生産リードタイム　173
製配販提携　35
製販統合　35
製販同盟　36
製番方式　160
製品中心の在庫構成　193
セットメーカー　171
全体最適　8, 56, 132
全体最適化　11, 12
　──のための思考フレームワーク　13
全体最適思考　15, 23

総合組立産業　82
組織間の調整を行う組織　123
組織間連携　24
組織内調整　71
　──の限界　68

タ　行

大域的最適化　10
ダイバーティング　37
建値制　32

多頻度小口配送　29

中心極限定理　186
注文獲得エージェント　151

追加開発　118
つくり込み品質　84
ツールベンダー　130

定住型エージェント　155
テクノロジーマネジメント　87
デュアル・トータルタスクマネジメントチーム　80

投機　178
投機原理　42
統合オペレーション戦略　65
トータルQAネットワーク法　88
トータルシステム　13
　――の最適化　13
トータルマーケティング　79
独占禁止法違反事件　45
特約店・代理店制　32
トップダウン　166
トヨタ生産方式　166
ドライブシャフト　88
トランスアスクル用オイルシール　88

ナ　行

日米構造協議　28

納期回答　173
納品発注　59
納品率　61
能力計画　162

ハ　行

ハイ－ロウ・プライシング　37

パイプライン時間　5
ハイブリッドアプローチ　191
パートナリングチェーン　86
パラメータ主体型　118
反応型エージェント　154
販売時点情報管理システム　31
判別分析　102

ビジネスモデル　175
ビッグバンアプローチ　120
品質管理原論"サイエンスSQC"　87
品質保証　83
品質マネジメント　84

ファッションビジネスアーキテクチャー委員会　54
フェーズドアプローチ　120
フォーワード・バイイング　37
フォレスタ効果　141
プッシュ生産方式　6
物流エージェント　151
部分最適　9
　――の回避　11
プラットホームによるパートナリング　79
プル生産方式　6
プル方式　6
プロダクションマネジメント　88

平均生産速度の理論値　186
ベストプラクティス　5

ボトムアップ　166
ボトルネック工程　163

マ　行

マスカスタマイゼーション　179
窓口問屋制　34
マネジメントSQC　87
マルチエージェント　146

密封機能の信頼性　80

明白知　91

目標サービス率　184
モジュール＆インターフェース方式　179
モジュール j への変換需要量　186
モジュール化戦略　178
モジュール需要の安定化　182
モジュール生産　179, 180
モバイルエージェント　146

　　　　　　　ヤ　行

輸送エージェント　151

　　　　　　　ラ　行

理想システム　14

利得分配　75
リベート制　32
流通系列化　46
流通・取引慣行における独占禁止法ガイドライン　49

レファレンスモデル　117
連携　20

ロジスティクス　4, 168

　　　　　　　ワ　行

ワイブル解析　101
ワークフローツール　127

編著者略歴

黒田　充　〈くろだ・みつる〉

1937 年　京都府に生まれる
1966 年　早稲田大学大学院理工学研究科機械工学専攻
　　　　　生産管理学専修博士課程単位取得のため退学
1969 年　工学博士
1969 〜 1978 年　青山学院大学理工学部助教授
1979 〜 2005 年　同教授
1979 〜 1980 年　ノースカロライナ州立大学オペレーションズ・
　　　　　　　　リサーチ大学院・客員教授
現　在　青山学院大学名誉教授

サプライチェーン・マネジメント
──企業間連携の理論と実際──　　　　定価はカバーに表示

2004 年 3 月 15 日　初版第 1 刷
2005 年 9 月 20 日　　　第 2 刷

編著者　黒　田　　　充
発行者　朝　倉　邦　造
発行所　株式会社　朝　倉　書　店
　　　　東京都新宿区新小川町 6-29
　　　　郵便番号 162-8707
　　　　電　話 03（3260）0141
　　　　Ｆ Ａ Ｘ 03（3260）0180
　　　　http://www.asakura.co.jp

〈検印省略〉

© 2004 〈無断複写・転載を禁ず〉　　　教文堂・渡辺製本

ISBN 4-254-27009-7　C 3050　　　Printed in Japan

東工大 圓川隆夫・前青学大 黒田　充・法大 福田好朗編

生　産　管　理　の　事　典

27001-1　C3550　　　　B 5 判　752頁　本体28000円

〔内容〕機能編（生産計画，工程・作業管理，購買・外注管理，納期・在庫管理，品質管理，原価管理，工場計画，設備管理，自動化，人と組織，情報技術，安全・環境管理，他）／ビジネスモデル統合編（ビジネスの革新，製品開発サイクル，サプライチェーン，CIMとFA，他）／方法論編（需要予測，生産・輸送計画，スケジューリング，シミュレーション，モデリング手法，最適化手法，SQC，実験計画法，品質工学，信頼性，経済性工学，VE，TQM，TPM，JIT，他）／付録（受賞企業一覧，他）

A. チャーンズ・W.W. クーパー・A.Y. リューイン・L.M. シーフォード編
政策研究大学院大 刀根　薫・成蹊大 上田　徹監訳

経営効率評価ハンドブック
―包絡分析法の理論と応用―

27002-X　C3050　　　　A 5 判　484頁　本体18000円

DEAの基礎理論を明示し，新しいデータ分析法・実際の効果ある応用例を収めた包括的な書。〔内容〕基本DEAモデル／拡張／計算的側面／DEA用ソフト／航空業界の評価／病院の分析／炭酸飲料業界の多期間分析／病院への適用／高速道路の保守／醸造産業における戦略／位置決定支援／病院における生産性／所有権と財産権／フェリー輸送航路／標準を取り入れたDEA／修正DEAと回帰分析を用いた教育／物価指数における問題／野球選手の相対効率性／農業と石炭業への応用／他

東京海洋大 久保幹雄・慶大 田村明久・東大 松井知己編

応用数理計画ハンドブック

27004-6　C3050　　　　A 5 判　1376頁　本体36000円

数理計画の気鋭の研究者が総力をもってまとめ上げた，世界にも類例がない大著。〔内容〕基礎理論／計算量の理論／多面体論／線形計画法／整数計画法／動的計画法／マトロイド理論／ネットワーク計画／近似解法／非線形計画法／大域的最適化問題／確率計画法／トピックス（パラメトリックサーチ，安定結婚問題，第K最適解，半正定値計画緩和，列挙問題）／多段階確率計画問題とその応用／運搬経路問題／枝巡回路問題／施設配置問題／ネットワークデザイン問題／スケジューリング

D. スミチ-レビ・P. カミンスキー・E. スミチ-レビ著　東京海洋大 久保幹雄監訳

サプライ・チェインの設計と管理
―コンセプト・戦略・事例―

27005-4　C3050　　　　A 5 判　408頁　本体6500円

米国IE協会のBook-of-the-Yearなど数々の賞に輝くテキスト。〔内容〕ロジスティクスの構成／在庫管理／情報の価値／物流戦略／戦略的提携／国際的なSCM／製品設計とSCM／顧客価値／情報技術／意思決定支援システム

D.J. バワーソクス他著
神奈川大 松浦春樹・専修大 島津　誠訳者代表

サプライチェーン・ロジスティクス

27010-0　C3050　　　　A 5 判　292頁　本体4800円

SCMフレームワークとその実務，ITによる支援までを詳説した世界標準テキスト。〔内容〕リーン生産／顧客対応／市場流通戦略／調達製造戦略／オペレーション統合／情報ネットワーク／ERPと実行システム／APS／変革の方向性

東京海洋大 久保幹雄著

実務家のための サプライ・チェイン最適化入門

27011-9　C3050　　　　A 5 判　136頁　本体2600円

著者らの開発した最適化のための意思決定支援システムを解説したもの。明示された具体例は，実際に「動く」実感をWebサイトで体験できる。安全在庫，スケジューリング，配送計画，収益管理，ロットサイズ等の最適化に携わる実務家向け

D. スミチ-レビ他著　東京海洋大 久保幹雄監修
斉藤佳鶴子・構造計画研 斉藤　努訳

マネージング・ザ・サプライ・チェイン
―プロフェッショナルのための決定版ガイド―

27012-7　C3050　　　　A 5 判　176頁　本体3200円

システムの設計・制御・操作・管理での重要なモデル・解決法・洞察・概念につき，数学的記述を避け，ビジネスの場ですぐに使えるよう平易に記述。〔内容〕サプライ・チェインの統合／ネットワーク計画／外部委託／調達・供給契約／顧客価値

上記価格（税別）は 2005 年 8 月現在